区块链应用普及读本

区块链
改变世界

严行方◎著

中国纺织出版社有限公司 | 国家一级出版社
全国百佳图书出版单位

内 容 提 要

区块链是 2015 年以来最火爆的话题之一，有望成为像蒸汽机、电力、信息、互联网那样获得广泛应用的突破性技术，成为人工智能、量子信息、移动通信、物联网那样的新一代信息技术代表。

本书撇开区块链复杂而深奥的技术原理，着重介绍它可能会给人类生活和未来带来什么样的深刻影响和变革。

全书分上中下三编，共 16 章。上编 2 章，主要介绍区块链的基本知识及投资机会；中编 7 章，主要介绍区块链在哪些领域已经影响到我们的生活，具体有供应链与云存储、物联网与互联网、公证与防伪、公益与慈善、投票与预测、资产管理、共享经济；下编 7 章，主要介绍区块链在哪些行业已经影响到我们的生活，具体有金融与保险、药品与医疗、能源与房产、交通与旅游、政府与国防、农工商业、文化娱乐。

本书深入浅出，图文并茂，读来饶有趣味。作为一本区块链应用普及读物，无论什么样的读者，都会从中找到自己感兴趣的话题。

图书在版编目（CIP）数据

区块链改变世界 / 严行方著. — 北京：中国纺织出版社有限公司，2020. 2

ISBN 978－7－5180－7139－5

Ⅰ. ①区… Ⅱ. ①严… Ⅲ. ①电子商务—支付方式—通俗读物 Ⅳ. ①F713.361.3–49

中国版本图书馆CIP数据核字（2020）第004126号

策划编辑：于磊岚　　责任校对：寇晨晨　　责任印制：储志伟

中国纺织出版社有限公司出版发行
地址：北京市朝阳区百子湾东里 A407 号楼　邮政编码：100124
销售电话：010—67004422　传真：010—87155801
http://www.c-textilep.com
中国纺织出版社天猫旗舰店
官方微博 http://weibo.com/2119887771
三河市延风印装有限公司印刷　各地新华书店经销
2020 年 2 月第 1 版第 1 次印刷
开本：710×1000　1/16　印张：16
字数：223 千字　定价：59.80 元

区块链怎样改变你我他

2009 年诞生的区块链，是近年来最具颠覆性的新兴信息技术之一。有人把人工智能（Artificial Intelligence）、区块链（Blockchain）、云计算（Cloud Computing）和数据科学（Data Science）合称为"ABCD"，认为这是人类社会继蒸汽机、电力、信息、互联网科技后最有可能触发第五轮颠覆性革命浪潮的核心技术，并可能在未来 5~10 年内颠覆更多行业，彻底改变我们的生产和生活方式。

读到这里，我仿佛已经听到有读者在问：区块链究竟是什么？你这不是危言耸听吧？对于眼见为实的人来说，要想说清区块链确实不容易。

这样说吧。如果 20 世纪 80 年代你说在互联网上可以购物，一定会让人笑掉大牙，不是怀疑你痴人说梦，便是会问对着屏幕怎么知道这东西是真是假？怎么试尺寸大小？怎么知道口味如何？单凭一张图片就要我掏钱，哼，我才不傻呢！如果你又告诉他说，无论要想了解什么，网上一搜全知道，他则会问，免费吗？免费的事情有谁肯做？它们不想赚钱吗？不赚钱的事又能维持多久！

再如，假如 21 世纪初你对人说比特币，并说这玩意儿特赚钱，他一定会质问你：靠一段代码就能卖钱，你想钱想疯了吧？连政府都不承认，这种东西谁敢买？至于历史上第一笔比特币交易出现在 2010 年 5 月 21 日，当时的成交价是每枚 0.003 美元，而最高点出现在 2017 年 12 月 17 日的 19666 美元，短短 7.5 年间涨幅超过 655 万倍，年平均涨幅高达 8.1 倍，就更不会有人相信了。斗胆设想一下，假如你在最低点时买入 1 万美元的比特币（当时约合 6.82 万元人民币），并且又在最高点时抛出，那你现在早已进入全球首富行列！

上述怀疑都有道理，推理也很严谨，令人无力反驳，却又无法否认后者是事实。问题在哪里？只能说人类对数字经济时代始料未及。

这里之所以以互联网为例，是因为互联网是数字经济的 1.0 时代，区块链是 2.0 时代，两者密不可分。它们的区别在于：互联网交换的是信息，而区块链交换的是价值。从这个角度看，互联网可称为信息互联网，区块链则可称为价值互联网，这是两个平行的世界。

这里之所以以比特币为例，是因为比特币是区块链的第一个落地应用。区块链之于比特币，就像导演之于明星。观众只会记住明星漂亮的脸蛋和婀娜的身段，很少有人会知道导演姓甚名谁、是男是女。这并不奇怪。更不用说，区块链目前还处于蹒跚学步阶段，许多应用尚未落地；再加上真正了解区块链的大多是金融或极客高手，他们出口就是技术术语，这就更使得普通读者要想真正搞清区块链的概念、历史、原理和上层应用变得很难。

但是，这并不表明普通读者在区块链面前就只能一脸茫然。

一方面，从 2015 年下半年开始，区块链在我国已经受到高度关注，一些基于区块链的应用和项目已大量涌现。可以这么说，无论哪个行业，如果或多或少需要第三方机构参与，那就表明该领域比较适合应用区块链技术，并且一定会从中获益。区块链热潮席卷各行各业，已经成为当下最受瞩目的信息技术之一，"分布式记账技术""不可篡改""公开透明"等特性，吸引了越来越广泛的讨论和注意力。既然如此，如果你对区块链依然一无所知，就可能说不过去了呢！

2018 年 5 月 28 日，习近平总书记在中国科学院第 19 次院士大会、中国工程院第 14 次院士大会上讲话时，就已经将区块链与人工智能、量子信息、移动通信、物联网一并列为新一代信息技术代表。2019 年 10 月 24 日，中共中央政治局首次就区块链技术发展现状和趋势进行集体学习。至此，中共中央政治局集体学习特定技术的情形仅有互联网和人工智能，区块链是第三项。

另一方面，区块链作为新兴技术，普通读者要想弄清其中的原理和设计实在勉为其难。既然如此，我们就不妨把这些问题留给专家和技术人员去探索，重点关注包括区块链在内的"ABCD"们是如何孕育新商业模式和产业格局，并给我们的日常工作和生活带来什么样的改变。只要做到这一点，就能正确认识区块链，并及早抓住投资和财富机会。要知道，区块链最大的颠覆就在于通过智能合约，促使社会组织成本急剧下降，"省钱就是赚钱，省到就是赚到"，无论对个人、组织还是全人类皆是如此。

区块链要解决的主要是信用问题，即信任、信用、信仰，三信合一。从人类信任历史看，大致可分为四个阶段——血缘信任、宗教信任、制度信任和数字信任——目前正处在以制度信任为主向数字信任转折的关键阶段。数字信任与数字社会相对应，以互联网经济和通证经济为代表，无论数字货币、数字生活、数字生命还是数字经济都离不开通证，即以分布式账本技术、分布式自成组织、智能合约为基础的经济体系。而区块链，则是数字信任的关键和基石。在区块链通证经济下，人与人之间只有服务没有控制，个人拥有高度自由，生产力和生产关系也会因此得到理顺。

所以，过不了多久，区块链就会在绝大多数领域影响并改变人类的生产和生活方式。作为普通读者，我们更应该关注的不是区块链原理，而是它在哪些方面能够对我们的生产和生活产生影响，这便是本书的初衷。

本书内容分为上中下三编，共16章。上编2章，主要介绍区块链的基本知识及投资机会；中编7章，主要介绍区块链在哪些领域已经影响到我们的生活，具体有供应链与云存储、物联网与互联网、公证与防伪、公益与慈善、投票与预测、资产管理、共享经济；下编7章，主要介绍区块链在哪些行业已经影响到我们的生活，具体有金融与保险、药品与医疗、能源与房产、交通与旅游、政府与国防、农工商业、文化娱乐。

本书深入浅出，图文并茂，读来饶有趣味。作为一本区块链应用普及读物，无论什么样的读者，都会从中找到自己感兴趣的话题。

季行方

2019 年 11 月

上编 概述

第1章

你好，区块链

从网红比特币说起 / 2

比特币和区块链的关系 / 5

信用、信心、信任三合一 / 10

去中心化和分布式记账 / 13

区块链发展史 / 19

我国区块链企业发展现状 / 23

第2章

馅饼还是陷阱

区块链重新定义财富观 / 30

政府层面的新财富观 / 34

企业和个人的新财富观 / 37

区块链怎样变成钱 / 41

区块链技术面临的挑战 / 46

标准和法律已开始跟上 / 49

谨防陷入区块链骗局 / 52

第3章

区块链@供应链与云存储

越是"肠梗阻"区块链越有效 / 56

用区块链监视供应链 / 58

京东物流为什么快 / 61

云存储不再担心安全性 / 62

第4章

区块链@物联网与互联网

共识机制提高私密性 / 66

区块链降低物联网成本 / 67

区块链让物联网脱胎换骨 / 70

区块链推动互联网上台阶 / 72

第5章

区块链@公证与防伪

电子数据存证 / 78

区块链法庭和公证 / 80

区块链发票和债券 / 84

区块链学历证明 / 87

第6章

区块链@公益与慈善

安全是公益的生命线 / 92

中编 领域

谁来监管救助资金 / 94

彩票发行是块肥肉 / 96

精准的应急众筹 / 98

第7章

区块链@投票与预测

真实反映选民意愿 / 102

足够强大的投票系统 / 104

谁都可以发起投票和预测 / 107

无聊的预测会增多 / 109

第8章

区块链@资产管理

有效降低信用成本 / 112

有效解决核心痛点 / 114

调节社会财富分配 / 116

资产证券化业务 / 118

第9章

区块链@共享经济

区块链让共享梦想成真 / 124

去中心化改造是根本 / 126

绝不仅仅限于共享单车 / 130

中编 领域

下编 行业

第10章

区块链@金融与保险

数字货币及其前景 / 134

银行支付清算 / 137

实时跨境支付 / 140

在征信系统的应用 / 148

在银行业中的应用 / 153

在证券业中的应用 / 157

在保险业的应用 / 161

第11章

区块链@药品与医疗

有效遏制假冒伪劣 / 166

打通数据交流环节 / 169

重塑医患信任关系 / 171

有助于攻克疑难杂症 / 173

第12章

区块链@能源与房产

能源管理精细化 / 178

颁发绿色资产证书 / 180

房地产交易与过户 / 182

房地产档案管理 / 185

第13章

区块链@交通与旅游

汽车和停车场 / 188

二手车和出租车 / 190

区块链下的旅游业 / 192

票务和积分处理 / 194

第14章

区块链@政府与国防

信息公开和依法行政 / 198

信息保护和身份管理 / 201

区块链电子居民计划 / 204

在军事变革中抢占先机 / 206

第15章

区块链@农工商业

食品溯源和农业附加值 / 210

打击假冒伪劣推动创新 / 213

传统商业会消亡吗 / 215

对供应链金融的冲击 / 222

第16章

区块链@文化娱乐

确权知识产权 / 228

制造知识富翁 / 230

创新游戏娱乐方式 / 234

创建新型社交平台 / 237

下编　行业

第1章

你好，区块链

区块链能彻底消除陌生人之间的信任危机。它不但知道你在网上是不是一条狗，还知道公母、体重、毛色、生日以及有没有打过疫苗。谁都可以透明地给它做记录，只是无法删除和篡改。

上编
概述

◆ 从网红比特币说起
◆ 比特币和区块链的关系
◆ 信用、信心、信任三合一
◆ 去中心化和分布式记账
◆ 区块链发展史
◆ 我国区块链企业发展现状

从网红比特币说起

区块链最早是借比特币登台亮相的，是比特币引出了区块链。所以，了解区块链先要从比特币说起，看究竟是怎么一回事。

从十月怀胎到呱呱坠地

货币发行自从与实物黄金脱钩后，就像一匹脱缰的野马，导致各国货币竞相贬值，人民群众苦不堪言。人们渐渐意识到，货币由中央银行发行或许并非天经地义，因为没有什么力量能够约束中央银行背后的中央政府，所以其中存在着许多问题。为此，全球各国科学家都在围绕货币发行去中心化展开种种努力。但显而易见，这一过程十分艰难，除了缺乏政府支持的孤立无助，更有本身技术上的难题。

具体地说，传统货币因为是由中央银行发行的，由中央银行管理和监督，依靠政府权威强制推行，所以货币的基本职能即价值尺度、流通手段、贮藏手段、支付手段等相对有保证；而如果去中心化了，没有这样一双强有力的推手，要实现这些职能就会有相当大的难度。

数字货币虽然不存在防伪问题，但想要证实这是真实货币，就必须依附于某个机构，即由这个机构来对其真伪进行鉴定。数字货币可以从一方直接付给另一方，无须经过任何中间环节；可是，怎样才能确保从这一方安全抵达另一方呢？要知道，数字化内容是很容易复制的，因此必须鉴定并确保数字货币持有者的这一份货币只付给了一个人而不是复制后付给了若干人……这些问题不解决，数字货币就断然不会成为真正可以流通的货币。

最早在 1983 年，David Chaum 在论文中第一次提出了匿名的数字加密货币 e-Cash，并且还发明了盲签名技术，然后在 1989 年创建了 Digicash 公司，把该技术应用于部分银行的小额支付系统。但是，它依然需要依赖于一个中心化机构，所以过渡得并不彻底，这也注定了它最终的失败。

到了 1997 年，Adam Back 发明了 Hash Cash 来解决邮件系统中的 DoS 攻

击问题，第一次提出了可以用工作量证明机制来获取额度，这就离现在的数字货币技术更进了一步。

1998 年，Wei Dai 提出了 B-money，在数字货币生产过程中引入 PoW，从而使得它成为第一个比较完善的面向去中心化设计的数字货币。遗憾的是，它并没有能够提出具体解决方案，所以最终也是不了了之。

从上容易看出，这些数字货币都有一个致命弱点，那就是依然或多或少需要依赖于第三方信用担保系统，所以它"数字"得并不彻底。

直到 2009 年 1 月 3 日第一枚比特币诞生，作为一体两面的第 1 个序号为 0 的创始区块也同时降临人间。比特币第一次将 PoW 与共识机制联系在一起，才真正实现全球第一套去中心化数字货币系统——它依托没有任何管理机构的分布式❶网络，只是通过数学和密码学原理，就能确保所有交易❷的成功进行，并且通过背后的计算力背书自身价值，其实质是区块链在背后使劲。2009 年 1 月 9 日，序号为 1 的区块出现，与序号为 0 的创始区块连接成链，标志着区块链的正式诞生❸。

从比特币诞生至今的实践看，它在无人管理状态下，已经在全球全天候地处理了几百万笔交易，其中最大的一笔高达 1.5 亿美元，从来没有出现过重大的系统故障，被称为人类金融史上一次了不起的社会学实践。

从这一点上看，怎么形容比特币在数字货币诞生过程中的作用都不为过，虽然现在还很难讲它日后能否取代传统货币。

并且，特别值得一提的是，比特币之所以如此神奇，一大原因就是它倚仗的是一套分布式账本❹——这是一套建立在区块链结构基础之上的分布式账本，一套所有用户都可以自由访问、所有人都无法对过去所记录的数据进行恶意篡改和控制的分布式账本。

---

❶ 所谓分布式（Distributed），是指非单体中央节点的实现，通常由多个个体通过某种组织形式联合在一起，对外呈现统一的服务形式。

❷ 请特别注意，区块链概念中的"交易"，是指对账本操作导致账本状态发生改变，与经济来往没有必然关系。

❸《区块链到底是啥？典型应用场景是什么？一文看懂区块链》，载《金融界》，2019 年 10 月 28 日。

❹ 所谓分布式账本（Distributed Ledger），是指由多家联合维护的多中心化或去中心化账本记录平台。

数字货币、虚拟货币、通证及其关系

有人说比特币是数字货币，有人说它是虚拟货币，还有人说它是代币，这究竟是怎么回事呢，这几个概念之间又有什么样的区别和联系呢？

根据欧洲银行管理局 2014 年的最新定义，所谓虚拟货币，是价值的一种数字表达，它不是由中央银行或某个公共权威机构发行的，也不一定与某一法定货币相挂钩，却能被自然人或法人接受用于支付手段，可以进行电子化转移、储藏或交易。

虚拟货币可以分为两大类。一类是中心化虚拟货币，如 Q 币等。其主要特点是：由某一私营机构进行集中发行和管理；可以花费时间赚取或用法定货币购买，但不能反过来兑换成法定货币；限定在特定平台用于发行者提供的虚拟商品和服务，价值高低取决于发行者意愿。另一类是去中心化❶虚拟币，如比特币等。其主要特点是：没有中心化机构如中央银行或私人机构发行、管理与控制；可以与法定货币双向兑换，用于购买某些商品和服务；采用以加密算法为核心的区块链技术，从而使得素不相识的人在网络上也能建立起信任机制，使得点对点直接交易成为可能。

而所谓数字货币，通常是指加密货币。它属于虚拟货币范畴，本质上与 Q 币等虚拟货币地位相同。

至于代币，更准确的说法是"通证"（Digital Token），指区块链系统中的权益证明，如股权、债权、版权、投票权、专利权等一切有价值的东西。它具体包括三大要素：一是数字权益证明，二是加密，三是可流通。通证是未来最有可能兼顾各方诉求的一种机制，并有可能彻底改变现实社会。它更接近于"权力"的概念，而不仅仅是指"钱"（代币）。

通证只出现在区块链系统中，是区块链的一种数字标记。它本身不具备内在价值，但是在赋予其一定的价值后便能与现实世界中的价值体系发生关联。通证又分为两大类：一是区块链原生通证或内置通证，二是在区块链上发行、代表某种外部资产的资产支持通证。

容易看出，无论是虚拟货币、数字货币还是通证，与现实生活中的法定货币都不是同一概念；只有当它们由中央银行发行❷时，才能成为法定货

---

❶ 所谓去中心化（Decentralization），也叫多中心化，是指无须一个独立第三方中介机构的存在。

❷ 这时与是否采用区块链技术无关。当采用基于账户的传统技术时，习惯上称为"电子现金"。

币（即法定数字货币）。也就是说，数字货币虽然是虚拟货币，却不一定完全是去中心化的。至于比特币，它既是虚拟货币，也是数字货币，并且还是通证❶。货币、数字货币、虚拟货币、通证之间的关系如图1-1所示。

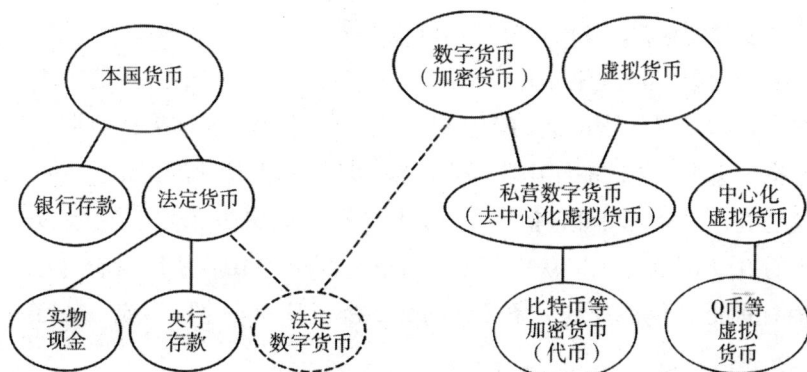

图1-1　货币、数字货币、虚拟货币、通证之间的关系
（图片来源：财新网）

比特币和区块链的关系

比特币脱胎于区块链，区块链的辈分比比特币大，但两者几乎是同时为人所熟知的。上面虽然简单提到了比特币和区块链之间的关系，但还不够具体，可是这个问题对本书来说又很重要，所以这里再展开一些来说。

区块链的定义和特质

所谓区块链，民间普遍认为是"加密的分布式记账技术"，即基于密码学的、可实现信任化的信息存储和处理的结构与技术。而国家工业和信息化部对区块链的官方定义是："在对点网络下，通过透明和可信规则构建不可伪造、不可篡改和可追溯的块链式数据结构，实现和管理事务处理的模式；其中事

---

❶ 周永林：《数字货币、虚拟货币与代币关系揭秘》，财新网，2017 年 11 月 10 日。

务处理包括但不限于可信数据的产生、存取和使用❶。"

顾名思义，区块链首先是一种信息记录方式（记账技术），并且还要是"加密的""分布式的"。因为这是"一种加密的分布式记账技术"，所以你不用死记硬背，只要记住"加密"是数学概念、"分布式"是网络概念、"记账技术"是金融概念❷，就能很好地加以理解了。

从字面上看，区块链是由"区块"和"链"所构成的。所谓区块，也叫信息块，是指记录一段时间内发生的所有交易的状态和结果；所谓链，是指按照这些区块所产生的顺序串联起来的整个账本状态变化的记录。

在这里，每个区块都包括这样三大要素：本区块的ID❸、若干交易单、前一区块的ID。因为每个区块中都包含着前一区块的ID，所以沿着每一区块的ID一直往前推，就能找到一条完整的交易链，从而在全网形成一条唯一的主链，这就是区块链。

从中也容易看出，区块链不是"静态"的"死"的，而是"动态"的"活"物。唯有如此，区块链技术才能在实际生活中出现广泛应用。而且，它的分布式账本规定，在此账本上进行记录只许添加、不许删除。

比特币和区块链的工作原理

最早关于区块链的描述，出现在中本聪的论文 *Bitcoin：A Peer to Peer Electronic Cach System* 中。只不过，因为该论文主要讨论的是比特币，区块链不是重点，所以根本就没有明确提到区块链的概念；但这并不妨碍区块链技术最早运用在比特币项目中。用来记录比特币交易账户历史数据的技术，正是区块链。在这其中，比特币和区块链究竟是怎么工作的呢？最通俗的描述是：

第一步，比特币客户端在发起一项交易后，会将这一信息发送到整个比特币网络中去，然后等待交易确认。也就是说，区块链中每输入一个数据，

---

❶ 温晓桦：《工信部周平：为什么要区别分布式记账和区块链？判断其应用有哪些维度》，雷锋网，2017年5月13日。

❷ 区块链的第一个实际应用场景是比特币，而比特币无论定位是数字货币还是电子现金，实际上是钱；而只要涉及钱的来往，就必定会与记账挂钩。所以，这里称分布式记账是很贴切的，一下子就能让人想到钱和财富。当然，这里记录的不一定都是数字，更不一定是金额，只能确保是二进制数据。

❸ ID是英文IDentity的缩写，在电脑和网络中是用来标识身份的唯一账号，实际上就是一个序列号、一段编码，就像现实生活中的身份证号、产品型号、设备注册号一样。

都会创建一个区块。

第二步，比特币网络中的节点会将这类交易记录进行打包，然后结合前一个区块头部的哈希值等信息，构成一个候选区块。也就是说，这个新创建的区块分为两部分，区块头和区块体。区块头记录当前区块信息，区块体记录实际数据。

第三步，系统会试图寻找，看能否将符合一定条件的随机串（nonce串）放到这个区块里面去。如果是，那么这个区块就会被认为是"合法"的，就可以在整个比特币网络中名正言顺地广而告之；而其他节点在收到这个候选区块信息后，便会纷纷进行验证。一旦证实它确实符合约定条件，就会一边承认它是合法的，一边添加到自己所维护的区块链上去。当大多数节点都这样做时，就表明该区块已经被该网络所接受，连同这个区块中的所有交易信息都被大家所公认。这就是说，每一个新建区块的信息都必须通过上一个区块信息计算而得。经过如此这般"验明正身"后，这一个个嵌合在一起的区块便构成了区块链。

用生活中的例子来加以说明，就好比是：

第一步，你身处异国他乡或外地，在急需一笔资金时，可能会想到把这一信息发在同学群中，等待每个同学伸出援手，帮你渡过难关。

第二步，当你的这一求助信息发到同学群中后，对其他群友来说就构成了一条未读信息。

第三步，其他人在读到你的这条求助信息后，会从多方辨别真伪，还可能会相互转发和议论纷纷。因为这毕竟涉及钱的事情，可能数目还不小，这年头骗子可不少。而当一些同学确认是你发出的信息，并且你有这种真实需求时，便会向你提供援助；而当大多数人都这样做时，就说明你的请求被大家接受了，你的难处也得到了解决。

具体到比特币来说，这种寻找符合一定条件的随机串的过程被称为"挖矿"。而要想提高挖矿效率，没有其他捷径可走，主要是靠暴力尝试；尝试机会越多，找到随机串的可能性就越大。

虽说区块链谈不上是横空出世的一种新技术，只是过去多种技术的重新组合；不过直到比特币问世，建立在区块链基础上的许多商业场景和创新技术纷纷涌现，人们才逐渐看到一幅幅更高效、更安全的未来场景。

具体地说，如果从1969年互联网在美国诞生开始算起，区块链至少是建立在以下五大互联网技术基础之上的：一是 1974 年诞生的核心通信技术 TCP/IP 协议，它决定了区块链在互联网技术生态中的地位；二是 1984 年诞生的思科路由器技术，它是区块链技术的模仿对象；三是随着万维网诞生的中心型架构（B/S 或 C/S），这是区块链所要颠覆的目标；四是无主从之分的对等网络（P2P），这是区块链的父亲和技术基础（图 1–2）；五是哈希算法，这是产生比特币和通证的关键❶。

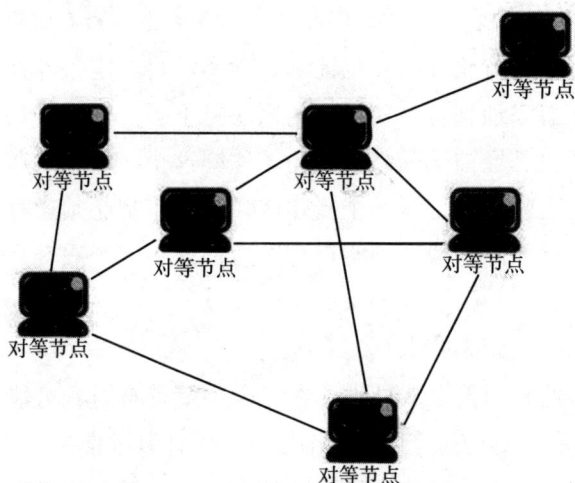

图1–2　无主从之分的对等网络P2P
（图片来源：搜狐网）

区块链和比特币的渐行渐远

当初中本聪提出区块链思想，主要是把它当作比特币网络核心支持技术来对待的。从 2014 年开始，区块链就逐渐脱离比特币网络，成为一种通用的、能够支持分布式记账的底层技术。所以，今天所指的区块链，除非特指比特币区块链，否则已经与比特币没有多大关系了。

要知道，在中本聪的比特币白皮书里并没有区块链（Blockchain）这个词，而只是提到了链（chain），指比特币系统的子集。后来出现的成千上万种山寨币，同样没有跳出中本聪公共账本的概念。不过，由此人们却约定俗成地从中抽象化地提炼出了区块链这个词，其中包含这样三层含义：一是区块链是

---

❶　刘锋：《区块链的技术简史与未来前景，从互联网进化角度分析》，搜狐网，2018 年 5 月 15 日。

比特币的原创核心技术，在这之前是没有区块链的；二是从技术层面讲，区块链和比特币是同时出现的，属于孪生关系；三是自从比特币出现后人们才纷纷采用类似技术，使得区块链的应用范围越来越广，已经几乎看不到边界。

归纳起来，比特币和区块链的关系是：比特币是基于区块链的一种数字现金应用；而区块链最早是在比特币分布式系统中得到应用和验证的，它确保了比特币系统 2009 年上线后至今在完全自治情况下的正常运转。

正因为比特币的区块链技术是专门为比特币体系设计的，所以比特币的区块链并非就是我们通常所说的区块链。换句话说，区块链是多种学科和技术整合的结果，包括密码学、数学、经济学、计算机技术等，比特币区块链只是区块链大家族中的一员。

上述多种技术整合在一起的区块链，就形成了一种新的去中心化数据记录和存储体系，并且能在存储数据的区块上打上时间戳，从而形成一个连续的、前后关联的、忠实记录数据的存储结构体系。

所以，对于普通读者来说，如果你搞不清或不想搞清复杂的区块链技术，那就不妨以退为进，简单地理解为：区块链就是这样一种数据存储结构，它把需要写入的数据分成一小块一小块，然后利用技术手段将这些小块串联起来，形成一种相对独立、自成一体的链式数据存储体系。

举个不恰当的例子。过去在仓库里存放东西时有点乱，有什么东西都往里面堆，直到把仓库放满，再去寻找下一个仓库继续这样堆放。

这样做的后果：一是堆放有点乱，不易寻找，有时候甚至需要把满屋子都翻过来才能找到你所需要的东西；二是占地方，有的地方堆得紧，有的地方堆得松，浪费空间；三是不安全，你在堆放东西时如果其中有坏蛋记住了哪个值钱的东西放在什么位置，或者门口正好有坏蛋经过一眼瞟见，这贵重物品就很可能会被偷盗。而因为里面堆放杂乱，即使东西被偷也不一定就能马上被发现。这样的坏蛋在网络上就是黑客。

而现在区块链的原理是：在这些被堆放的东西上，全都写上一段文字，贴上标签，标签上的文件名是一种有规律的排列，然后用一根安全的绳子把它们串在一起。无论坏蛋偷走其中的任何一件东西，都会发现这些有规律排列的东西中已经少了某一样；有时候甚至只要那么动一动，都会牵动这根绳子上的其他东西，让所有东西都感觉得到。

在区块链技术中，这一件件东西就是一个个区块，上面的标签就是严谨的哈希函数，而这根绳子就是哈希指针，这些东西被串在一起后所形成的链状存储结构就叫区块链。

容易看出，这区块链仓库就能克服过去随意堆放造成的三大缺点，既不是那么乱了，也节省了空间，还更具安全性。

信用、信心、信任三合一

区块链最重要的作用是解决了第三方信任问题，信用、信心、信任，三"信"合一。完全可以说，它之所以如此受人追捧，主要原因之一就在于当今社会人与人之间严重缺乏信任，有时候甚至连自己都不敢相信；而区块链的出现让人类眼睛一亮，对它寄予了太多的期望。

过去有句俗话叫"网络上谁都不知道你是一条狗"，而区块链的本质就是要在不可信的网络上建立起可信的信息交换来。换句话说就是，区块链网络上不但知道你是一条狗，还知道你这条狗是公还是母，何年何月何日生，体重多少，毛色如何，活动区域或家在哪里，有没有打过狂犬病疫苗等，比你自己更了解自己。有些东西你可能已经忘了，可是它却一直都记得，因为它的记录是无法删除并不可篡改的。

从这一点出发，原本亟须提高信任度的领域将会最先被区块链所攻陷；相反，原本就可信赖的领域，区块链在这其中所能发挥的作用相对就小，甚至根本无用武之地。

强有力的信用共识

区块链的三"信"合一来自信用共识，而这种建立在算法基础上的新的信用体系可谓坚如磐石、牢不可破。

信用共识是基于节点信用的一种共识机制，它的节点选举不以节点持有的通证而是以其信用为投票权重。通俗地说就是，区块链节点的"记账代理人"不是由"富人"而是由"诚信的人"选举产生的，所以，这样的区块链网络会更加诚信而不是更加逐利。

现实社会中，人与人之间最缺乏的是信用，最重视的也是信用，物以稀为贵嘛。传统的信用体系主要基于三点：一是道德，即相信对方是善良的、有道德的，所以接下来才敢合作，就好比你之所以敢上一家陌生饭馆吃饭，是你假定这家饭店用的不是地沟油、苏丹红，更不会下毒，即相信这家饭店老板是有道德的；二是信仰，例如西方国家大家都信上帝，大家都信"人在做，天在看"，基于这样一种共识，许多缺德的事就少了；三是政府，相信政府不会倒台，政府发行的货币不会一夜之间就都变成废纸，相信政府鼓吹的价值体系，所以才会把今天当昨天过。

而现在区块链的算法为什么能被当作信用来看待呢？这是因为计算机领域里的算法概念有一个重大特点，那就是一致性——无论何时何地，只要输入确定，那么经过这种算法就一定能得到一个确定的输出。正是在此基础上，区块链建立起了一种新型的信用体系[1]。

这样的便宜为什么会落到区块链头上呢？主要因为两点，一是其安全性，二是其稳定性。

先看安全性，这是指区块链的本质是分布式数据库，这其中的每个数据节点都独立记录着系统中的每一笔交易，想赖也赖不掉。

举例说，如果你借了一笔钱给一位朋友，是通过微信支付转给对方的，这件事只有你们俩知道。这样，等到将来你要对方还款时，对方拒不承认向你借过钱，或者说收到的钱不是向你借的款，而是你给他还的款，这样就很容易产生纠纷。而现在，区块链就好比是一个群，你和他都是其中的群友。假如这个群里有 100 个人，借款这件事虽然是你们的私事，可是区块链技术却能把你们的那笔转账和对话自动发送给其他 98 位群友。在这种背景下，对方如果要赖账或矢口否认根本没有这回事，其他人就都可以作证，对方赖账的可能性就会变得很小，除非他不想在这个群里（世界上）混了。也就是说，这会变相提高你这笔借款收回的安全性。

再来看稳定性，这是指它的这种分布式数据库存储在全球，无论谁都摧毁不了。关于这一点，从区块链的第一个应用场景比特币中就可见一斑。

又因为，每个新建区块都是通过上一区块计算而来，所以，任何一个区块的数据改动都会牵一发而动全身。过去有种"51% 算力攻击"的说法，意思是说，要想篡改区块链中的数据，需要集合整个网络 51% 以上计算机的计

---

❶ 徐明星等：《图说区块链》，北京：中信出版社，2017，P287、P288。

算能力，这就几乎难于上青天了。

先别说你不太可能集合到网络背后那些素不相识的人，即使他们都同意你的看法并和你一致行动，其成功概率也极低。以比特币为例，即使在该网络的几千个维护节点中，你能争取到50%的节点联合起来一致行动，那么在经过6个区块生成后，其成功概率也只有1.56%，相当于1/64。

不是支付宝，胜似支付宝

如果说，支付宝能茁壮成长并得到大面积推广，就是因为它解决了买家和卖家之间的信任问题，从而使得交易变得容易达成，那么，区块链的作用在这方面可谓有过之而无不及。

在支付宝出现之前，买家和卖家之间的信任问题一直无法得到有效解决。卖家担心货发出去了收不到钱，买家则担心钱付出去了收不到货，或货不对路，或售后服务无法得到应有保证。

支付宝出现后，有了这样一个第三方交易平台，就相当于添加了一位中间人角色，这就很好地解决了这一问题。买方拍下商品后不是直接付款给卖家，而是付款到第三方支付宝，然后支付宝通知卖家发货；买方在收到货物并确认数量、规格、款式相符后通知支付宝，这时候支付宝才把货款转给卖方。直到这时候，这笔交易才告结束。在这其中，只要有一方出现问题，支付宝就会暂扣货款，待问题妥善解决后再做处理，从而使得买卖双方的权益都能得到有效保障。

而现在，区块链的作用范围要比支付宝大得多——支付宝只是一对一地解决买卖双方的信用担保问题，而区块链所做的是完全撇开中介机构，解决的是全网信用担保。它的工作原理是，当买卖双方在进行一对一交易时，所有网络节点都会帮助记录数据，使得任何一方不敢违约和抵赖。

请大胆设想一下：目前全球有那么多中介机构，已经构成第三产业的重要组成部分，如果未来区块链能够全都实现点对点交易，那时候的效率和信用又会因为没有这些中介机构而何止提升千万倍！尤其是在支付转账、智能合约❶、选举投票、信息安全等领域，应用范围无限广阔。

---

❶ 所谓智能合约，其发明者尼克·萨博所下的定义是："一套以数字形式定义的承诺，包括合约参与方可以在上面执行这些承诺的协议。"简单地说就是，这是一份事先签订的、必须自动自发遵守的协议。

去中心化和分布式记账

区块链解决第三方信任问题，靠的不是行政、经济、法律和道德方法，而是彻底改造不诚信系统。也就是说，它是霸王硬上弓，所有事情都在那里明摆着，没有谁能操控得了，也没有谁能加以篡改。之所以能做到这一点，关键是它拥有两大杀手锏：一是去中心化，二是分布式记账技术。

去中心化及其必然趋势

去中心化是指区块链体系中没有中心化硬件或管理机构，任何节点和参与者都有相同的权利和义务。通俗地说就是，在这其中没有领导，没有规定非得听谁的，也没有谁可以"打击报复"其他人。而这样一来，因为没有了管理层，交易成本大大降低。积极推进区块链技术的 IBM 公司认为，与中心化设备网络相比，区块链至少能降低 99% 的管理成本[1]。

"去中心化"一词，国内最早是由币圈中人翻译过来的，英文是"Decentralized"，这样的译法多少带有一点主观和政治化色彩；相反，我国台湾人普遍把它译为"分散式"更准确。理由有二：一是软件系统中的网架结构一般分为两种，即单中心和多中心（分布式）；二是中本聪当初在整篇论文中并没有提到 Decentralized 这个词，而只有 Peer-to-peer（P2P）。正因如此，以太坊的核心开发团队 Ethcore 在 2016 年 6 月召开的 W3C 区块链标准会议上就明确提出，以后不再使用 Decentralized，而是会用 P2P、Secure、Serverless 这类纯技术性词语加以替代[2]。

区块链去中心化后的公链是全网公开的，并且是程序开源、账本全网可查，唯有如此才能让人相信。否则，你这么一个东西许多人都不懂，既没有董事会也没有理事会，连个出来指挥协调的人都没有，更没有法律保障，还

---

[1] 韩锋、张晓玫：《区块链：量子财富观》，北京：机械工业出版社，2017，P56。
[2] 《区块链的三大误区，99% 的人都不知道》，搜狐网，2018 年 7 月 26 日。

有谁敢相信呢？唯有做到这两大公开，就像我们平时搞 AA 制活动一样，把所有账本都摊出来给大家看，才是真实、可信、合法的。

以比特币发明者中本聪为例。这个神秘人物 2009 年将比特币代码开源公布出来后，一开始并没有人相信，所以没人"挖矿"。一方面，别人不知道比特币究竟是什么；另一方面，别人也不相信你会如此大公无私。无奈之下，他只好自己默默无闻地一个人在那里挖矿，以保证每 10 分钟能产生一个区块，就好比工厂开在那里总不能关门大吉一样。

就这样，他辛辛苦苦劳动了一年，钱包地址一共获得 100 多万个比特币奖励，才在 2010 年玩彻底失踪。一方面，这时候已经有人开始接着挖矿了，他的目的已经达到，不再需要自己亲自动手；另一方面，这也符合他的去中心化思想，他觉得自己还是从此彻底消失更好。

对于这样一位明明可以靠才华成为全球首富，却偏偏喜欢凭性格青史留名的传奇人物，玩神秘主义是最符合区块链去中心化精神的——他不但从来没有动用过自己拥有的比特币财富，也从来没有申请过专利，就连提名诺贝尔奖候选人都完全置之不理。他独自发明了比特币，早期时还亲自参与匿名指导，只是当后来媒体纷纷表示已经找到中本聪本人，甚至还有许多人现身说法称自己就是如假包换的中本聪时，他才不动声色地在电子邮件中表示"我们每个人都是中本聪"。意思是说，只有他才是真正的中本聪，但他是不会抛头露面的。

从现实来看，区块链产生之前的网上交易和消费都必须依靠信用做背书的第三方中介机构，如银行、清算机构、交易所、公证机构等。这些中介机构的存在，不但提高了网络运营成本、降低了运营效率，更存在着安全和信用隐患。这里的运营成本和效率，是指由于各国货币、信用价值不同，清算体系又不兼容，势必会给全球贸易和汇兑增加许多摩擦成本。这里的安全隐患，主要是指黑客攻击和各种人为破坏；而信用隐患，则是指政府信用欠缺，如拼命滥发货币造成货币急剧贬值等。

正是在这种情况下，区块链因为拥有去中心化功能，统一了全球货币和交易，才使这些问题和隐患迎刃而解。就好比说，为了能让所有人都知道对方在网络上"是人是狗还是鬼"，那就必须建立一种可追溯的、不可篡改的去中心化机制，区块链因此应运而生。

接下来的问题是，区块链因为去中心化使得系统全透明，是否就应该令人害怕呢？其实大可不必。退一步说，这是一种历史必然，怕也没用。从人类发展过程看，货币从去中心化到中心化再到去中心化的演进过程是必然趋势[1]，如图1-3所示。

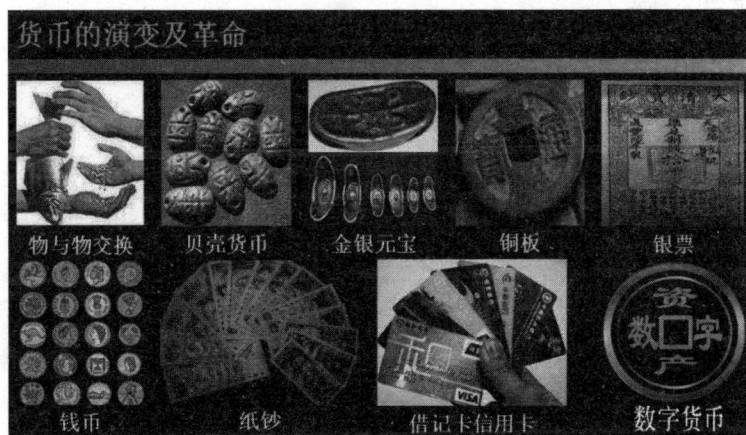

图1-3　货币从中心化到去中心化的演进
（图片来源：搜狐网）

还可以列成表格（表1-1）。

表1-1　货币发展的中心化和去中心化

阶段	货币形态	特点
1	物物交换	去中心化。但供需双方直接撮合，交易效率极低
2	实物货币、贵金属货币	中心化。有国家信用做保障，但容易出现短斤缺两、以假乱真、以次充好，尤其是万一国家也不守信用呢
3	纸币	中心化。有国家信用做保障，容易印制，便于携带，但也容易被盗、被仿制
4	数字货币	去中心化。以互联网和数字加密技术为基础，无国家信用做保障，存在诸多缺陷和混乱
5	法定数字货币	中心化。有国家信用做保障，线上线下同步使用，能最大限度地提高交易便利和安全性

从上容易看出，去中心化只是一种技术手段，并非不要监管，甚至它根

---

[1]　温晓桦：《工信部周平：为什么要区别分布式记账和区块链？判断其应用有哪些维度》，雷锋网，2017年5月13日。

本就脱离不了监管。

换个角度看，这种去中心化也决定了它与传统 IT 技术的根本区别：传统 IT 技术都是从分布式到集中，唯有区块链是从集中到分布式。

分布式记账

分布式也叫去信任化，指任何一位参与者都可以毫不避讳地对其他人不信任，并有权对区块链上记录的所有交易进行核查。只不过，核查可以，但不能进行修改，否则立刻会暴露你的小动作。究其原因在于，这种核查是通过数字加密技术进行的，如果你篡改了其中的任何数据，都会导致以后生成的随机散列与原已得到验证的散列不匹配。

正因如此，英国《经济学人》杂志 2015 年比喻说，区块链是一台创造信任的机器，它能让人们在互不信任并且没有中立机构的情况下，做到相互信任和相互协作[1]。

分布式记账也是记账，而只要提到记账，大家自然就会想到账本和记账方法。不用说，这两者之间是有联系的——有什么样的记账方法就会采用什么样的账本；而采用什么样的账本，又必须符合相应的记账方法。

人类最早的会计思想萌芽于距今约 300 万年 ~1.5 万年的旧石器时代，直到 1494 年意大利文艺复兴时期的著名数学家、会计学家卢卡·帕乔利在威尼斯出版全球第一本复式记账著作《算术、几何、比及比例概要》，才进入近代会计时代。在这之前长达数十上百万年的历史长河中，我们的祖先采用的一直是被称为"流水账"的、漏洞百出的单式记账法。自从复式记账法出现后，因为任何一笔业务都要在两个或以上相互关联的账户中得到反映，并且确保会计等式平衡，所以差错才大大减少，但这一历史距今也才不过 600 多年[2]。

如果说复式记账是人类历史上第一次把对账验证功能引入记账过程，那么区块链就是人类历史上第一次把对账验证功能引入数字记账技术。更重要的是，区块链的这种对账验证无须人工参与，而是与生俱来的。

更值得一提的是，分布式记账虽然也称之为记账，却不是我们前面所说的会计记账，而是特指区块链技术之一。

在这种分布式技术下，数据信息分布在整个网络或由多个机构共同组成

❶ 韩锋、张晓玫：《区块链：量子财富观》，北京：机械工业出版社，2017，P56。
❷ 严行方：《会计简史：从结绳记事到信息化》，上海：上海财经大学出版社，2017，P66。

的网络里，每个参与者都有一个唯一的、真实账本的副本。建立在密码学原理基础上，可以在网络中的不同站点、不同地理位置分享资产数据库，包括实物资产、金融资产和电子资产数据库。也就是说，每一笔新的交易都会在每个参与者账本副本上同步反映出来。而正常的账本更新，会根据网络中达成共识的规则，由一个或几个甚至所有参与者共同完成。

容易看出，分布式记账的主要目的也是去中心化。它与单式记账和复式记账的区别在于，这种账本的记录和修改权不再由某个指定的人所独占，而是人人都可参与进来，并且可以在不同地方参与。

分布式记账的规范称呼是分布式记账技术，也称分布式总账技术、分布式账本技术❶等。从区块链的官方定义看，它包括两层含义：一是从技术层面看，区块链是一种由不同节点共同参与的分布式数据库系统，并没有想象中的那么复杂；二是分布式记账的应用范围要比区块链技术大。

表1-2可能叙述得更清楚❷。

表1-2 区块链和分布式记账的关系

共同点	系统账本由网络中的多个参与者集体校验及维护，即使遭到单一参与者的操纵和攻击，依然会保持稳定且不可篡改
不同点	虽然经常被用来做共同描述，但两个概念并非完全可互换。分布式账本的核心是去中心化，不存在中央机构存储、确认的数据库记录，也不需要用到区块链的链和工作量证明；并且，最终如何使用，实现这种技术依然需要受"人"控制，因而这种去中心化是不彻底的。而区块链的核心是利用加密签名（哈希）连接所有区块，从而形成一条长长的链，通过交易规则和智能合约成为所有人共享的账本
	分布式账本虽然在讨论特定系统时，通常会被直接称之为区块链系统，但它只是走向区块链的第一步，并不意味着一定会创造出那条最长的区块链来

明白了上述区别，就知道为什么现在有许多企业更倾向于分布式账本技术而不是区块链了，因为它们只有这个能力去做分布式账本技术，并无法保

---

❶ 所谓分布式账本技术（Distributed Ledger Technology，简称DLT），是指包括区块链、权限管理等在内的实现分布式账本的技术。

❷ 温晓桦：《工信部周平：为什么要区别分布式记账和区块链？判断其应用有哪些维度》，雷锋网，2017年5月13日。

证自己就能做成区块链（最长的那根链）❶。

但即使如此，也请不要小看了分布式记账，它是一种强大的颠覆性创新，完全有可能变革公共和私人服务的实现方式，从而通过广泛的应用场景去提高生产力。

那么，接下来的问题是，区块链的分布式记账是谁在记账、给谁记账、记的又是什么账呢？

先来看是谁在记账。按理说，在某个时间段里一旦出现新的交易，区块链中的每个人都可以记账；但实际上，这其中必定有一个是记得最好、最快的人。当系统找到这个人之后，就会把他所记录的内容誊写到账本上去，并且把该内容发给系统里所有的人，让他们通通照此进行备份。这样一来，系统中的每个人就都有了一本最新的、最完整的、相同的账本。这样的铁证如山，谁都否定不了。而这个记账记得最好、速度最快的人就是这个时间段里的"记账员"，或者说这笔账就是"他"记的。

再来看给谁记账。理解了上述过程，现在我们以比特币为例。打开比特币区块浏览器，点击任何一个区块，都能看到里面包含的所有交易，而这实际上就是区块链记的账。由于区块链记账不能篡改和销毁，所以这种记账方式就是通常所说的序时日记账。

最后看记的是什么账。因为每个区块都有大小限制，并且不同时期的大小可能会有调整。每一笔计入区块的交易都需要支付手续费给矿工，这和过去在银行柜台汇款时需要支付汇款手续费是一样的道理。区块链的服务对象是开放的，这就好比无论是谁去汇款，只要你愿意支付汇费，并且有明确的收款地址，银行是不会拒绝你的。正因如此，只要你的这笔业务愿意并且支付足够的手续费，那么这笔交易就可以被记账，相反则很可能难以被打包，即记不了账。

顺便一提的是，分布式记账并不表明区块链只能用于记账。在此基础上，它还有着更多创新性应用；并且，形式也不仅仅只是二进制数据，还包括文本、音频和视频等，主要受制于区块大小和交易手续费的高低。

---

❶ Matthew Beedham 文，零售威观察编译：《区块链 VS 分布式账本技术：别再混淆了，这两个不一样》，比特财经，2018 年 8 月 1 日。

区块链发展史

区块链概念最早起源于比特币。从一般角度看，比特币是一种数字货币；可是从技术角度看，它却是一个点对点的去中心化网络平台，而其背后的技术支持正是区块链。

正因如此，才说比特币是区块链技术应用的第一个场景，被称为区块链1.0版，至今已发展到3.0版。

区块链1.0版以比特币为代表，主要与可编程数字货币相关，如货币转移、汇兑和支付系统等；2.0版以以太坊为代表，主要与可编程金融相关，如股票、债券、按揭贷款、产权等金融领域及其智能合约；3.0版以商用分布式应用（EOS）为代表，主要与可编程社会相关，这时候的它已经超越货币和金融领域，触角已经伸到更大的范围如医疗、文化、艺术、物联网等。从总体上看，目前还处在1.5版阶段。

对实物货币的突破

区块链的诞生虽然只有11年时间，可是如果把目光放远一点，它实际上是人类千百年来对实物货币不断突破的结果。

从人类发展历史看，自从有了产品剩余和商品交换，就有了货币，货币在商品交换和国家财政中起到不可或缺的媒介作用，直到现在。但无论早期的贝壳、棉布，还是后来的金银直至现在的纸币，都属于实物货币。实物货币具有许多优点，如方便携带、不易仿造、相对容易辨别真假等；但也有许多缺点，如容易丢失、滥印滥发、币种转换困难等。

银行卡作为电子货币，它的出现虽然从实物货币向数字货币迈进了一大步，但依然没有改变实物货币固有的缺点。这突出在两点：一是依然须臾离不开额外支持机构，如背后的银行和管理部门等；二是中心化结构，即由中央控制器通过直接命令或使用权力等级制度来对底层进行控制。不但如此，还由此增加了银行卡伪造、盗刷、转账骗局和诈骗行为的发生。在这样的宏观背景下，种种关于克服上述弊端的关于数字货币的研究便呼之欲出，去中心化的海星模式区块链因此应运而生。

在自然界中，蜘蛛是最典型的中心化组织代表，海星是最典型的去中心化组织代表。蜘蛛有八条腿，它的身体由大脑这个中心化结构所控制，如果它断了一条腿，那就只剩下七条腿；如果它掉了脑袋，便不能存活。所以中心化组织也被称为"蜘蛛模式"。而海星由于不存在大脑这样的中心化结构，它的器官都被复制、分布在每个躯干中，所以如果它断了一条腿，依然会是一只完整的海星；如果把它一切两半，还会变成两只海星。所以去中心化组织也被称为"海星模式"。

这是两种生物不同的行为控制方式，很难说谁对谁错。但 Ori Brafman 和 Rod A. Beckstrom 在畅销书 *The Starfish and the Spider: The Unstoppable Power of Leaderless Organizations* 中认为：首先，当受到外界攻击时，去中心化组织会呈现愈加开放和分散分布趋势，而中心化组织则会呈现出愈加集权趋势；其次，开放系统很容易变异，以更好地适应环境；再次，人们如果被置于分布式组织，会更愿意去贡献自我；最后，一个行业的去中心化程度与总体利润成反比。总体而言，去中心化组织有着更加顽强的生命力[1]。

显而易见的是，由于区块链发展还处于起步阶段，现在就去预测它对实物货币有怎样的突破还为时太早；但无论如何，这种海星模式的顽强生命力将被人类充分利用，这从本书后面的介绍中可以得到有力佐证。

区块链的三大应用层次

沿袭区块链发展的三个不同版本，从低到高经历了这样三个应用层次：

一是货币互联

即把比特币等数字货币当作互联网上的"现金"用于实际支付。一种货币就是一种协议，每一种独立的数字货币都有其自己的去中心化总账，而 1973 年发明的 TCP/IP 协议则是互联网的革命性起点。这种货币互联既是区块链最早在比特币中得到应用的理由，也是以后各国中央银行发行数字密码货币的主要模式，能够彻底解决现实社会中因为发行纸币而浪费资源、因为中心化记账而导致安全性和系统可靠性不足以及系统不可控的弊端，从而不仅能把

---

[1] 曹辉宁：《去中心化 VS 中心化，无法调和的矛盾？》，百度网，2018 年 3 月 15 日。

全球信用卡商户的支付费用从目前的平均 3% 降到 1% 以下（主要是国际汇款费率高），而且还会把等待时间从几天缩短到几分钟。

从目前已有的几种可以使用比特币的系统如 BitPay（巴比特）、CoinBase、Coinfy 等来看，虽然它们与信用卡支付系统还不兼容，但已经有许多企业正在做着兼容的事，例如使用移动支付等。由此可见，两者兼容的这一天已经为时不远了。

二是资产互联

从货币互联到资产互联即数字化资产的转移，应用范围显然是扩大了一步。最典型的有各种网购平台阿里巴巴、亚马逊等，各种社交平台微信、脸书等，各种共享平台滴滴、共享食宿等，都有条件通过区块链去中心化方式在互联网上更好地转移数字化资产。在这其中，又涉及了智能资产和智能合约两大块。

首先看智能资产。包括金融、经济和货币等在内的各种有形资产和无形资产，都可以在区块链上通过智能合约进行编码，用于注册、存储和交易，从而成为智能资产。简单地说就是，无论现实生活中的实物资产还是无形资产，都可以在区块链上注册成数字资产，然后通过智能合约，借助于私钥随时加以支配或交易。这有点像现实生活中的智能门禁系统，又有点像在手机上进行网购、电话交易，凭的全是人脸识别、密码、传感器、软件代码等私钥。区别在于，区块链上的这种智能合约是事先绑定、自动执行的，而且不能修改，这一点许多人可能并不习惯。但毫无疑问，这种做法能够广泛构建起无须第三方存在的去中心化资产管理系统。

再来看智能合约。智能合约的存在先于智能资产。智能资产交易只是智能合约用于资产交易行为的一种，智能合约在区块链中还有着更为广泛的用途。就好比一台由代码编写和自动运行的自动售货机，无论你是谁，当你塞入钱币并做出相应选择后，机器就会根据原先的指令做相应动作，吐出相应物品，并给你适当的找零，这里没有也不需要"售货员"的存在，这里也不存在"违约"行为，除非这台"售货机"坏了。在区块链及智能合约看来，代码即法律；区块链是不会违法的，违法的只能是当初把它写入代码的人，要不就是这法律过时了。

智能合约是区块链中的一个重要概念，是指一个能够自动执行的数字承诺。它需要提前设计好合约，然后在达到触发机制后自动执行。就好比说，加入 QQ 群的方式中有一种叫"付费入群"，群主可以"设置付费入群金额"，从 0.01~50 元不等。一旦设置成功，其他任何人只要通过 QQ 付款上述指定金额就能入群，而无须群主和管理员审核。在这里，这种加群方式和付费金额，实际上就是一种智能合约。

回到区块链上来。最大的去中心化智能合约平台是以太坊，它的工作原理是这样的：如果你在以太坊网络上写个合约，发起一次借币活动，并承诺 2019 年 6 月 30 日还款，同时确定利率是多少。那么这时候，你只要在该合约地址上付出几个以太币，就会得到一张合约白条，上面记录了你欠多少个以太币。到了规定的还款日期，你在系统里自动打上以太币，合约就会按照原来的借款记录替你逐个归还。

三是万物互联

这就不仅仅局限于经济范畴了，而是扩大到了一切领域，如政府管理、司法认证、互联网优化、智能管理、供应链管理、医疗信息记录、知识产权服务等。通过时间戳记录的数据网络，去开发和维护一个永久无法篡改的记录，从而极大地简化登记、查验、仲裁过程，维护公开、公平和正义。

例如，选举和投票被真实地记录在区块链上，就无须唱票、验票，也不会有人工操纵，这样当然就能在降低人力投入的同时也增强公信力 ❶。

展望未来，区块链作为一项新生事物，在发展过程中当然不会一蹴而就。它在实际场景中的应用范围和速度，主要取决于制约区块链技术落地的一些具体因素何时能够得到解决，如怎样为区块链合同担保，尤其是在金融、法律领域这必不可少；如何实现线上线下机制融合，仅有线上没有线下依然无法落地开花；基于区块链系统价值交易的物品价值如何数字化，非数字化物品当然也就无法放到数字化区块链中去实现价值；等等。

---

❶ 井底望天、武源文等：《区块链世界》，北京：中信出版社，2016，P33–39。

我国区块链企业发展现状

在本书第一章临近结束时，重点来看看我国区块链企业发展现状。

数量和地区分布

据零壹财经与量子数聚统计，截至 2018 年 7 月末，我国共有 14755 家企业的名称和经营范围中含有"区块链"字样，有 1213 家企业介绍中含有"区块链"，这表明我国已有近 1.6 万家区块链企业。

在这其中，从时间角度看，2015 年还只有 34 家，2016 年就已经达到 247家，2017 年为 3787 家，2018 年 7 月末多达 15968 家，企业数量呈井喷式增长态势，如图 1-4 所示。

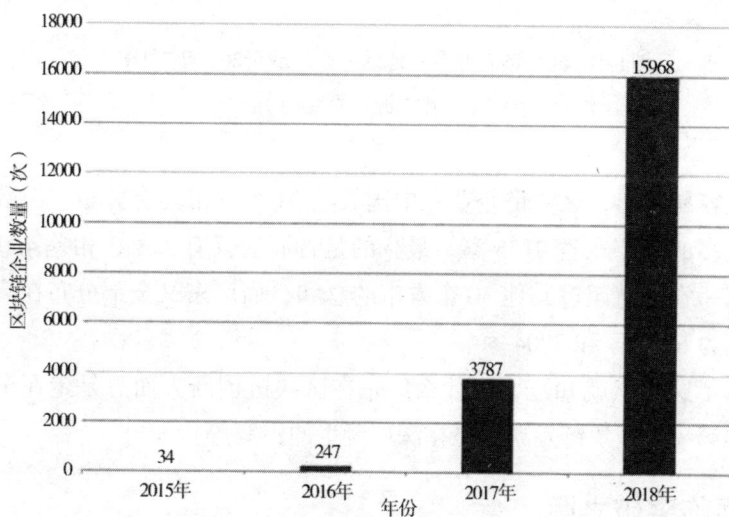

图1-4　中国区块链企业数量变化（2015年~2018年7月）
（图片来源：百度网）

从地区分布看，沿海省份的区块链企业布局领跑全国，如图 1-5 所示。

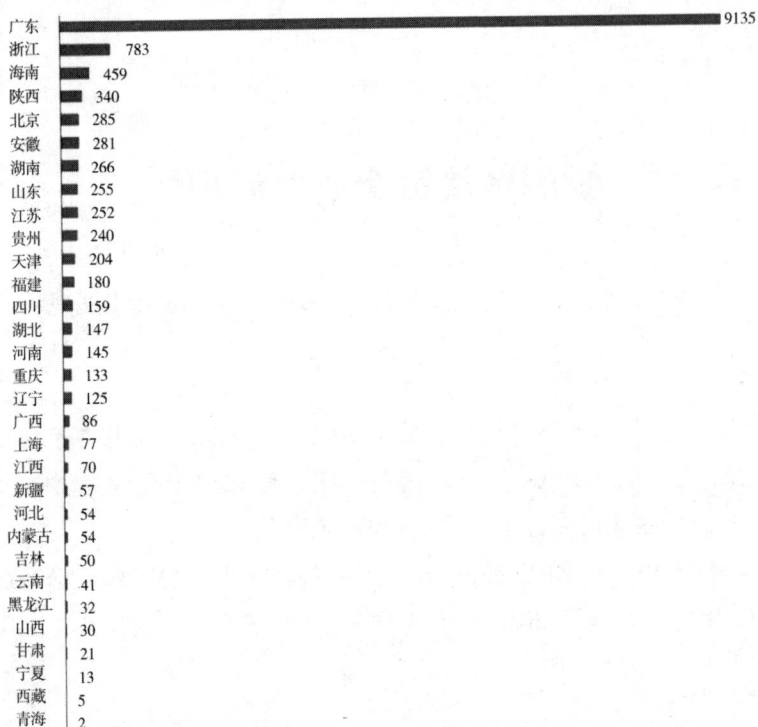

图1-5　区块链企业在各地的分布（截至2018年7月末）

（图片来源：百度网）

从上容易看出，区块链企业在中国大陆31个省市均有分布，但数量十分悬殊，最多的是广东省9135家，最少的是青海省仅有2家，相差4500多倍。仅仅广东一省，就超过其他30个省市的总和；而广东又全部分布在广州和深圳，分别为6131家和3004家。

明白了这一点就知道，为什么广东在区块链创新方面总是走在全国前列了，例如第一张区块链发票就是在深圳诞生的，等等。

正面临突破之际

2016年12月15日，国务院印发《"十三五"国家信息化规划》，其中就已将区块链技术列为战略性前沿技术。2018年6月7日，国家工业和信息化部印发《工业互联网发展行动计划（2018~2020年）》，进一步鼓励区块链等新兴前沿技术在工业互联网中的应用研究与探索。

伴随着区块链企业的迅猛发展，区块链技术正面临突破之际。俗话说"春江水暖鸭先知"，关于这一点便可以从风险投资方向及规模中看出来。

据《2018年中国区块链产业白皮书》透露，截至2018年3月末，我国有接近90%的区块链投资事件集中在早期阶段（A轮及以前），另有9%的投资事件属于战略投资，B轮及以后的投资事件只占2%。这就充分表明，目前我国的区块链产业还处于非常早期的阶段；随着产业高速发展和项目落地速度加快，融资轮次也会逐渐向后延伸 ●，如图1-6所示。

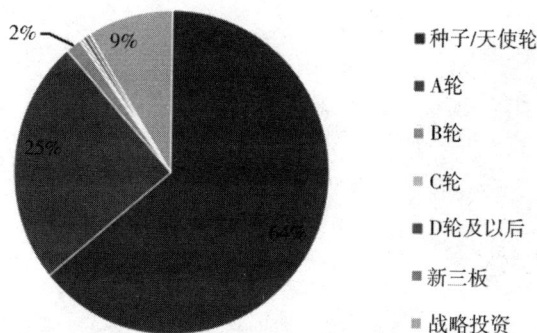

图1-6　中国区块链产业相关公司融资轮次分布
（图片来源：《2018年中国区块链产业白皮书》）

再从行业格局看。因为企业名称或经营范围是由市场监督管理部门核准的，注册后一般不会轻易变更，这表明这些企业在创始之初就对区块链业务有关注和布局；而如果仅仅只是出现在企业介绍中，那随意性就较大，不是主要业务非区块链产业，就是区块链业务开展得较晚。所以，如果把企业名称或经营范围中有区块链字样的企业称为Ⅰ类企业、只是在企业介绍中提到区块链字样的企业称为Ⅱ类企业，有以下结果（图1-7，图1-8）。

●　国家工业和信息化部信息中心：《2018年中国区块链产业白皮书》，2018年5月，P2、P3。

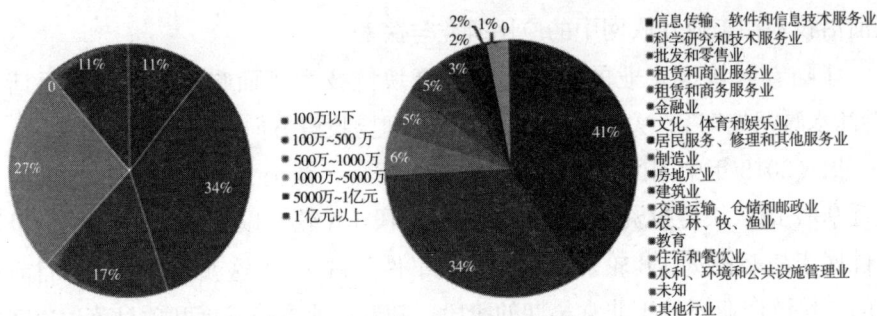

图1-7　Ⅰ类区块链企业的行业与注册资本分布（截至2018年7月末）
（图片来源：百度网）

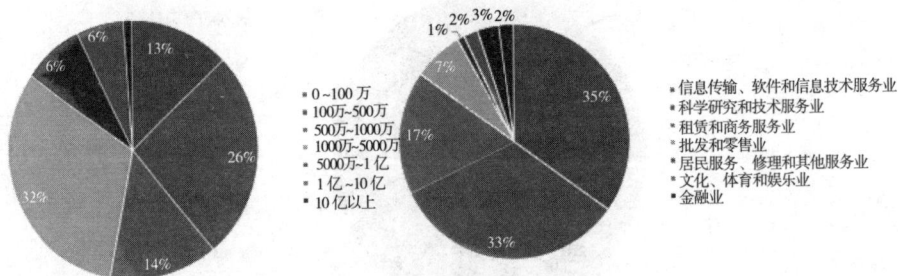

图1-8　Ⅱ类区块链企业的行业与注册资本分布（截至2018年7月末）
（图片来源：百度网）

从上容易看出，Ⅰ类企业中注册资本在100万~500万元的中小企业最多，占比34%；Ⅱ类企业中注册资本在1000万~5000万元的大中型企业最多，占比32%。与此同时，无论是Ⅰ类还是Ⅱ类企业，都是"信息传输、软件与信息技术服务业"和"科学研究与技术服务业"分布最多，只是在"租赁和商业服务业"方面有所区别。也就是说，相对而言，Ⅱ类企业在商业服务业行业分布中比例明显增大。

这很好地说明了两点：一是从表面上看，区块链行业内后来加入者的体量更大，并且更注重区块链技术的落地应用；二是从实质情况看，区块链行业的进入门槛较高，而这些最早进入这个行业的中小企业虽然体量较小，可是在这方面的技术优势可能一点都不差[1]，可谓各有优势。

关于上述结论，即使放在全球范围内来考察也是成立的。

---

[1]　雨林：《我国已有近1.6万家区块链企业，广东最多》，零壹财经，2018年8月17日。

2018 年，德勤有限公司对来自全球 7 个国家、10 个行业的 1053 名区块链行业全球高管人员进行的调查表明，区块链的黄金时代虽然尚未到来，但正在日益接近突破时刻。

在这些受访者中，34% 的企业已经在生产上使用区块链系统，41% 的企业预计未来 12 个月内会部署区块链应用程序，另有 40% 的企业未来一年中会在区块链技术上至少投资 500 万美元。这表明，全球区块链行业正在从关注、学习和探索技术潜力，大踏步地向识别、构建实际业务应用程序转变。

这项全球性调查还发现，虽然有 78% 的受访者认为，如果不采用区块链将会失去竞争优势，但也有 1/3 的人表示，区块链技术的投资回报率目前依然存在"不确定性"。

该调查认为，即使区块链技术目前还缺少完全可靠的业务案例，但至少也应密切关注，"在区块链上唯一可能犯的错误就是什么都不做"，因为它的发展前景十分光明。无论在行业内还是跨行业，"区块链有潜力帮助企业创造和实现现有技术所无法想象的新价值❶"。

2018 年 5 月 28 日，习近平总书记在中国科学院第 19 次院士大会、中国工程院第 14 次院士大会上讲话时，将区块链与人工智能、量子信息、移动通信、物联网一并列为新一代信息技术代表。

2019 年 10 月 24 日，中共中央政治局首次就区块链技术发展现状和趋势进行集体学习。至此，中共中央政治局集体学习的特定技术仅有互联网、人工智能、区块链三项。这表明，我国已经将区块链放在国家发展层面的高度，全面加入到新兴互联网技术的国际竞争中去，并把目标确定为走在理论"最前沿"、占据创新"制高点"、取得产业"新优势"。一句话，就是要在全球区块链竞赛中拿"第一"❷。

2019 年 10 月 28 日，中国金融 40 人论坛学术顾问、中国国际经济交流中心副理事长黄奇帆在首届外滩金融峰会上演讲时透露："2018 年中国移动支付规模约 39 万亿美元，而美国则是 1800 亿美元，差距达到数百倍。我国的电子支付系统已经全球领先……目前全球已有 24 个国家政府投入并建设分布式记账系统，超过 90 个跨国企业加入到不同的区块链联盟中……（中国）人民

---

❶ 《德勤 2018 全球区块链报告：目前采用率仅为 34%，未来将以更快速度推进》，前瞻网，2018 年 8 月 17 日。

❷ 李琼：《在区块链的竞赛中，中国的目标就是第一》，澎湃新闻，2019 年 10 月 27 日。

银行对于 DCEP（数字货币）的研究已经有五六年，我认为已趋于成熟。中国人民银行很可能是全球第一个推出数字货币的央行❶。"

❶ 黄奇帆：《中国央行很可能在全球第一个推出数字货币》，中华全国工商业联合会官网，2019年10月29日。

第2章
馅饼还是陷阱

世界经济论坛预测，2027 年全球 10% 的 GDP 会存储在区块链上，区块链俨然已成财富代名词。90% 的国家都在规划区块链投资，2019 年已进入实质性阶段。前途是光明的，道路是曲折的。

上编
概述

◆ 区块链重新定义财富观

◆ 政府层面的新财富观

◆ 企业和个人的新财富观

◆ 区块链怎样变成钱

◆ 区块链技术面临的挑战

◆ 标准和法律已开始跟上

◆ 谨防陷入区块链骗局

区块链重新定义财富观

区块链技术的出现，将会彻底颠覆传统财富观。

财富的外在表现是金融票据价值

所谓财富，是指属于你的可用于支配的资产。在不同的社会发展阶段，财富的表现形式也不一样。

在农业社会，财富主要表现为用于延续生命的实物资产，如房屋、土地、粮食、生活用品等。所以，那时候谁穷谁富，一眼就能看出来。因为全都物质化了，一切都放在那里，谁都能看得到。

进入工业社会后，财富主要表现为具有功能效用的各种工业品，它通过流通和销售就能变成钱。好比一个外来工在本地开了家小厂，虽然他并没有在本市买房，也仅仅只有几辆旧车用于货物运输，可是在他那个车间里堆放的存货价值可能就值几千万甚至上亿元。所以你不要笑他穷，他很可能要比每天打扮光鲜、开着小车去上班的你富有得多。

而现在已经进入资本时代，财富表现为各种金融票据的价值。举例说，即使无房无车，如果你拥有价值1亿的股权，手机钱包里有上千万元理财产品，那么你怎么说也是个亿万富翁。

财富的观念对国家来说也是如此。一国财富并不表现为该国当年有多少GDP（国民生产总值），而是体现为其金融票据的总值。

以美国为例，据美国耶鲁大学陈志武教授测算，2006年美国的金融证券总值为129万亿美元，是当年GDP的9.7倍。美国的财富主要不是表现为GDP，并且主要不在美国国内；美国的真正优势也不是GDP总额全球第一，而是其资本市场❶。美国拥有一套发展了200多年的健全机制，如健全的法制、健全的个人资产保护、足够的债市和股市信用，所以能够把未来变现、把创

---

❶ 陈志武：《金融的逻辑》，西安：西北工业大学出版社，2014。

新变现、把各种不确定性变现。

换句话说，美国正是依靠其强大的资本市场，才能把这 129 万亿美元的未来的资金变成金融票券。你当然可以说它是泡沫，但怎么也否定不了其背后显示着巨大无比的国家财富和国力。

既然如此，别国也就没必要再沾沾自喜地去和美国比 GDP 了，因为 GDP 本来只占美国财富的一个零头。即使从人均 GDP 看，美国在全球最大的 20 个经济体中也是排名第二位的（第一是人口 700 万的瑞士），是日本的 1.7 倍、德国的 1.3 倍、中国的 7 倍多，实力在那里明摆着❶。

智能合约让财富围着人而不是产品转

区块链因为让交易速度超过了生产速度，所以成了财富，这与人类社会发展史上一直追求生产速度却总是追不上截然相反。

在农业社会，追求的当然是农业生产速度，也就是拥有更多的土地、种植更多的农作物，来满足越来越多的人口需求。可是要知道，农业生产基本上要靠天吃饭，所以几千年来最核心的问题都是土地资源稀缺；因为从理论上说，只要有足够多的土地资源，就能确保即使遭遇自然灾害也能满足人类基本需求。所以，无论古代的中国还是古代的外国，奴隶起义、农民起义和各种革命，都是围绕着争夺和重新瓜分土地展开的。人类既然无法掌控气候，就只能企图通过掌控更多的土地资源来拥有财富。

直到 18 世纪 60 年代英国率先以机器代替手工劳动、人类进入第一次工业革命时代以来，农业社会才渐渐被工业社会所取代。工业生产追求的是用更多的资金、原材料、厂房、设备和工人来提高生产效率，以期能生产出更多的产品来供应市场，然后再用更多的钱投入下一个循环。而当社会资源越来越多地聚集到过度的工业生产上去，从而导致消费领域缺乏应有的经济资源时，这一游戏就终于玩不下去了，于是经济大萧条出现了。

人类第一次大萧条发生在 1929~1933 年的美国，后来波及整个资本主义世界如英国、法国、德国和日本等。这种大萧条俗称经济危机，但其背后的实质是社会资源完全向生产领域集中，消费跟不上生产，生产和消费出现断层，所以导致产品过剩，经济无法正常运转。

---

❶　湖畔智库：《美国经济到底有多强大？震撼》，搜狐网，2018 年 2 月 2 日。

大萧条形成了现代经济分水岭。在这之前，人类只知道拼命追求生产而忽视了交易，并没有认识到只有把产品真正卖出去，从生产领域经过流通进入消费领域，才算完成产品周期，才算是真本事。

由于受时间、空间和参与者限制，人类在大萧条出现后虽然已经意识到这个问题，可是却无力解决，所以绝大部分产品都销售不畅。直到互联网出现后有了电子商务，才彻底破除这三者禁锢：无论你的产品在何时、何地甚至国外，也无论你有什么样的产品、有多少产品，都可以借助于电子商务平台和发达的快递业，以最快的速度、最优的路径、最合理的价格、没有时间和场所限制地送到消费者手里。直到这时候，交易速度才终于超过生产速度——许多产品还没有生产出来，销售就已经完成了，并且货款已经到了你的账上。

这还没有进入区块链时代。在区块链下，由于产品的品质、数量、市场等一切都可以用数据来描述，任何交易行为都可以存在于全数据环境中，这时候的大量交易并非由人来完成，而是智能合约的结果，所以便会使得一切资源都围绕着"人"来转，每一个人就都自然而然地成为财富聚集体，而不再像过去那样，各种财富都是奔企业和产品而去的❶。

为什么会做到这一点？就是因为区块链的去中心化在起作用。在去中心化环境下，企业、设备、资金、产品等中心都不再那么重要，最重要的是区块链网络中的节点（人），人工智能成为最大的主角。

资产确权势必掀起造富运动

区块链之所以能带来或创造财富，是因为它能为数字资产确权。而纵观金融史上的每一次资产确权，都会掀起一场新的造富运动。

正如秘鲁总统经济顾问赫尔南多·德·萨托在《资本的秘密》一书中所说，第三世界国家之所以穷，并不是传说中的发达国家总是在剥削、掠夺它们；更根本的原因是，第三世界国家缺乏发达国家那样一套对私人资产的确权和保障的法律和制度体系，从而无法形成健全的资本市场，结果必然导致全社会缺乏创造财富的功能。美国耶鲁大学教授陈志武更是多次撰文认为，美国人民的财富主要来自健全和发达的资本市场。

---

❶ 韩锋、张晓玫：《区块链：量子财富观》，北京：机械工业出版社，2017，P69-73。

　　在我国，有目共睹的是，对房地产的确权仅仅还只有 20 年时间（在这之前基本上是单位分房），并且这还只是部分确权（所谓 70 年土地使用权），但它给全体人民带来的财富效应已经十分令人惊讶。

　　再来看区块链。区块链通过让网络大数据确权，把传统的柜台账户先变成中心化网络账户，然后再升级为去中心化区块链账户，这样就能产生大量的低成本的信用资源，非常方便地让互联网上的交易行为转化为投资行为。

　　更值得一提的是，传统的依靠实物资源等创造财富的模式，由于资源的紧缺性已难以为继，可是这一点在互联网上并不存在。也就是说，数字空间的无限可扩展性、比特结构的无限可复制性、虚拟世界的多维可塑造性，很可能就意味着其中隐藏着巨大的、数十倍于实体性资产的潜在财富在等待你去开发和挖掘。

　　你如果对这一点不好理解，不妨换个角度看：在传统经济计量中，创意关系、信息、人情、声誉等从来都无法进入计算范畴，也从来没有被当作资产来对待过，更无法形成相应的资本市场。除了观念，一个更本质的原因，就是传统的资本市场以中心化柜台账户为依托，所以运营成本很高，只能局限于实体性资产处理，至多再加上一些与实体性资产相对应的数据化权益性资产，这就是上面提到的传统账户体系网络化。

　　可是在区块链上，上述运营成本很高的中心化柜台账户连同网络账户体系，全都能被去中心化分布式账户所取代，从而使得资产和财富的核算范围有条件进一步扩大到创意关系、信息、人情、声誉等领域，这也是我们日常生活中所说轻资产的一部分。

　　最典型的是，许多互联网企业的市值很高，而实际上它们的实体性资产价值并不高，所占比例很小，主要资产体现在掌握在它们手中的大量的用户大数据关联资源。只不过，这些互联网企业的大数据关联资源，与区块链技术下的数字资产还不是一回事，因为它无法为每个用户的数据关系进行确权；只有基于区块链技术，才能不仅为每个用户的数据关系进行确权，而且其确权成本还很低，能够在此基础上形成新的数字资产市场，从而打开一场新财富运动的大门。

　　正因如此，完全可以这样说：每一次金融技术的革命都会导致信用生产成本大幅度下降，而区块链则是互联网时代通过大数据产生更低成本信用的一种终局性技术解决方案，它能让失信者破产、守信者富裕❶。

政府层面的新财富观

社会的发展靠经济，经济的发展靠创新。而区块链就是眼下最大的创新，并且是全球公认的技术发展前沿。面对这样一条国际竞争新赛道，全球各国谁都不甘落后，也不敢落后，这已成为各国政府的共识。

国外政府的区块链财富观

IBM 公司的区块链发展报告表明，全球 90% 的政府都在规划区块链投资，并且在 2019 年已经开始进入实质性阶段。

例如在美国，国会专门成立了区块链决策委员会，将区块链称为"变革性技术"。在欧盟，则成立了区块链观测站及论坛机制，用于加快研究国际级"区块链标准"，预计到 2020 年将会为区块链项目提供资金 3.4 亿欧元。韩国已经把区块链上升到国家级战略，正在全力构建区块链生态系统❷。2019年，韩国经济和财政部将至少投入 1 万亿韩元（约合 8.8 亿美元）预算用于区块链、大数据和人工智能等技术领域的发展，比 2018 年增长 80%。该部门表示，未来 5 年将在该领域投入 80 亿 ~90 亿美元，"促进共享经济"发展❸。

各国政府对区块链寄予厚望，正如区块链科学研究所创始人梅兰妮·斯万所说：是因为"区块链的特性不仅适用于货币支付、合同、财产和所有金融市场交易，还能应用在政府、健康、科学、文化、出版、经济发展等更为广阔的领域，为人类发展造福❹。"

2018 年 6 月，新西兰中央银行发表文章认为，比特币的问世为人类打开了通向数字货币时代的大门，并且刺激国家层面的研究与发展"动作频频"，

---

❶ 韩锋、张晓玫：《区块链：量子财富观》，北京：机械工业出版社，2017，前言。

❷ 国家工业和信息化部信息中心：《2018 年中国区块链产业白皮书》，2018 年 5 月，P90。

❸ Wolfie Zhao 文，Miracle Zhang 编译：《韩国为包括区块链在内的技术领域划拨 8.8 亿美元预算》，搜狐网，2018 年 8 月 17 日。

❹ Swan M.Blockchain：Blueprint for a New Economy[M].Sebastopol：O'Reilly Medin，2015。

倒逼各国银行尽快推出法定数字货币。

全球大多数国家都处在讨论和探索是否要发行央行数字货币的阶段。例如，泰国央行行长表示，该国正在筹划发行中央数字货币，这是在各领域尝试区块链的一部分；英国央行行长表示，对数字货币持开放态度；挪威中央银行行长表示，将扩大对央行数字货币的研究，但暂时还没有这项计划；日本央行行长表示，目前还没有发行数字货币计划。

由此可见，虽然大多数区块链技术的应用目前还处于设想和初步验证阶段，许多人甚至看不清它的未来，可是对各国政府而言，这并不能构成轻视或排斥区块链的理由。例如，英国政府认为，如果等到区块链技术成熟再去重视它，很可能已经错过该项技术给社会发展带来的巨大机遇。

美国纳斯达克首席执行官阿迪娜·弗里曼非常赞同这一观点。她说，数字货币在很大程度上属于投机性资产，目前在国际贸易方面并没有发展根基，但以后"一旦发展成熟，加密货币将提供一种更完美的无缝对接商业模式"；虽然现在还不知道哪一种加密货币会创造这种机遇，但随着时间的推移是一定会实现的，加密货币的构造已经发展成企业能够理解的东西，并且也已经能为"互联网时代注入金融元素"。

她在谈到区块链时说，区块链在某些领域存在重大机遇，"区块链仍然是一项非常吸引人的技术，长期而言可能具有相当大的颠覆性"。区块链具有相当大的可扩展性，只是目前发展还受制于其超高交易量，不过该技术在某些领域目前依然是能发挥作用的 ❶。

我国政府的区块链财富观

我国区块链产业发展在全球算是较早、较快的，这与我国政府对这项工作的重视分不开。

早在 2014 年，中国人民银行就成立了发行法定数字货币的专门研究小组，论证其可行性。2015 年，又对数字货币发行和业务运转框架、数字货币的关键技术等进行了深入研究，两次修订了发行法定数字货币的原型方案。2016 年 1 月，进一步明确了发行数字货币的战略目标，并且成立了数字货币研究所。2018 年 1 月，数字票据交易平台实验室生产系统成功上线试运行；3 月，

❶ 《区块链将引来下一个爆点，这 18 个行业正在被颠覆》，今日投条网，2018 年 6 月 8 日。

全国货币金银工作电视电话会议上指出要"稳步推进央行数字货币研发";4月9日,杭州区块链产业园在未来科技城正式启动,首批10家区块链产业企业集中入驻。仪式上,还成立了浙江雄岸区块链战略发展研究院,由政府出资推出雄岸全球区块链创新基金 ❶。

北京市法学会互联网金融法治研究会副会长胡继晔认为,我国今后很可能会借鉴新西兰中央银行提到的模式。究其原因在于,法定数字货币与现有货币体系并没有本质区别。不但如此,"数字货币迫在眉睫,为了实现人民币的货币主权,发行数字货币是顺应时代潮流之举 ❷"。

区块链发展早期,很重要的一点是对相关人才的培养和积累。目前,我国高等院校和科研机构已经开始了区块链技术相关人才的培养。

在高校,最早是2016年9月,清华大学开设学分课程,全面讲述区块链原理。接着是2018年3月,解放军战略支援部队信息工程大学成立了区块链研究院。5月,浙江财经大学与中钞区块链技术研究院共同组建区块链实验室 ❸。8月,厦门大学成立区块链研究中心,具体整合与区块链有关的科研和人才资源,促进科研成果与行业应用相结合。9月,浙江大学计算机学院和软件学院同时开设区块链课程 ❹。

在科研机构,2018年8月国家工业和信息化部发布的《关于公布2018年工业和信息化部重点实验室名单的通知》中,27个项目中至少有3个与区块链有关,分别是国家工业信息安全发展研究中心的"区块链技术与数据安全"实验室、中国电子产品可靠性与环境试验研究所的"智能产品质量评价与可靠性保障技术"实验室、中国电子信息产业发展研究院的"智能制造测试验证与评价"实验室 ❺。

所有这些举措,背后实际上都体现了政府的导向,因为这里有可能潜伏着弯道超车机会,所以必须抓住才是。

---

❶ 木欣欣:《我走访了杭州区块链产业园,里面竟没有一家区块链企业》,搜狐网,2018年6月23日。

❷ 《央行:探究数字货币的发展之路,未来的"钱"是代码?》,搜狐网,2018年6月22日。

❸ 林芃:《厦门大学成立区块链研究中心,促进科研与应用相结合》,载《海峡导报》,2018年8月13日。

❹ 《接二连三,央行又"发声":深入研究区块链是我国金融科技工作的应有之义》,搜狐网,2018年4月27日。

❺ 国家工业和信息化部官网。

企业和个人的新财富观

许多企业和个人并不一定真正了解区块链，他们最关心的是区块链有什么用，能不能为我赚钱？而其实，如果张口闭口谈区块链应用，实际上这已经是"区块链＋"了；而现在，区块链的发展还没到"＋"的地步——必须先有纯粹的原生区块链，将来才会有物理空间中各行各业利用区块链技术来改造它们应用的区块链＋。

从区块链的参照物互联网看，互联网在中国的发展以 1999 年马云创办阿里巴巴为标志，直到 2008 年才开始爆发互联网＋、2010 年政府才推出互联网＋政策，前后间隔差不多 10 年。所以，你不能要求一家传统的百货店在 1999 年和 2000 年的时候就琢磨着怎样用互联网技术来改造自己，凡事总得有个水到渠成的过程。

因此，现在提区块链＋还为时尚早，更重要的是树立一种新观念。

资产确权事关每一个人

前面已经提到，每一次资产确权都会掀起一场新的造富运动。具体到区块链的确权，速度还特别快，将来完全有可能确权到每一个人，从而在全球掀起一股鼓励创造、创意、发明的新风尚，让这部分人先富起来，而这就已经很伟大了。

举例说，创意是头脑的产物，但由于无法确认知识产权，所以许多创意不敢公开讨论，甚至不敢说出口，以至于无法臻于完美。归根到底这是传统情况下无法确权造成的。可是，区块链能将数据加密成哈希值进行全网记载，谁都无法篡改，这就能很好地解决全球范围内的确权难题。

再比如说，一张抓拍的新闻照片价值可能几万或几十万元，可是因为过去无法确权，一上网就被人到处盗用，这样也就无法保护摄影师权利；更神奇的是某种创意，一说出口就可能成为别人的了。而在区块链下，因为能够及时得到确权、很好地保护原创版权，所以能极大地保护和促进原创积极性，令其成为个人财富。推而广之，任何一项财产包括一组数据、一张图片，只要能确权就都能变成财富。

想想最近 20 年来中国最有钱的人之所以是"房爷""房姐"，就在于 1998年房地产改革后出现了"房产证"。房产有了确权，受到法律的严格保护，并且违约率极低，就能用来通过交易变成钱，变成个人财富。

按理说，房子的首要功能是居住、不是投资，但这是就第一套房子而言的。唯一的一套房子你当然不能卖，卖了就没地方住了；可是，如果你同时拥有两套以上，那么这从第二套开始的房子其首要功能就全都摇身一变成了投资，要么出租要么变卖，即让其他符合条件的人来住。

这就是确权在创富中的实际案例。如果房子不能确权，你哪怕有再多套房，也会因为手上没有房产证而卖不了，结果就又不一样了。

顺便一提的是，房产确权成为投资品后价格飞速上涨，由此也带来两大问题：一是富了一大批有房一族，苦了那些工薪阶层永远买不起房，造成严重的社会问题；二是房地产造富运动是不可持续的，因为它几乎没有任何鼓励创新的功能在内。

从实物资产到虚拟资产来推断，一旦区块链得到大力普及，任何数据都可以得到确权，并有严格的法律保障，那么这些数据就很容易通过交易变成钱，变成你的财富。理论上说，这里不存在资源（数据）稀缺问题，这也意味着通过这种方式创造的财富同样可以是无穷尽的。

关于这一点，已经从比特币身上得到验证。基于区块链基础，比特币就是依靠互联网上的一种共识算法，不依赖于任何线下第三方，就把一组虚拟数据变成了 2000 多亿美元的实实在在的资产。

请大胆设想一下，如果以后每个人的思想、创意、人脉、IP、积分等都能得到确权，都可以流通和交换，这该是一个多么庞大的财富机会。

区块链股票和众筹的财富折射

接着上面的话题，不要说这是天方夜谭，身边的例子已经告诉我们这是可以梦想成真的。

以以太坊的 ICO❶ 为例。2013 年年末，19 岁的 Vitalik 考上大学后放弃入

---

❶ 股市中的第一次公开募股称为 IPO，数字货币中的第一次公开募币则称为 ICO。

学，一门心思要像偶像乔布斯那样自己创业。会编程的他积极参与和推动比特币，在 Bitcoin 杂志当编辑。聪明的他很快就发现，比特币区块链功能太少，只能写几十个字节，所以他决定自行开发一种区块链，可以兼容各种程序代码合约，自动交易、自动执行全网计算机系统，这就是以太坊。

比特币区块上究竟能写多少字节呢？当初中本聪在设计时完全是拍脑袋决定一个区块的容量是 1M 的。1M（兆字节）=1024KB（千字节）=1024^2 即 1048576 字节。而一笔交易通常是 250~500 字节，这也就意味着一个区块只能交易 2000 多笔。比特币中一个区块确认的时间是 10 分钟即 600 秒，即一个区块每秒钟只能处理三四笔交易。超过就会变得拥堵和缓慢，达到一定程度后系统会崩溃，这就导致后来出现了区块的分叉问题。

言归正传。2014 年 1 月 23 日，Vitalik 在博客中透露：计划从 2014 年 2 月 1 日起，在网站上开始筹集资金，用于开发全功能和强健的以太坊客户端，预计至少需要 500 个比特币；而如果想要做出更加完善的以太坊生态系统，则需要更大的投入。具体筹资方案是：投资者每投资 1 个比特币将会获得 1000~2000 个初始分配的以太币，活动将持续到 3 月份，参与越早、获得的以太币也越多——在第一个 7 天内，每投资 1 个比特币将能获得 2000 个以太币，第 8 天投资的人将能获得 1980 个以太币，第 9 天投资获得 1960 个以太币……以此类推，直到活动结束的最后 3 天内 1 个比特币只能提取 1000 个以太币。

结果，为期 42 天的预售活动结束后，Vitalik 共筹集到 31591 个比特币（市值 18439086 美元，约合人民币 1 亿元）、卖出 60102216 个以太币，从而铸就了人类历史上最伟大的一次 ICO、第二大众筹事件。

这次以太坊众筹是 2014 年 7 月发起的，当时的价格相当于人民币 2.8 元，到一年之后的 2015 年 7 月 30 日以太坊基金会开始发布第一阶段版本时，已经可以在全球交易所交易了，价格已迅速上涨到 17 元，所以引发大量抛售，年末时跌到 4 元左右。而当 2016 年 3 月以太坊发布第二期计划时，价格已经疯涨到 130 元，市值高达 10 亿美元。

ICO 与众筹的区别主要有以下三点：一是因为采用数字货币募资❶，所以流动性和效率有极大提高，自带口碑和粉丝，无须组织专门的营销；二是通过

---

❶ 需特别注意的是，ICO 项目如果以人民币、美元等法定货币来募集，多半是骗局，因为你无法了解该项目是否开源、风险何在；而以高风险数字资产置换才算风险对等。

智能合约编程自动支持股权交易，没有人为干预；三是全球化，不局限于一国一地，所以它有望成为今后企业上市的主流方式之一。

而 ICO 与 IPO 的区别主要在于以下五点：一是投资者更在乎由于本身资产增值而获得的通证和分红权益，而不是股权；二是不存在法律监管问题，至少目前来说是这样；三是无论组织还是个人谁都可以发起，但一旦发出通证，发起人对项目就没了决策权，只剩下信息反馈权；四是对投资者没有门槛要求，谁都可以参与，并且不分国籍、种族和年龄；五是 ICO 虽是一种公开发行，却没有严格意义上的一二级市场之分，并且是可以边发行边交易的，这就更会让第一批玩家赚得盆满钵满❶。

正因如此，股市中经常会出现"沾链就火"现象。例如，2018 年 7 月 13 日，易联众（SZ300096）在内部会议上透露已安排专人对区块链进行研究和探索，并且已经与蚂蚁金服在疫苗溯源、处方外传等方面开展合作。23 日，有网友在互动平台上问及此事时获得证实，于是股价从 23 日起至 25 日连续涨停，并引来 25 日晚上监管层的关注函。但即使如此，26 日（第 4 天）的最高涨幅依然高达 9.02%，区块链概念之火可见一斑❷。

慎谈区块链泡沫

区块链作为一项新生事物存有争议是必然的，但如果妄论其中有多少是泡沫也是不严谨的。就像啤酒中的泡沫，它除了利于口感、愉悦视觉享受、散热抗暑，更能隔绝空气与酒液的直接接触而减缓氧化，软化啤酒花的苦味和酒精刺激，没有泡沫的啤酒一定卖不出去。

至于区块链技术下的比特币有没有泡沫，2018 年 1 月，中国人民大学金融科技与互联网安全研究中心主任杨东在接受采访时是这样认为的：比特币有避险价值，在一些国家已具备货币属性；2017 年下半年比特币的价格上涨了十几倍，这"充分说明了它被各方所认可，现在一些主流金融机构、投资机构也开始认可它了……在日本等一些国家已经合法化了"。这样的价格有没有泡沫不好说，因为它本身是有价值的。

在中国，政府的态度是对区块链金融管得比较严，如比特币、数字货币及其项目和融资等，基本上是一刀切；可是在产业应用方面却是大力鼓励的，

---

❶ 韩锋、张晓玫：《区块链：量子财富观》，北京：机械工业出版社，2017，P98–99、P103–111。

❷ 邢萌：《区块链疫苗带火易联众，股票三涨停引监管关注》，载《证券日报》，2018 年 7 月 27 日。

并且还出台了一系列促进政策 ❶。

对此，英国伦敦帝国理工学院威廉·诺滕贝尔特教授和帝国大学商学院泽内普·古格克博士共同执笔的一份名为"加密货币：克服信任和应用的障碍"报告中显得颇为乐观，该报告称加密货币是货币"自然进化的结果"，并且会在"10年之内"成为主流支付工具 ❷。

从全球看，区块链已经成为技术发展前沿阵地，各科技大国都在加紧布局。2019年7月9日，美国参议院商业、科学和交通委员会通过了《区块链促进法案》，指出区块链可能的应用领域包括防止税务欺诈、医疗保险跟踪、社会保障福利体系、政府档案管理等。在欧盟，则致力于把欧洲打造成全球发展和投资区块链技术的领先地区，正在加快研究国际级"区块链标准"，为此欧洲各国已经行动起来。在英国，区块链因为被当作金融科技的一部分而受到高度重视。在德国，2019年9月发布的区块链战略明确了五大领域的行动措施。所有这些，都不是用"泡沫"能够解释的。

区块链怎样变成钱

在一般人眼里，钱就是财富的同义词。那区块链怎么变成钱呢？

从挖矿中得到奖励

区块链的核心技术分布式记账存在这样一个问题：记录数据需要耗费时间，运算数据也需要占用存储空间，所以要想完成这一过程，就需要其他网络站点协助帮忙。为此，区块链系统发明了一套奖励机制，即通证。比特币就是其中最典型的通证之一——谁的计算机网络站点率先通过计算找到满足某些特定条件的字符串，就奖励给他一定数额的比特币。那既然有人愿意花钱，也就意味着有人能够从中得到钱。

从这个角度看，你挖到的比特币就好比是领到的一笔笔赏金，区块链上

---

❶ 叶效强：《杨东：2018下半年或将推出法定数字货币》，金融界，2018年1月17日。

❷ 《研究表明：加密货币将在未来十年成为主流支付手段》，搜狐网，2018年7月11日。

可以领奖金，网上的其他各种数字币原理也大同小异。

只不过要注意的是，数字货币的价值主要在于其认可度——货币的作用本来就是因为大家都认可，才能够用来作为一般等价物的；这种认可度越高越值钱、流通范围越广，认可度越低越不值钱、越是用不出去。与比特币相比，其他各种数字货币的认可度就要低得多，所以风险极高，也谈不上就一定值钱，甚至一文不值。

数据挖矿除了能获得实际财富，还可能有其他意想不到的收获。

2018年5月16日，马云在天津举行的"第二届世界智能大会"上演讲时提到这样一件事："我前几天给阿里巴巴员工做证婚，我讲了一个例子：我们蚂蚁金服有一个工程师，他在相亲的简历上写自己是工程师，写代码的码农，结果没有人点开他的简历看他是谁，女孩子对他没兴趣。后来他把简历改成我是区块链工程师，一下子收到360多封求爱信❶。"这恐怕就是一个很有说服力的例子：链中自有黄金屋，链中还有颜如玉。

关注并适当参与区块链投资

春江水暖鸭先知。区块链如何赚钱、能不能赚钱，从创投圈中可见一斑。2015年时，区块链投资在我国还乏人问津，基本上处于"多看、少动"状态，只有大型跨国金融集团纷纷以创投形式进入其中。到了2016年就开始成为"网红"；2017年起，各路资本更是纷纷扎入它的怀抱。

这表明，虽然区块链不像互联网、人工智能、大数据那样能够给投资人非常直观的感受，但已经有人从"看不懂"成为"追星族"了。从阿里巴巴推出"区块链＋存证应用"，到京东集团的"区块链＋防伪应用"，再到小米公司的"区块链＋数字营销应用"……区块链在不知不觉中已经出现在我们身边。

看了机构看个人。香港前首富李嘉诚一直认为自己很保守，不会去碰高风险的东西，可是要知道，2013年12月他就通过旗下维港公司投资比特币支付公司BitPay了；2014年更是买了1亿港元的比特币，并且深度介入区块链企业；2016年2月又投资Blockstream，可谓币圈、链圈通吃。

如果说他上述表态不是对媒体的客套，那么在他眼里，比特币和区块链

---

❶ 马云：《我个人非常看好区块链》，新浪网，2018年5月17日。

就是有价值的，这样的投资算不上是高风险。谁都知道，这是一位非常精明的商人，他的投资只看价值，根本不考虑套利，即使是在比特币价格高涨时他也根本没出手，或许就是因为他看到了这一投资的价值和前景[1]。

再看海外资本市场，区块链更是引发投资热潮，在美国股市上回报丰厚。最典型的是全球共享计算与区块链创领者迅雷公司，从 2017 年 10 月 13 日到 2018 年 1 月 9 日的 88 天中，股价在美国纳斯达克上涨了 4.46 倍，人人网、中网载线等也涨幅惊人；金融科技公司 Longfin 更是在上市后的 4 个交易日内最高时上涨了 27.56 倍[2]。

早起的鸟儿有虫吃

作为新兴行业，拥抱区块链的动作要快，这样才可能喝到头道汤。

美国科学院院士张首晟认为："互联网时代垄断巨头们重组的就是信息，并不是产生自己的信息，产生的信息完全是我们个人。一旦信息重组，就会出现一个新的垄断巨人，所以就到了分久必合的时代。""我们要回答的是，在未来的世界中数据到底是属于谁的。一旦多中心化之后，所有个人的数据都可以属于我们个人；一旦属于个人之后就可以有数据交换的市场，可以做点对点非中心的交换市场。我相信，由此产生的经济价值将是互联网的十倍或者是一百倍[3]。"

据区块链投资银行 NKB 集团从 CB Insights 获得的投资观察报告，全球最大的区块链投资者是日本金融巨头 SBI，位居第二的是谷歌。虽然谷歌的母公司 Alphabet 否认谷歌宣布收购区块链公司，但它实际上已经投资了 Gyft、Ripple、Blockchain、Buttercoin 和 Veem 等公司；并且，许多人相信，谷歌已经计划在其云托管业务中使用区块链技术，并且其最终目标是为了打击广告欺诈[4]。

超级账本是第一个面向企业的开源分布式账本平台，这里就蕴藏着巨大的财富宝藏。2015 年 12 月，由 Linux 基金会牵头，包括 IBM、Accenture、

[1] 《李嘉诚怎么看比特币？李嘉诚是如何布局区块链的？》，东方头条，2018 年 7 月 28 日。

[2] 张虹蕾：《区块链"忽如一夜春风来"，从业者 3 年"冰火两重天"》，载《每日经济新闻》，2018 年 1 月 15 日。

[3] 《把脉区块链》，中央电视台财经频道"对话"栏目，2018 年 6 月 3 日。

[4] 《NKB 集团报告称，谷歌已成为区块链技术第二大投资者》，钛媒体，2018 年 8 月 18 日。

Intel、Cisco、DAH、J.P.Morgan、R3 等在内的 30 家科技和金融巨头作为初始企业成员，共同宣布成立超级账本项目。2016 年 12 月 1 日，超级账本社区设立了"大中华区技术工作组"。短短一年多时间里，就拥有 140 多家全球知名企业和机构组成的企业会员，其中有 30 多家是中国本土企业，如三一重工、万达科技、华为等。该项目第一次将区块链引入分布式联盟账本的应用场景，随后便在银行、供应链等领域投入实际应用。

这样做具有两项重大意义。一是超级账本由面向不同场景的子项目所构成，这就意味着区块链并非只能局限在单一场景中；与此同时，联盟账本的出现宣告区块链不仅仅只能局限在完全开放的公有链模式下，而这就对区块链技术和产业的发展都将产生重大影响。二是这么多全球知名企业和机构参与其中，其中绝大部分是行业领导者，就意味着区块链已经正式被主流企业所认可，并正式进入实际应用。

麦肯锡公司建议，不同的企业可以通过以下四种方式参与区块链投资和技术：

一是对于领导者企业来说，需要立刻行动才能保住市场领先地位，尤其是要从自己优势出发制定或参与制定行业标准，对它们来说最大的风险就是不作为。这方面的典型是美国最大的独立医疗行业 IT 公司之一 Change Healthcare，它利用企业级医疗区块链平台处理索赔和支付。

二是对于召集者企业来说，除非你在某个领域占有绝对统治地位，否则应该利用高价值的应用场景来推动建立新的行业标准联盟和对话，通过联合制定标准尽可能多地从中获益。这方面的典型是丰田汽车公司。

三是对于跟随者企业来说，应该密切关注区块链发展，并做好快速采用新标准的准备。如果做不到早站队，被行业淘汰的风险是很大的。

四是对于进攻者企业来说，可以主动寻求与该领域中的主导企业进行合作，在非核心数字业务中率先采用区块链技术来提升自己在行业中的影响力。这方面的典型是澳大利亚创业公司 PowerLedger[1]。

投资有风险，千万别盲目

新生事物都有共同特征，那就是发展前景不明，有可能成功，但更可能失败；成功了能赚得盆满钵满，甚至一夜暴富，失败了则会一贫如洗，从山

---

[1] 麦肯锡公司文，金沙江创投编译：《麦肯锡报告：炒作背后，区块链真正的商业价值是什么》，新浪网，2018 年 8 月 7 日。

顶跌到谷底。所以，区块链投资的风险显而易见，只适合于激进投资者用余钱投入，稳健及保守型投资者千万不要轻易尝试。

以中南建设（SZ000961）为例。这是一家房地产开发企业，在行业流行跨界转型的2016年，正好遇到区块链横空出世，于是决定尝鲜。

恰好那时候，金丘股份发布了自主研发的区块链基础平台海星链，为金融业务提供一套完全自主可控的区块链底层基础设施。2016年12月，中南建设以1亿元的价格购得金丘股份33.33%股份。当时金丘股份原股东承诺，2017~2018年度实现销售收入分别不低于0.7亿、1.2亿元，净利润分别不低于700万、1300万元，金融服务业务合计不低于人民币6000万元，不达标将进行股份补偿。而中南建设则表示，金丘股份如果能完成上述净利润业绩指标，愿意用200万股奖励给其核心高层管理人员，并且愿意按照不低于4亿元的估值购买300万股股权。中南建设在2016年年报中，将自己定义为一家以房地产开发和建筑施工为主营业务、向大数据（区块链）转型的上市公司。

2016年11月，中南建设发布公告，拟以400万美元参与美国硅谷PeerNova公司的B轮可转换票据投资，一年后可转换成该公司5%的股权。而该公司正是一家区块链技术型企业，为美国知名银行利用区块链跟踪投资资金流向提供解决方案。2017年1月，中南建设再次发布公告，认缴资金2.9亿元、占股99%创办一家区块链农业企业，采用区块链来建立农产品供应和认证追溯体系。除此以外，中南建设还与上海某公司投资了一系列拥有行业数据存储和商业应用的企业。

然而，理想很丰满，现实却骨感。尝鲜没尝着，却先咯了牙。2017年金丘股份的实际业绩是营业收入6036万元，净利润89万元，均未实现业绩承诺。于是，2018年7月中南建设只好发布公告，以1.1亿元的价格转让其所拥有的新三板上市公司金丘股份全部33.33%的股权。公告称，公司未来的战略重点依然会以房地产开发为主，区块链业务将逐步剥离，以降低产业投资风险。实际上，这也宣告了公司在区块链转型上的失败❶。

---

❶ 《中南建设旗下区块链公司业绩未达标》，新浪网，2018年7月27日。

区块链技术面临的挑战

区块链技术可能面临的挑战，主要有以下五点：

自身技术层面的制约

从自身技术层面看，区块链在信息存储方面能够记录从第一笔交易以来的所有信息，而这样一来，随着节点的增多和交易量的累积，必定会导致账本越来越大，从而大大提高了参与节点的硬件资源门槛。

所以，区块链的这一技术有点"聪明反被聪明误"——因为记录过多、过完整、不能删改而造成重复的浪费，并且会降低效率。这一点表现在比特币上就是，越到后面所挖到的比特币数量越少，这实际上就是同等工作量下效率和效益降低的缘故。

对照现实，区块链的许多优势如更有效的信息机制、优化流程等，都是主要建立在技术驱动基础之上；正是由于利益驱动这一块还无法满足客户需求，所以区块链在实际行业中的应用现在还不多。这是为什么？关键在于区块链中的分布式记账技术还不够成熟，或者更直接地说，它还处于萌芽状态，担当不起这样的重任。

安全层面的制约

从安全层面看，区块链虽然拥有工作量证明、权益证明、权益授权证明等多种共识机制，但在理论和实践上都还缺乏严格的安全性证明。

也就是说，区块链的安全性主要是指不会被篡改或被删除，但这并不能排除它存在着以下三大缺点：

一是区块链上的所有交易记录虽然都是匿名的，并且经过了加密处理，但由于公有链❶上的所有记录都公开可见，都可以进行追溯，所以区块链上的

---

❶ 公有链是指对所有人开放、所有人都可以参与的完全去中心化了的区块链。具体是指，所有人都可以读取、所有人都能在其中发送交易信息并且交易能够获得有效确认、所有人都能参与共识过程；相反，私有链只对单独的个人或实体开放。

隐私并不都能得到切实保护。道理很简单，因为所有系统都是人设计的，只要经过"人"的手，就不能说绝对安全。以比特币为例，其匿名交易也是可以追踪到真实用户头上去的。

二是区块链信息无法杜绝被盗和被骗。尤其是这些信息都是公开的，所以更容易招致被盗被骗。被盗被骗后要想追究实名用户当然也可以，但这需要投入大量的成本，这实际上也表现为一种不安全性。

三是区块链目前处于法律监管空白地带，这也会增强其不安全性。最典型的是，2014 年基于区块链技术的全球最大的比特币交易平台 Mt.Gox 发生巨额比特币失窃事件后，就只好倒闭了事。

现有监管和法律的制约

区块链的去中心化和去信任化，尤其是去中心化，目无"国家"和"监管"，明摆着就是要和政府作对。而这样就势必会冲击现有监管机构和法律的权威性，遭到后者的扼杀和反扑。

从这个角度看，全球大多数国家中央银行对数字货币持谨慎甚至否定态度，相关法律法规建设严重滞后。监管和法律的缺失会导致以下三大问题：

一是技术孤岛，即各企业之间的技术标准不统一，而这样一来就为将来行业数据库的统一埋下了隐患。

二是公权力和公信力问题，即它是否足够权威？权威与否谁说了算？

三是没有正确的规范和引导，会无谓消耗社会资源、影响技术进步。正如前进控股集团董事长任煜男所说，在他看来，中美两国业界面对区块链的态度就是不同的。在美国，普遍希望能做出非常好的产品来，然后让更多的人接触到这样的新技术。可是在中国，则更看重中短期回报，为此哪怕不惜违规采用国家禁止的 ICO。显而易见，如果只是强调区块链的去中心化而不是社群性质，只是把它当作一种变相融资手段，就可能会误入歧途，最终变成"挂羊头卖狗肉" ❶。

传统金融领域的制约

区块链可以在多个领域发挥作用，尤其是在金融领域中的支付、清算、

---

❶ 张婧雯：《"挂羊头卖狗肉，币发了，钱圈了……"投资人揭秘区块链真相》，第一财经网，2018年7月28日。

结算、证券交易等方面，会给传统金融中介如银行、券商、证券交易所、清算结算中心等构成冲击，所以必然会遭到这些部门的重重阻挠。

有人也许会说，全球一些知名金融机构如美国银行、花旗银行、德意志银行、瑞士银行等不也都已经积极加入到区块链的应用和推广队伍中去了吗？确实，但这并不表明它们就一定是想用区块链来砸自己的饭碗，更多地是想利用区块链来提高内部系统的自动运行效率❶。

正所谓"螳臂挡车不自量"，这种阻挠不会从根本上否定区块链。

就好比 16 世纪时，某些手工行业为了维持自己的垄断地位，与各国政府合谋，通过颁发执照来监督和控制印刷。但显而易见，这种视印刷知识为非法、逆历史潮流而动的举措并没能维持太久，很快就随着印刷业革命的到来而烟消云散。在今天，传统的中心化信用持有者必定也会如此执着，但迟早有一天，区块链会像中世纪的印刷业一样，彻底冲垮垄断机构和行业的种种藩篱，解放人类生产力❷。

价值对照的制约

从国家层面看，区块链是一张价值互联网。这种价值是推广区块链和不推广区块链在价值对照上所做的对比和选择，也就是说，如果区块链推广成本过高，就很难进入实际场景应用。而这方面的成本究竟有多大，目前还无法估算出来，这也是区块链没能得到大面积推广的原因之一。

从行业数据看，以区块链媒体为例，目前它在整个区块链生态中的所占份额仅有 14%，并且主要是短视频分享和传播，还不具备典型的盈利模式。而一个项目如果不能给企业带来利润，就很难确保它能走多远。

2018 年 8 月 6 日，在区块链界有"Papi 酱"之称的胖妮骄傲地宣布，她的自媒体视频在尚未签署相关协议的前提下就已经拿到天使轮投资，并且资金已到账❸，这种情形目前在业内还是不多见的。

❶ 韩锋、张晓玫：《区块链：量子财富观》，北京：机械工业出版社，2017，P62-64。
❷ 《商业区块链：开启加密经济新时代》，中国经济网，2017 年 7 月 13 日。
❸ 张虹蕾、任欢欣：《区块链"Papi 酱"成长记：视频吐槽意外走红，没想好怎么赚钱融资已到账》，载《每日经济新闻》，2018 年 8 月 6 日。

标准和法律已开始跟上

目前区块链发展还处于起步阶段，但已经出现市场规范体系建设与之不协调的矛盾，一些利用区块链技术实施不法经营的行为也已出现，甚至伪区块链项目案例不时见诸报端，让不明真相的投资者蒙受巨大损失，更给整个行业的发展造成了恶劣的影响。有鉴于此，有关区块链及其行业发展的标准和法律亟待建立或正在建立中，天下大乱必将达到天下大治。

区块链行业标准呼之欲出

互联网大佬马化腾认为，从现状和发展趋势看，"区块链是一个好的技术，但还处在发展早期，需要建立有效的应用模式，腾讯也在积极探索区块链在各个场景中的应用[1]"。

他进一步指出，区块链技术是好的，但怎么用好它就涉及另一个问题了。如果做数字货币首次发行，就会存在许多风险。这倒不是技术不成熟的担忧，主要是监管问题。试想，如果大家都利用区块链来随便发行数字货币，岂不要乱了套？所以他表示，虽然数字货币发行很热，但腾讯不会参与其中，政府目前虽然对此持宽容态度，但以后肯定会整顿的。

所以能看到，2018年腾讯公司的着力点是继续把区块链当作业务创新板块之一，从底层技术平台切入，扎扎实实地打好技术基础；尤其是会在商业价值、技术、法律等角度来持续优化，把场景在不同领域内继续做深做透，同时积极探索落地更多有价值的场景，这也是未来发展方向。

从具体标准起草看，2017年4月在澳大利亚悉尼就举行了第一届ISO/TC 307国际区块链标准会议，16个国家的与会代表参与区块链和分布式账本技术开发标准的研究，成立了7个工作/研究小组：术语工作组、分类与本体研究组、用例研究组、安全和隐私研究组、身份识别研究组、智能合约研究组、

---

[1] 《马化腾：区块链是好技术，腾讯不发币正做深做透场景》，搜狐网，2018年3月5日。

战略商业计划特别工作组，集中探讨区块链和新的信息技术到底是什么关系，从哲学层面来回答区块链到底是什么。

在这其中，用例研究组的主要任务，就是区块链究竟在哪些场景下可以使用。例如，德国就提出了工业区块链的说法，主要针对工业 4.0 场景下区块链在智能制造、产品追溯和管理层方面的应用。安全和隐私研究组的任务，主要是针对区块链如何既能保护隐私又能提供安全保障。这实际上是一对矛盾，拿捏好其中的度是有一定讲究的，也是有一定难度的。

在国际标准化组织（ISO）、国际电信联盟（ITU）、万维网联盟（W3C）等国际组织纷纷启动区块链标准化工作的背景下，2018 年 3 月，国家工业和信息化部也就筹建全国区块链和分布式记账技术标准化技术委员会展开了专题研究。

2018 年 7 月，蚂蚁金服成为全球最大的非营利性专业技术组织 IEEE（电气和电子工程师协会）标准协会高级会员。该协会早在 2016 年就提出了制定区块链行业标准的建议，并且此时此刻已经启用了多个标准，如区块链在物联网领域的应用框架、区块链数据格式规范等。而蚂蚁金服一旦参与制定其中的一些标准，很可能也会使自己的核心技术通过该平台成为全球范围内的共识❶。

2018 年 7 月 14 日，我国建立了国内最早专注于区块链规范发展研究的行业组织——中国电子商务区块链规范发展中心。据该中心执行主任李小勇介绍，目前我国已在着手建立区块链国家标准，即将组建全国区块链和分布式记账技术标准化委员会，预计最快于 2019 年末完成❷。

2019 年 1 月 10 日，国家互联网信息办公室发布《区块链信息服务管理规定》，自 2 月 15 日起施行，目的就是要明确区块链信息服务提供者的信息安全管理责任，规避安全风险。

在韩国，就在政府宣布将于 2019 年大力发展大数据、人工智能、区块链技术的背景下，2018 年 8 月 24 日韩国成立了区块链法律协会，成员有来自众多领域的专家如检察官、法官、教授等，目的就是要推动有关区块链技术的法律研究和立法工作，促进不同领域如经济学、计算机工程领域之间的跨学科合作。

---

❶ 黄雪姣：《拿了 49 项区块链专利的蚂蚁金服，可能参与 IEEE 区块链行业标准制定》，星球日报，2018 年 8 月 15 日。

❷ 温源：《李小勇：以推动区块链规范发展迎接行业未来》，光明网，2018 年 8 月 28 日。

区块链证据已具备法律效力

2018 年 9 月 7 日，最高人民法院公布了《关于互联网法院审理案件若干问题的规定》，并从当天起正式承认区块链证据在法律纠纷中的约束力。

该规定第 11 条第一次明确，当事人提交的电子数据，通过电子签名、可信时间戳、哈希值校验、区块链等证据收集、固定和防篡改的技术手段或者通过电子取证存证平台认证，能够证明其真实性的，互联网法院应当确认。

而在此之前，2018 年 6 月杭州互联网法院就已经在一起案件中使用了区块链证据，确认原告使用区块链技术记录的作品著作权信息可以作为证据来使用 ❶。

继 2017 年 8 月杭州互联网法院成立后，2018 年 9 月又成立了北京互联网法院和广州互联网法院。这表明，在法律护航、互联网法院数量不断增加的形势下，区块链存证将会在更大范围内得到使用。互联网法院出现后，各种电子数据如电子合同、交易、行为数据、专利、版权、图像、邮件等的固证取证便会得到大面积使用；与传统的公证处固证相比，成本也会更低。并且，案件当事人不用去法院，就可以在线办理全部或部分诉讼环节，这也在客观上要求探索使用区块链、大数据、人工智能等新技术来提升审理效率和质量。

在国外，英国正在把智能合约写入法律，从而成为法律的一部分，让法律跟得上最新技术的发展。

英国法律委员会在第 52 份年度（2017 年 4 月 1 日~2018 年 3 月 31 日）报告中提到，欧盟委员会第 13 个法律改革计划中，就有一项是正在为智能合约创建一个有效的法律框架，旨在推动对智能合约的认可与规范。这项工作是从 2018 年春季开始的，夏季全面启动。并且在 2018 年 3 月，英国政府就成立了一个由财政部、中央银行和金融行为监管局组成的加密资产特别工作组。

报告认为，采用智能合约来执行法律合同，将会提高商业交易效率，增强信任感和确定性；更重要的是，能够确保英国法院和法律在商业上的竞争优势。如果这项改革取得成功，英国将成为全球少数在法律上承认智能合约的司法管辖区之一 ❷。

在美国，2018 年 7 月特拉华州通过了 SB182、SB183、SB194 三项法案，

---

❶ 《最高法首次出面！确定国内区块链法律地位》，网易网，2018 年 9 月 9 日。

❷ 《英国法律委员会：正在将智能合约的使用编入英国法律》，凤凰网，2018 年 7 月 30 日。

修改了公司法和信托法，从而确认了区块链记录的法律地位。虽然这个州在中国读者眼里感到陌生，可全球 500 强企业中有一半以上是在该州注册的，该州的法律框架对企业来说非常重要。也因如此，确认区块链记录的法律地位，成为该州政府希望自己在新技术面前"保持其在全国的突出地位"的原因之一 ❶。

这里顺便来看一看区块链是怎么进行存证的。

以我国第一例区块链存证案原告杭州某文化公司为例，该公司是通过第三方存证平台保全网（由联盟链 Factom 公证通提供技术支撑），对侵权网页进行抓取、源码识别的，然后将其和调用日志等数据一件打包，计算成哈希值上传到 Factom 和比特币区块链中作为证据保存。这样，该公司在提交证据时，就只需用哈希值在区块链中进行搜索，同时用私钥解锁交易，从而查看区块链中存放的内容及生成时间。究其原理，主要就是采用了区块链不可篡改的技术特征 ❷。

谨防陷入区块链骗局

任何新生事物的早期都会泥沙俱下，区块链也不例外。所以，讨论区块链及其投资，必须对此抱有一份警惕，尤其是要谨防各种骗局。

资料表明，截至 2018 年年初，我国利用区块链概念从事传销的平台已经超过 3000 家。无论是"大唐币""钛克币"还是"维卡币"等网络传销，都是"老套路"穿上"新马甲"，利用"越高调越可信"的思维陷阱，通过"挂羊头卖狗肉"的手段，套牢一大批希望"赚一票就走"的赌徒。

区块链骗局的三大表现

一是"空手套白狼"，炒高币值后"割韭菜"

说穿了就是，这时候的区块链概念只是一个幌子。

例如，2018 年 5 月深圳警方就破获了这样一起案件。某区块链集团公司

---

❶ 赵静：《美国特拉华州确定区块链记录法律地位》，新浪网，2018 年 7 月 30 日。
❷ 黄雪姣：《一条"规定"，三所互联网法院，区块链存证的春天到了》，星球日报，2018 年 9 月 10 日。

通过其官网和收购平台发行一种虚拟货币"普洱币"（后更名为"普银币"），对外宣称有百亿元藏茶做抵押，从而制造一种物有所值的假象。

为了增强迷惑性，他们会给投资者出具一份"技术白皮书"。可是由于多数人并不了解什么是区块链，他们更关心平台承诺的"会定期按 1∶10 进行拆分"，因为这就意味着每一次拆分都会使得他们原先投资的 8 万元变成 80 万元，然后在该平台上卖出即可获得巨额收益。

而实际上，该平台上的价格波动都是后台操纵的。这些人先把价格从 0.5 元拉至 10 元，当大量投资人进场后，便一边在 QQ 群里"踢人"，一边趁机从中套现，然后挥霍一空。警方通报表明，该案受害者超过 3000 人，涉案金额 3.07 亿元，损失最多的高达 300 万元。

二是"挂羊头卖狗肉"，以科技之名行传销之实

说穿了就是，他们嘴里所说的区块链并不是真正的区块链。

例如，2018 年 4 月西安警方就破获了这样一起案件。该团伙打着区块链的旗号，以西安作为"一带一路"重要节点城市为由头，在全国众多城市举行推介会，吸纳会员，大肆从事以区块链为特征的特大网络传销活动。仅仅在 18 天内，就发展注册会员 1.3 万多人，遍及全国 31 个省市区，涉案金额高达 8600 多万元。

三是"洋为中用""出口转内销"

说穿了就是，中国人在境外"发行"虚拟货币回国骗同胞的钱。

互联网为跨国犯罪创造了更多条件。自从 2017 年下半年我国取缔 ICO 并关闭境内所有虚拟货币交易所后，这些人便把服务器设在国外，转战海外，从事跨境 ICO，在不见面、无核实、无合同的情况下诱人购买各种虚拟币，然后以各种借口拖延时间拒绝退币，最终失联跑路。

在这其中，无论是施害者发币人还是受害者购币人，以及背后的操纵者，其实都是中国人，与"国际""全球"皆无关。

受骗上当者的三种心态

一是"着急上车"的财富渴求

这些人对区块链概念并不十分了解，但是在他们眼里，只要一听说区块链就会自然而然地联想起暴富神话来，脑海中立刻呈现出种种"一币一别墅""追赶末班车"等海市蜃楼。

　　前面提到蚂蚁金服的那位工程师，之所以在相亲网站上一标明自己是"区块链工程师"就能收到360多封求爱信，就很难说这些求爱者"爱"的不是区块链概念。

二是"越高调越可信"的思维怪圈

　　有关区块链概念的诈骗行为往往都很高调，就是因为有许多人拥有一种"越高调越可信"的思维怪圈。在他们看来，如此高调的公司才会"实力雄厚"，结果纷纷中套。

　　2017年海口某犯罪团伙就以区块链为名，宣称已经通过"相关权威单位授权"，公开在多地豪华酒店召开推进会并举行论坛，结果很快就发展会员4.7万余人，涉案金额高达40.6亿元。

三是"捞一票就走"的赌徒心态

　　以区块链投资讲座和聚会为名的区块链传销，其实质仍然是拉人头。只要骗局没被揭开，相关人员就没有利益损失，所以这些人明知是骗局也会火中取栗，几乎从来没有发生过内部人举报的情形❶。

　　可最终，当一些动作稍慢的人还在犹豫要不要挤进币圈时，骗子们早就抱着你的钱溜之大吉了。以上面的西安区块链传销为例，这些投资者们谁也不会想到仅仅18天过去后，他们东拼西凑出来的8600多万元血汗钱就被骗子们席卷一空，彻底击碎了原本指望暴富、翻身、跨阶层的梦，这种"捞一票就走"的机会哪里还轮得到你。

---

❶ 邓中豪、王阳原：《"大妈"杀入"区块链"或被"割韭菜"》，载《经济参考报》，2018年6月22日。

第3章

区块链@供应链与云存储

区块链的去中心化功能，在协同制造商、供应商、分销商、零售商和用户之间的资金流、信息流、实物流方面具有独到作用，并且能支持加密数据的分布式存储，构成协同云存储的核心。

中编
领域

◆越是"肠梗阻"区块链越有效

◆用区块链监视供应链

◆京东物流为什么快

◆云存储不再担心安全性

越是"肠梗阻"区块链越有效

区块链的去中心化功能，对"皱褶多"和容易产生"肠梗阻"的部门或环节最为有效，传统的供应链管理就是其中之一。

众所周知，供应链是由制造商、供应商、分销商、零售商和用户连成一体的复杂的功能网链结构。在该结构上，资金流、信息流、实物流交互运行。传统的、依靠单一"链主"来进行协调的难度越来越大，因为这些实体拥有各自相对独立而封闭的信息，透明度更谈不上。所以能看到，不时就会出现一个个瓶颈，时间成本和资金成本居高不下。问题更严重的是，一旦发生货物假冒或冒领等问题，很难进行追查和处理。而这时候，在区块链身上则被寄予了太大的期望，这主要体现在以下两点：

共用账本功能

区块链把各环节原本相对封闭的信息放在同一个透明而可靠的信息平台上，运输方通过扫描二维码，就能实时查看货物已经到达哪个区域，并能根据智能合约自动收取费用。尤其是在冷链运输中，可以通过温度传感器实时检测货物的温度信息并记录在链，这样就能确保商品冷藏运输条件，不至于变质了还不知道，从而大大降低沟通、交易成本及损耗。

在过去，几乎所有的食品丑闻如牛奶、橄榄油、葡萄酒假冒伪劣等根源都是供应链不透明及不可追踪造成的。最开始当然是可以追溯的，可是当货物送至经销商后其跟踪信息就消失了。之后经过若干环节到达最终经销商手里，这个过程中的物流跟踪信息很混乱，问题出在哪个环节根本搞不清。例如号称特级初榨橄榄油其中只有1/10是橄榄油，其余的都是普通油，这种情形究竟发生在生产灌装环节还是经销商重新灌装调包，就很难说得清。再拿快递调包事件来举例。为什么有些顾客明明购买的是手机最后拿到手的却是一块砖头，在这其中究竟是哪个环节出了问题，就很难考证，所以总是出现推诿扯皮现象。

可是在区块链技术下，由于它的可追溯性能够实现从头到尾追踪所有信息，并且这些信息都是透明、不可篡改的，问题就简单了。

举例说，在中国，假酒很多，这个问题一直没能得到解决。许多大牌生产商会说，代理商拿走货物后自己就看不到之后产品的任何信息了。整个酒业供应链都是信息孤岛，没有人愿意关心上下游相关数据。确切地说，如果你愿意支付报酬，这些数据也是可以得到的，这些信息孤岛也是可以打通的。

有鉴于此，Drop Chain 在经过三年的摸索之后，开始利用区块链来监视整个酒品供应链。为了调动各环节积极性，他们创建了一个游戏化激励方案，奖励每一位参与供应链的经销商，这样就把原本非常无趣的供应链产业变成了趣味横生的游戏，吸引所有人都愿意参与进来。

考虑到供应链中人的因素起关键作用，所以为了确保数据人工输入区块链过程中的真实无误，Drop Chain 在构建该项目时就注重逻辑到位，对许多数据进行相关测试，用准确度极高的统计模型来确定数据真假❶。

不用说，这种区块链不仅可以应用在酒品供应链，当然也可应用在一切供应链上，并且受到顾客、经销商和品牌商的欢迎。因为这实际上是创建了一条从品牌商到经销商再到消费者之间的信任链。顾客知道这瓶酒是真的，当然就会拉动消费；品牌商和经销商也知道了这瓶酒是如何一步步传送到消费者手上的，这就会对它们的营销策略产生重大影响，而这些数据过去是根本无法得到的。一旦建立起这种信任，生意当然会越变越好。

实时跟踪技术

区块链能确保货物和资金同步，一旦发生假冒伪劣或冒领提醒，便可以从源头追起，让不法分子望而却步。

全球最大的集装箱海运公司马士基集团 2014 年发现，仅仅是将冷冻货物从东非运到欧洲，就大约需要经过 30 个人员和组织、200 多次沟通和交流才能达成，这其中的时间、库存成本太高了。为此它们经过研究，于 2017 年 3 月和 IBM 公司共同构建了一个新型的全球贸易数字化解决方案，其中包括货运公司、货运代理商、海运承运商、港口、海关当局等。它们为什么会底气十足地把这么多实体有机组合在一起呢？关键就是采用了区块链，利用区块链

---

❶ 陈显达：《为什么区块链在供应链的应用是天作之合》，载《陆家嘴》杂志，2018 年 3 月 28 日。

技术在各方之间实现信息透明来简化物流流程、降低贸易成本、改善库存结构、降低损耗和浪费。

在印度，有4个主要港口正在推出区块链社区系统，用来整合与贸易相关的信息和文件的电子流以及各种利益相关者。据悉，印度所有12个主要港口都会开通这种新的区块链技术社区系统 ❶。

由此可见，区块链在改造物流运输行业尤其是跨国运输体系方面的重要性正在受到越来越多的重视，并已投入实际应用。

用区块链监视供应链

区块链在供应链领域的应用主要归功于可溯源。以药品为例，在药品包装盒表面的刮层底下，用一个特别的验证标签来与区块链相对照，就能检查该商品（药品）是否合法。从这个角度看，实际上就是利用区块链来监视供应链了。

千万别小看这一点，因为药品假冒多数是供应链上出了问题。虽说供应链的出现本来是为了增强产品转移路径的可见性和可控制性，用于产品生产和供应的极端零碎化、复杂化和分散化，可是其不透明性及缺陷性却是固有难题。现在有了区块链，这一问题就容易解决得多了。

区块链的分布式账本技术，使得产品追溯到所用原材料阶段成为可能。区块链的去中心化，能够完全杜绝数据操纵；并且又由于它具有非对称加密技术，所以能够确保数据安全。

Provenance等的区块链应用

区块链在供应链领域中应用得比较广泛，也较早。位于美国的IBM公司，位于英国伦敦的区块链创业公司Provenance、BlockVerify，以及中国第一个基于区块链的防伪平台唯链（Ve Chain）等，都是其中的佼佼者，只是侧重点和专长各有不同而已。

---

❶ 《印度主要港口推出运用区块链技术的社区系统》，搜狐网，2018年8月5日。

例如，Provenance 公司主要是在供应链系统中部署区块链系统，帮助品牌商追踪产品原料、材料和起源，并向消费者提供与实物相关的信息，以此来增强供应链的透明度和性能感。

Block Verify 的重点是研究区块链下的防伪方案，提供包括真伪验证在内的服务，以此来鉴别产品是否存在调换、伪造、被偷被盗、虚假交易等，以确保消费者收到的货物是正品。这样一来，消费者也就不必一味追求名牌、大牌、老牌来增强信任感了。无论品牌名气大小，都可以通过这种方式来验证是否正品，关于这一点在鉴别假冒药品方面效果尤为显著。

唯链是区块链创业公司 Bit SE 的子公司。Bit SE 成立于 2013 年，最早从事比特币业务，后来顺理成章地从比特币转向研究区块链在股权众筹、游戏、物联网等领域的应用，2016 年 1 月推出唯链项目，当月就获得了数百万元种子轮融资。2016 年 5 月，唯链以奢侈品流通溯源为抓手，发布了第一款区块链防伪芯片和移动端应用。具体原理是，在每个产品里都放置一块防伪芯片，将其唯一的 ID 信息写入区块链。这样，消费者通过唯链应用平台，就能直接查看所购商品从生产、物流、门店、消费者到海关的所有原始信息，并能与品牌商直接取得联系。

区块链技术成熟后，未来要想验证某项商品真伪，只要用手机扫描包装盒上的二维码就行，不但极其方便，而且还能看到该商品从出生到现在所有的完整信息❶。

例如，2018 年 7 月，澳大利亚联邦银行就在全球范围内成功地举行了一项新的区块链动力贸易实验。据该行介绍，在一批重达 17 吨的杏仁从澳大利亚维多利亚州运往德国汉堡的过程中，由于采用了以太坊网络建造的区块链技术，该行合作伙伴可以在任何时间点随时检查货物的位置、温度、湿度和其他指标。

该行表示，通过这次实验，他们相信区块链能够帮助合作伙伴降低业务管理成本，并为客户提供一流服务。因为区块链能够支持全球贸易平台实现现代全球供应链灵活、高效、透明的理念。

而其实，早在 2016 年，澳大利亚联邦银行就和美国富国银行、Brighann Cotton 一起成功地完成了第一次银行间交易。不用说，那也是建立在区块链、

❶ 《万达入局"区块链 + 药品防伪"：让天下没有假药》，百度网，2018 年 4 月 21 日。

智能合约、物联网技术基础之上的。有理由相信，随着它们对区块链的继续关注和持续投资，未来这方面会走得更远。

只不过该行表示，虽然实验取得了成功，可是由于参与节点被放置在整个供应链的众多战略点上，目前还无法准确解释节点的运营方式，即如果其中的某个节点失败会导致什么，以及在以太坊系统中记录跟踪数据的成本是多少，因此，这项技术尚未推荐给其他国家使用❶。

IBM在海运物流方面的应用

现在回过头来看 IBM 公司区块链在海运物流方面的应用。

2018 年 5 月，IBM 公司区块链总经理访问韩国，主要目的是推动该公司区块链业务在韩国市场的发展。在此期间，他特地访问了已有多年合作关系的三星公司，商讨双方在未来海运物流领域区块链技术的合作方案。

而在这之前的 2017 年 4 月，三星公司就已经推出了企业级 B2B 区块链平台 Nexledger 并开展了试点工作。5 月，该公司联合韩国海关、海洋事务部、渔业部、海运物流公司成立区块链联盟，开始了为期 7 个月的区块链试点。它们把与托运人、航运公司、海关、银行等部门相关的进出口及物流文件存储在区块链上后，就能利用区块链不可篡改、可实时跟踪、可溯源的特点，大大简化文件发放过程，提高工作效率。当年，三星公司发起的海运物流联盟共有 38 个成员，其中之一便是 IBM 韩国。

而这时候的 IBM 公司也在全球范围内广泛寻找合作伙伴，加快推进区块链在物流领域的落地。韩国三星公司只是其重要合作伙伴之一，此外其还在 2017 年 6 月与哥伦比亚物流解决方案提供商 AOS 达成了合作；2018 年 1 月，又与国际物流综合企业马士基集团创建了一家合资企业，专门致力于在海运行业内部扩大对区块链技术的应用，目标是要利用区块链创建国与国之间的物流运营新模式。正如 IBM 平台高级副总裁所说："我们想要它成为一家代表海运数字化的独立实体。这样做将可使得开放性和网络效应非常迅速地积累起来。我们的目标是想要为整个行业提供支持，而非只是为马士基提供支持。"

不可否认，IBM 公司和韩国三星公司都走在利用区块链发展现代物流业尤其是海运物流业的最前列。而利用区块链改变现有物流体系、促进现代物流业

---

❶《澳大利亚银行使用区块链完成贸易实验，向德国运送 17 吨杏仁》，北大新媒体，2018 年 7 月 30 日。

发展、降低物流成本，则已成为一种共识。

就在 IBM 公司区块链总经理访问韩国的当天，他在论坛上发布了覆盖 40 个国家、20 种产业、3000 多人的关于应用区块链案例的调查结果。该调查表明，其中有 2/3 的企业已经在子公司中布局区块链项目，涵盖支付结算、证券、私募基金、身份认证、防洗钱等多个领域。他表示："区块链的产生将构建一个全新的征信系统。所有的商业节点都将被纳入区块链生态，参与者通过参与获得回报，相互制约以达均衡❶。"

京东物流为什么快

区块链对物流行业的颠覆，主要体现在资源共享上。虽然资源共享是所有行业的最爱，不仅仅是物流行业；但因为物流业涉及多个方面，这一需求更为迫切。也因如此，区块链在资源共享方面受到大量投资的关注。

一个突出的例子是，京东集团之所以能成为国内最大的电子商务平台之一，能与阿里巴巴一较高低，就在于它的物流速度最快，而这又主要取决于它的自建物流系统，全程可控，许多地区已能做到上午发货下午到。

可是要知道，当初京东集团在决定自建物流系统时也不是一帆风顺的。当京东集团创始人刘强东在会上刚刚宣布这一决策时，就遭到内部一批高层人士的反对，他们认为公司要把今后几年内的所有营业额全部投入来做这样一件事风险实在太大，一旦搞砸将会走向破产。但刘强东认准了这是一条突围之路，态度坚决地回答道："这是通知，不是商议。"

之后的融资确实不算顺利，但刘强东没过多久就弄到两笔巨资，终于渡过难关，并宣告自建物流系统成功。

据国家邮政局 2018 年 7 月发布的数据，2018 年第二季度京东集团物流在公众满意度方面的得分超过 80 分，继续领跑整个行业。其不但持续为消费者带来了"快""惊""喜"的极致服务，还在"618 京东全球年中购物节"的 18 天里，即使累计下单金额超过 1592 亿元，其中仍然有 90% 以上的自营订单实

---

❶ 《IBM 联手三星 SDS，用区块链打造海关进出口信息系统》，白鲸财经，2018 年 5 月 30 日。

现了当日达或次日达，引得业内一片震惊❶。

在这其中，就有区块链的一份功劳。

早在 2016 年，京东集团就启动了区块链在供应链相关领域的应用探索，尤其是在商品溯源防伪方面等。2017 年，京东集团防伪追溯平台接入的品牌商数量已经超过 400 家，覆盖 12000 多款商品，追溯商品数据超过 10 亿条。到 2018 年 4 月京东集团发布全球购战略规划时，其中就已经包括把区块链技术用来监管跨境电商了。

2019 年 4 月 9 日，京东集团发布《京东区块链技术实践白皮书（2019）》，应用场景包括供应链、金融、政务及公共领域、保险防欺诈、大数据安全等五个领域。与此同时，还着重把区块链应用中心放在联盟链网络上，围绕企业级服务，提供与供应链深度融合的区块链服务平台。随后，京东集团在供应链、物流、防伪追溯等行业都有了快速进展，2018 年 7 月已正式宣布对意向测试企业开放"智臻链"区块链平台，协助部署商品防伪追溯主节点，形成商品防伪追溯主链。

2018 年 5 月，京东集团联合政府部门和行业机构成立了国内第一个"物流 + 区块链技术应用联盟"，搭建国内外区块链技术互动平台。该平台率先在区块链共识算法、数据存储等方面取得进展，然后便将区块链与人工智能、物联网相结合，连接线下实物和线上数据，应用在无人仓管理、无人车配送、无人超市补货等场景❷。

展望未来，京东集团正在通过区块链来布局海外仓，尽早实现中国与全球商品在 48 小时内的物流互通。

云存储不再担心安全性

所谓云存储，也称云储存，是一种在云计算概念上延伸和发展出来的新兴网络存储技术。它把网络中不同类型的、大量的存储设备通过应用软件集合

---

❶ 陈晨：《国家邮政局发布二季度数据，京东物流继续领跑》，科技讯，2018 年 7 月 13 日。

❷ 《京东区块链正式对外开放"智臻链"平台》，搜狐网，2018 年 7 月 11 日。

起来协同工作，共同对外提供数据存储和业务访问功能。

显而易见的是，大多数云存储系统都是由某个中心托管的，所有数据掌握在某个企业里，并且通常不加密，这就直接造成了很大的垄断和泄密风险。在这种背景下，建立在区块链基础上的 Siacoin 应运而生。

这是一家基于区块链的分布式云存储服务运营商，具有自动化点对点特征。它通过加密算法 Twofish，把数据加密存放在多个存储供应者的主机里（系统设置为同一个文件存放在 30 个托管主机里，但这种设置是可以调整的），能够被自动化智能合约追踪。所有用户数据在进入客户端时都会被分割成很多小块，只留下用户恢复原始数据的少数片段，敏感用户信息块更会被压缩到 4M，以加强隐私保护，在此基础上还有私钥加密。

更令人惊讶的是，Siacoin 通过一种 Reed-Solomn 代码算法，把同一个文件分成几个部分，分别存储在多个供应者主机里。也就是说，这时候只要有 10 个托管主机就能恢复一个文件，并且同一文件拥有三个独立备份。假如每个托管主机的可靠性是 90%，那么这个文本文件的可靠性便会达到 99.999999999%，哪怕托管主机的在线状态不佳，该文件也会拥有一个良好的在线状态，意思是说不受网络瘫痪、断电和自然灾害影响。

用户可以在 Siacoin 上存储和提取各种文件，无须为文件隐私和安全担心，并且可以自由选择上传网络节点，目前的费用是每 T 每月 2 美元，还不到传统网盘费用的 10%，用户存储量已经超过 4PB❶。合约到期时，主机会提交一个存储证明到区块链，显示它仍然是合约定义的文件，等待用户付款到主机里后再返回抵押品。

另一家 Storj 项目提供的云存储，也是基于区块链基础的安全分布技术。这种去中心化区块链系统，能够确保用户在任何时候都能把文件上传到区块链，任何时候都只有用户才能看到自己的数据，号称能提供高速下载和 99.99999% 的高可用性，并且允许用户对外出租自己的额外硬盘空间，以弥补费用或创造收益。目前，Storj 的用户存储量已经达到 5PB，用户的存储费用同样只是传统云存储的 10%~1%。

2014 年 4 月，Storj 荣获美国德克萨斯州比特币会议的黑客马拉松奖，以

---

❶　PB，英文全称是 petabyte，一种较高级的数据存储单位，其上还有 EB、ZB、YB 等。1PB=1024TB，1TB=1024GB。1PB 为 250 字节，约 4000 亿页文本。

及比特天使基金会 25 万美元的投资。与其他比特币平台相比，Storj 在开发软件上采取的是一种"迈小步、不停步"方式，先开发一些小规模的系统作为原型使用，这就是被称为 Metadisk 的拖放文件托管网页应用。

目前，全球云存储已经成为一个巨大的产业，每年作为数据保护费的金额高达数亿美元，并且还在迅速上涨。而上述区块链云存储公司能将这一费用压缩到 10% 以内，仅此一项每年就能为企业节约数亿美元费用；就更不用提因为其去中心化所带来的可靠的数据安全和隐私保护了。

要知道，无论企业还是个人，能想到或需要存入云存储的文件和数据都是极其重要的，就好比你存放在银行保险柜里的东西一样，甚至比生命更重要。这些东西一旦丢失或被盗，将会造成不可估量的损失，所以其安全性至关重要，费用高低倒在其次，而这两者恰恰都是区块链擅长的。

第4章
区块链@物联网与互联网

区块链与物联网、互联网虽然都是万物互联，但却有本质区别。它从大数据、安全性和透明性三个角度彻底解决了后两者的核心难题，既节约成本，又提高效率，只不过现在还只是刚起步。

中编
领域

◆ 共识机制提高私密性
◆ 区块链降低物联网成本
◆ 区块链让物联网脱胎换骨
◆ 区块链推动互联网上台阶

共识机制提高私密性

区块链在物联网和互联网领域的应用，一大优势就是它的去中心化共识机制，能够大大提高系统的安全性、私密性，而这无论是物联网还是互联网都是非常重视并迫切需要的。

究其原因在于，区块链中的智能合约机制，能够把每一台智能设备都变成可以自我维护调节的网络节点，并按照事先确定的规则交换信息、核实身份并进行交易，这种点对点能够最大限度地摒弃人为干扰。

以电缆网络为例。区块链下的每一根电缆都是有身份的，否则就不能加入这个网络、无法参与运行。而这样做，就构成了一个"实名制"闭环系统。每一根电缆桥架都拥有特定线路，并且这种电缆桥架和特定线路的身份也会一并存储在分布式账本中。

在区块链所构成的物物相连系统中，无论大小设备都会被接入其中，不但去中心化，而且规模可以不断拓展；即使如此，依然能确保足够的隐私和安全。原因就是上面提到的，其中都是"有身份"的"自己人"，所以彼此之间无须建立信任就能进行交易。相比之下，没有这道门槛的普通互联网和物联网就不一样了，因为缺少某种形式的验证和共识机制，所以在接入其中的上百亿台设备中，不但有许多不值得信任，而且还有不少是专门来捣乱的，让你防不胜防。

可以相信，随着互联网、物联网的高速发展，未来全球所有人和所有设备都会被接入同一个系统，如果还是像过去那样缺乏共识机制来进行过滤和验证，这个行业要想获得健康发展简直不敢想象。在这种大背景下，区块链的突出优越性就呈现出来了，而且可以说是势在必行。

根据参与者对象划分，区块链可分为公有链、私有链和联盟链三大类。

所谓公有链，是所有人都可以参与使用和维护，所有信息都是完全公开的，其中最典型的便是比特币区块链。

所谓私有链，是在引入许可机制后，该区块链只有特定少数人可以使用，其信息只对这部分人公开，属于相对封闭状态。

所谓联盟链，是在引入许可机制后，由若干组织一起合作维护该区块链。也就是说，无论是供应链机构还是银行联盟等，都必须要有访问权限才能使用该区块链。而实际上，这就意味着联盟链介于公有链和私有链两者之间，它既不是所有人都能访问，也不是只限少数人可以访问，而是相对灵活和宽松。

从财富价值角度看，虽然公有链更能吸引媒体和市场关注，但私有链和联盟链因其具有一定私密性才会价值倍增。

区块链只要能很好地维护这种私密性，就能不断提高自身价值；而这一点它现在已经做到了，其基础就是它特有的共识机制。

区块链降低物联网成本

所谓物联网，是指建立在互联网基础之上、把所有物理对象联系在一起的网络。

从全球来看，国际数据公司的研究表明，2020年全球物联网市场的规模将会增长到3万亿美元，物联网设备将会增至300亿台。从我国来看，2015年中国互联网产业的规模已经达到7500亿元，预计2020年将会增长到1.5万亿元；公众网络机器到机器连接数超过1亿台，占全球总量的31%，从而将成为全球最大的市场 ❶。

但即使如此，物联网依然难以实现大规模商业应用，究其原因在于其中心化的云服务器接入设备越多，负载就越大，维护成本就越高。这就是过去几十年里物联网主要通讯形式是"中心化的云服务器＋小范围部署"的原因。可是区块链在物联网体系中得到应用后，能够将全网达成的交易记录在分布式账本中，从而取代中央服务器，这样便能大大降低运营和维护成本，更不用说还能确保数据安全了。

---

❶　国家工业和信息化部信息中心：《2018年中国区块链产业白皮书》，2018年5月，P85。

以电缆网络为例。在区块链下，如果电缆遭到雷击而发生事故，那么这个节点就会立刻生成事故报告，同时通知工人携带工具前往维修，这是目前人工条件下还无法做到的。

不但如此，因为这个网络节点遭到破坏，所以智能合约会自动将信号传输任务暂时分配给附近的同一网络内的电缆线路。这样，对于电信公司来说，就无须一项项去检查线路，现场检修成本会大大降低；而对于用户来说，也不再需要等线路抢修完成后才能恢复通讯，这其中蕴藏的经济效益和社会效益不可估量。

成立于 2012 年的美国工业区块链创业公司 Filament，2015 年 8 月宣布已经筹集到 500 万美元的 A 轮融资，投资方是三星电子等三家企业。值得一提的是，这是电子消费产品巨头三星公司下属投资部门三星风投第一次投资区块链行业；不过在这之前，它已经因为投资 IBM 公司利用比特币和以太坊打造去中心化物联网的 ADEPT 项目而轰动一时。

2017 年 2 月，该公司又筹集到 950 万美元的资金；2017 年 4 月，Filament 完成了 1500 万美元的风险融资。该轮投资由通讯巨头 Verizon 的风险投资部门和专注种子轮后期公司的 Bullpen Capital 领投，英特尔公司、美国航空公司 JetBlue、芝加哥商品交易所等参投。

这里请特别注意两点：一是英特尔投资公司在该公司董事会中拥有席位，认为这一参投将会与英特尔所追求的区块链业务链接在一起，"英特尔正在创造转型技术，以实现大规模的工业物联网部署，而我们对 Filament 的投资将有助于支持这一愿景"；二是 Jet Blue 是美国第六大航空公司，它过去一直偏好支持以互联网为重点的创业公司，认为"Filament 的技术有可能为航空公司及其他航空公司开辟更智能、更高效运营的新世界 ❶"。

那么，Filament 究竟是何方神圣、从事的是什么业务呢？该公司联合创始人兼首席执行官艾瑞克·詹宁斯解释说，主要是使用区块链去中心化的物联网软件堆栈，促使公共分类总账上的设备持有独特身份。换句话说就是，通过创建一个智能设备目录，使得物联网设备可以进行安全沟通、执行智能合同以及发送小额交易。

---

❶ 《通讯巨头 Verizon 与风投机构 Bullpen Capital 领投区块链公司 Filament 1500 万美元》，网易网，2017 年 4 月 5 日。

然后，该公司在此基础上又通过远程无线网络，实现了更大范围内的工业基础设备物物相连，这些设备中就包括自动售货机的存货和运行状态、检测铁轨损耗、基于安全帽或救生衣等紧急情况监测等。

在他看来，这与 ADEPT 项目在本质上是一样的，只不过它针对的是工业行业，能够在石油、天然气、制造业和农业等行业的大公司实现效率上的新突破。无论这些大企业是否清楚自己的物联网战略是什么，都会需要通过网络来提高工作效率。而 Filament 要做的恰好有两点：一是开发出一个传感器装置，允许与周边 10 英里范围内的电话、平板电脑和电脑系统进行沟通，并且可以坐在办公室里进行操作，在短短 20 分钟内就可立即开始监控各项基础设施；二是用一种可以延伸该技术的硬件，来实现硬件项目定制，所有设备制造出来时都会在网络地址中存储唯一的哈希值，当一台设备和另一台设备需要对话时，其中的智能合约会告诉它们怎么做。这样一来，就能通过区块链更好地管理采矿作业、农业灌溉等，而不再需要沿袭过去效率低下的中心化方案了。当然，使用这种设备是要付费的，而这种付费也是通过智能合约来处理的，其本身支持小额交易。

詹宁斯自信地说："Jabber 通信协议的成功给我们的启示是，去中心化系统对于使用它的公司和用户来说更有价值。这是我们从中学到的精神，更为宝贵的是，这种去中心化系统可以实现用户之间的平等地位……去中心化系统对与之互动的人更有价值……这点值得注意。为什么使用区块链？因为它可以使系统更强大，更有价值❶。"

可以说，Filament 技术的应用在降低成本方面作用十分惊人；甚至完全可以说，离开了它许多事情将一筹莫展。

以其中的自动售货机遥控监测为例。如果这台售货机离你有 20 公里甚至 50 公里远，那么，你要了解该自动售货机内是否还有存货、有多少存货、各种存货的结构和在途情况，就必须亲自跑那么远的路；而且这还不算，你总不可能做到 24 小时都在那里监看。

而现在，有了区块链技术下的物联网就方便了。你坐在家里或办公室里就能 24 小时监控上述数据，甚至可以由机器来代替你进行记录，这方面节省

---

❶ Pete Rizzo 文，Printemps 译：《Filament 区块链物联网项目 A 轮融资 500 万美元》，巴比特资讯，2015 年 8 月 19 日。

的人财物力，实际上也就意味着为你创造了这么多盈利。

再例如，在紧急情况和危险情况下的安全帽和救生衣监测，一般都是人力无法到达和胜任的；可是有了物联网设备分配地址的监测，事情就会变得异常简单。

区块链让物联网脱胎换骨

区块链不但能降低物联网运营成本，更能令其脱胎换骨。

原因在于物联网领域非常适合区块链技术的应用，尤其是在租赁、物流等特定场景。只不过，由于区块链自身技术的限制，短期内还可能不会出现大规模的落地应用。两者之间的关系可以这样来比喻：如果说物联网是大数据时代的基础，那么区块链便是物联网时代的基础。

举例说，物联网中的每一台设备在分配地址时都会关联一个相应账户。用户向该账户支付费用，便能租借该设备来进行某种操作。不用说，这实际上就是租借物联网了。

租借物联网有什么用呢？用场可大了。例如，气象部门租借该关联账户，就能在相应的设备分配地址监测 PM2.5 数据，不仅如此，还可以测量温度、湿度和风速；交通部门租借该关联账户，就能通过网络摄像头数据来实时调看流量及路面监控情况。

与此同时不得不提的是，随着物联网络中的设备数量越来越多，这些设备之间便形成分布式自组织管理模式，从而对容错率的要求也越来越高。在传统模式下，这是很难做到的，可是在区块链下却相对容易，这就是区块链的分布式和抗攻击性功能在起作用。

举个不很恰当的例子说就是，在过去没有 CT、核磁共振背景下，许多疾病单靠肉眼和经验是难以判断的；而自从有了这两项技术，简单地一扫描，孰是孰非就原形毕露了。

以 IBM 公司为例。该公司在物联网领域已经有了几十年的持续投入和研发，毫无疑问是区块链领域的先行者。2015 年年初，它与三星公司宣布合作研发"去中心化 P2P 自动遥测系统"，正式采用区块链来作为物联网设备共享账本，打造去中心化物联网，最大限度地降低物联网应用成本。

IBM 公司发起的这个名叫 ADEPT 的自主分散式点对点遥测项目，采用了分布式云网络来实现设备的自我管理和智能交互，而这就是在用区块链解决物联网的关键问题。

该公司在题为《设备民主》的报告中认为，由于物联网中存在着海量的联网设备，所以无法对这些设备进行集中跟踪和管理，这就为这些设备遭遇黑客攻击创造了机会；可是，区块链却能很好地解决这些节点之间的信任问题。也就是说，区块链能够让这些设备之间进行自我管理和交互协作，不再需要人为的集中管理，这种"去中心化的自治物联网"能够较好地克服过去的弊端。

2018 年 7 月 30 日，IBM 公司又与外汇市场基础设施公司 CLS 合作，面向大型金融服务机构创建了一个名叫 Ledger Connect 的概念平台，目标是要把区块链应用于多个金融领域，包括了解客户流程、筛选、抵押品管理、衍生品交易后处理和市场数据等，并且它还联合巴克莱银行、花旗集团等 9 家金融服务机构进行了测试[1]。

从其原理看，该平台托管在一个单一网络上，通过区块链应用商店，把上述 9 家金融服务机构全都囊括在里面，待以后在完成概念验证、监管批准后会在更大范围内全面推广。

致力于推广区块链技术，已经让 IBM 公司在经济上尝到甜头。2018 年第二季度已经是该公司连续第三个季度实现营业收入增长；可是要知道，在此之前该公司已经连续五年出现了营业收入同比下滑的局面[2]。

而其实，早在 2015 年 9 月，9 家金融机构就联合创建了区块链联盟"R3 CEV"，致力于区块链的研究和应用。很快地，扩大到全球 40 多家金融机构如高盛集团、花旗银行、摩根大通、德意志银行、瑞士银行、法国巴黎银行等，其中也包括中国的平安银行。据西班牙桑塔德银行估计，到 2022 年时区块链每年将会为银行业节省 200 亿美元的中介费用。

再来看中国。2016 年 5 月 31 日，包括银行、证券、保险等金融机构和科

---

[1] 《IBM 面向金融机构推出区块链平台，花旗巴克莱参与测试》，钛媒体，2018 年 7 月 30 日。
[2] 《IBM 面向金融机构推出区块链平台》，搜狐网，2018 年 7 月 30 日。

技企业在内的 25 个成员，共同发起创建了中国版 R3 CEV 金融区块链合作联盟，推动区块链和行业标准在国内的应用和落地；随后，国内就出现了 Asch 和小蚁等区块链应用平台。

2018 年 9 月，国内第一个区块链与物联网融合应用的地方标准已经出台。在当时以"物联世界·链接未来"为主题的区块链与物联网融合发展峰会上，中国电子技术标准化研究院与江苏省无锡市高新技术产业开发区签订协议，立项编制《区块链与物联网融合技术指南》和《区块链与物联网融合应用指南》两项地方标准；并以无锡为试点地区，开展为期两年的区块链地方标准、测试测评、人才培养和应用示范等工作。这对无锡引领全国突破区块链关键技术、加快区块链技术应用落地起到有力的推动作用❶。

之所以选择无锡，是因为无锡的物联网产业经过 7 年多的发展，已经从概念层面走向实际应用、从技术研发走向成果转化、从政府倡导走向市场主导，示范区引领带动作用开始显现。区块链作为一项去中心化、公开透明的互联网迭代创新技术，能够为物联网产业的脱胎换骨和突破性发展提供安全、有效的技术支撑，无锡这方面走在全国前列。

区块链推动互联网上台阶

从三者关系看，物联网时代是互联网时代的更高层次，而区块链时代又是物联网时代的更高层次，区块链在推动物联网、互联网上台阶。

究其原因在于，互联网解决的主要是信息不对称问题（信息互联），物联网解决的主要是物体不衔接问题（物联互动、人工智能），而区块链解决的主要是价值不对称问题（价值互联，价值分配方式不再依靠职位和工资等，每个人创造的价值随时可以得到精准记录并及时兑现）。

从创富形式来看，区块链在互联网技术方面的应用，依据的主要是大数据和云计算的价值驱动与成本驱动原则。通俗地说就是，利用大数据可以把

---

❶ 过国忠：《无锡：国内首个区块链与物联网融合应用地方标准诞生》，载《科技日报》，2018 年 9 月 18 日。

你的数据变成资产和财富，并为你挣钱；利用云计算可以降低管理成本，提高资源利用率。归根到底，并不是某项技术好就一定能得到推广，更重要的是这种技术能带来什么样的价值和利益。

除此以外，区块链和互联网还有一个根本区别，那就是后者把商业模式平台化，而前者却反其道而行之。所以能看到，互联网时代的应用叫APP，谁的手机里没有几个APP实际上就意味着他与时代的脱节，可是区块链时代的应用则叫DAPP。

这里多出的一个D，英文是Decentralized，即"分布式应用/去中心化应用"。不同的DAPP会采用不同的底层区块链开发平台和共识机制或自行发布通证，如图4-1所示。

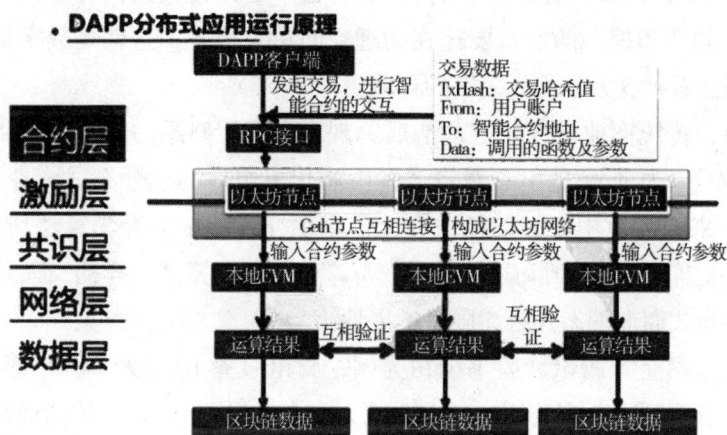

图4-1　DAPP分布式应用运行原理
（图片来源：百度网）

例如，目前有各种互联网阅读平台，作者把作品放到平台上去，读者付费后就可以在网上阅读这些作品，然后平台与作者分享这笔收入，这就叫APP。因为这种平台是中心化组织，所以它必定要从中获取分成，否则就无法正常运转；可是在区块链下，就根本不存在这种中心化组织，作者从读者那里得到的阅读付费无须与人分享，这个就是DAPP。

举个真实案例：一位旅行家在以太坊上建立了自己的一个DAPP，上传一本自己关于欧洲旅游的书。他发行了1万个通证（令牌，即服务端生成的一串字符，用来作为进行请求的标识），每个1美元，就这样，他轻而易举地就收到1万美元，而无须与人分成 ❶。

不仅仅局限于此，互联网的应用范围非常广，包括互联网本身及其他相关领域。就互联网本身领域而言，最常见的是网络数据信息、通讯和社交领域等。在区块链下，由于其分布式和安全保密的特点，所以能提供一些独特功能，并且这些功能还有许多。

正如2018年7月万向区块链实验室董事长肖风博士在美国旧金山举行的一个内部会议上发言说，与其说区块链是颠覆了某些东西，不如说它是创造了一个新的世界。

他说，就像当年哥伦布发现新大陆，给欧洲带来几百年的财富累积，造就了现代欧洲一样；区块链带给我们的也并非物理空间而是数字空间的新发现。数字空间与物理空间不是取代关系，也不是颠覆关系；可是人类在数字空间里所创造和挖掘的财富要比在物理空间里大得多，这就是数字资产。而他自己则能看到5万亿美元公链的可能。

他说，传统商业被区块链改造后，现在大家所熟悉的商业中介将会被区块链所取代，从而呈现出点对点、去中心化重组后的"分布式商业"形态。这时，原来的商业中介、信任中介、信用中介，就都被数学算法所取代了。数学算法这东西没有边际成本，一个人算和一亿人算是一样的，而这就意味着这种分布式商业形态具有无限可扩展性。

以互联网企业腾讯和脸书公司为例，腾讯服务10亿人，脸书服务20亿人，并没有看到这两家公司有"多么吃力、多么累"，这是传统商业社会下任何一家商业服务机构所不可望其项背的。

区别在哪里呢？就在于边际成本。它的边际成本几乎是零，所以理论上说可以无限扩大。什么叫几乎是零呢？这是因为互联网和区块链之间还是有很大不同的。互联网毕竟有中心化的商业组织，所以必定会抽取其中一部分费用，而这就体现为某种成本。相反，区块链因为没有这种中心化组织，所以边际成本更趋近于零。

从道理上说，未来有一天，当公有区块链发展到非常成熟后，全球都凝成同一条公有链，能够同时服务全球70多亿人，那时候或许只要从每人身上

---

❶ 米阿特Myate：《万向肖风最新演讲：区块链行业可能出现5万亿美元级别的公司》，百度网，2018年7月21日。

赚取 1 分钱就能维持正常运转。这就是所说的"几乎没有"成本。

打个比方说，工业时代最多只能出现 5000 亿美元左右市值的企业，互联网时代规模则放大到了 1 万亿美元，而区块链时代完全有可能出现 5 万亿美元级别的大企业。具体是，工业时代市值规模最大、最有代表性的制造业是美国通用电气公司（GE），它的市值最高时曾经达到过六七千亿美元。2018 年 8 月，美国苹果公司一跃成为第一家市值突破 1 万亿美元的互联网企业。有人预测，用不了 10 年、20 年，区块链行业中便会出现 5 万亿美元级别的大企业。理由呢，就看它们的服务规模——工业时代一家企业的服务能力边界最多只能是 5000 万人，而互联网时代则可以多达 10 亿、20 亿人，区块链时代也许就会是 50 亿、70 亿人 ❶！

---

❶ 米阿特Myate :《万向肖风最新演讲 :区块链行业可能出现5万亿美元级别的公司》,百度网,2018年 7 月 21 日。

第5章
区块链@公证与防伪

　　区块链因其具有公开、透明、安全和唯一的特性，天然匹配公证、防伪所需条件，从而先天性地为它在该领域内英雄有用武之地奠定了基础。这也是它最洋洋得意的特长，弃之不用太可惜。

中编
领域

◆ 电子数据存证
◆ 区块链法庭和公证
◆ 区块链发票和债券
◆ 区块链学历证明

电子数据存证

所谓电子数据存证，简称电子存证，是指以数字形式存储的证据信息，最常见的有电子邮件、电子合同、电子发票等。进入互联网时代，电子文档遍地都是，这就需要证明其真伪然后才能当作证据来使用。

电子证据具有无限可复制性，所以不能轻易相信；而区块链则因为具有不可篡改、可追溯等特点，最适合电子证据存证，这也是区块链最常见的场景之一。

区块链在电子证据存证方面具有两大优势：一是安全性，二是取证效率高。

传统电子证据被存储在自有服务器或云服务器中，备份和传输时都可能会受到病毒或黑客攻击和篡改，从而降低可信度。而区块链电子证据因为实行的是分布式存储，可以多方共享，这样就大大提高了效率；并且，它在证据生存时就赋予时间戳，所以能确保其真实性和安全性。

例如，位于美国的区块链初创公司 Factom 成立于 2015 年，主要业务就是利用区块链来保护和验证公共记录与业务文档数据，帮助开发各种应用程序如审计系统、医疗信息记录、供应链管理、投票系统、财产契证、法律运用、金融系统等一切需要电子存档的领域，在确保数据准确、可靠、安全的同时，大大减少进行独立审计、管理真实记录、遵守政府监管的成本和难度，解决数据记录安全性和符合监管的问题。

其他同行的工作原理是，先在高端服务器中创造数据链，然后对数据进行加密处理，再利用 Merkle root 把其加入到区块链中。而 Factom 与众不同的是，它还依靠比特币散布全球的算力，让这些加密认证的数据具有开放性和对外透明度。

该公司一共拥有三款企业级区块链产品，分别是数据保护工具、个性化企业身份解决方案和类似传统数据库的分布式数据存储产品。用一个例子就能证明其市场范围有多大。以该公司新推出的一款按揭产品为例：人们在进行传统的抵押贷款时必定需要填写各种纸质文件，仅此一项在美国每年就要耗费

500 亿美元；而该公司推出的这项业务因为能够将此电子文档同时储存在私人和公共区块链上，从而节省了这笔费用❶。

2018 年 3 月，真相科技宣布正式加入全球跨行业领导者合作项目超级账本 Hyperledger，从而与 IBM、小米公司、腾讯云、普华永道等 200 多家企业一起，共同打造统一的法律可信云计算平台，通过这一法律通用的区块链底层基础设施来消除信息孤岛、保障数据安全。

真相科技正在构建中的这一"法律技术区块链联盟"legalXchain，是我国自主可控成熟区块链行业应用的典型代表。它从 2017 年年初发起司法联盟倡议以来，短短一年间节点就已涵盖 IP360、司法机构、公证机关、法律服务企业等，并且已经大规模服务于诸多大型企业的互联网法律相关业务。IP360 数据权益保护平台可以对各类形态的电子数据提供确权、云监测、区块链追踪溯源、云取证、司法通道、维权等服务，并且已经在互联网上发现 2000 万次以上的违法违规线索，进行了 100 万次以上的违法违规现场证据固定，存证量突破千万级别❷。

从发展趋势看，legalXchain 未来将会更广泛地服务于智慧司法、互联网法治、互联网阳光政务、版权保护、数字资产交易等❸。

针对医院和医疗记录服务器的黑客攻击逐渐增多，区块链存证在医疗平台领域的使用范围也越来越广。

例如，创建于 2016 年 7 月的澳大利亚区块链创业公司 Brontech，很早就推出了基于区块链的医疗平台 Cyph MD，利用区块链的智能合约机制，在这上面创建一个一次性身份检查和在线身份标识系统，从而确保整个医疗网络安全系统通信的安全，保障跨平台数据的访问。

该公司首席执行官表示："医院走廊挤满填写表单病人的情况很常见，医疗人员试图找出病人的准确病史，医生使用电话获取数据和病人同意的不安全方式仍然被认为是理所当然的❹。"

2017 年 5 月，该公司又开发出了普适性数据市场及数字身份认证平台 MyBron，

---

❶ 韩旭：《利用区块链技术保护公共数据，Factom 宣布完成 800 万美元 A 轮融资》，36 氪，2017 年 4 月 20 日。

❷ 国家工业和信息化部信息中心：《2018 年中国区块链产业白皮书》，2018 年 5 月，P68。

❸ 《真相科技加入超级账本，legalXchain 成为区块链典型实践》，中国财经网，2018 年 3 月 23 日。

❹ 《澳大利亚创业公司 Brontech 推出以太坊区块链医疗平台》，巴比特，2016 年 10 月 30 日。

可以从用户那里直接搜集数据。由于这些数据是建立在区块链基础之上的，所以它能颠覆传统概念上的中介代理模式，既不会走样，又能从分享自己的个人信息中获取价值，业务增长十分强劲。短短半年多时间里，它就与3000位经过身份认证的用户签订了客户协议，同时还与顶级商业银行、全球性保险公司和财务公司等建立了合作关系。

2017年12月，该公司获得软件科技公司Ookami出资93.3万澳元（约合470万元人民币），出售其18.23%的股权，用于完善现有区块链认证平台，使得客户能够快速登录金融软件，从而大大简化重复验证所造成的不便，实现高效、安全及有保障的加密转换，既可用于企业融资，也可用于公开募股和私募，供台式电脑和手机端下载操作❶。

所有这些，既表明区块链在电子数据存证方面的应用范围十分广泛，又能证明这还只是区块链在该领域中应用的刚刚起步。

区块链法庭和公证

本书前面已提到，目前区块链发展还处于起步阶段，但已经出现市场不规范以及利用区块链技术实施不法行为现象。有鉴于此，全球各国都在加紧调研和出台相关标准和措施，首当其冲的是区块链公证与防伪。在我国，区块链法庭和区块链公证的出现为此补上了一条短腿。

区块链法庭

从具体进程看，2017年8月杭州互联网法院成立，2018年6月就已经在一起案件中使用区块链证据，确认原告在区块链上记录的作品著作权信息可以作为法律证据来使用。2018年9月该院司法区块链正式上线后不断升级，较多地应用在了网络购物合同中。截至2019年10月22日，短短一年间存证总量已突破19.8亿条，为高效、低成本处理违约行为创造了良好的条件，下

---

❶ 池元昊：《区块链企业Brontech获Ookami投资，约93.3万澳元出售18.23%股份》，金色财经，2017年12月14日。

一步将努力部署在互联网法院集中管辖的范围内 ❶。

2018 年 9 月，北京互联网法院和广州互联网法院相继成立。这表明，各种电子数据如电子合同、电子邮件、图像、专利、版权、行为数据等将会在更大范围内使用在诉讼环节，并且取证更方便，成本也更低。

而就在与此同时的 2018 年 9 月 7 日，最高人民法院公布了《关于互联网法院审理案件若干问题的规定》，并从当天起正式承认区块链证据在法律纠纷中的约束力。

在国外，英国正在把智能合约写入法律，从而成为法律的一部分。

2018 年 7 月，迪拜国际金融中心（DIFC）与智能迪拜（Smart Dubai）开展合作，创建了全球第一个区块链法庭 ❷。

迪拜国际金融中心区块链法院首席执行官兼注册官表示，他们将采用区块链技术，坚定地站在法律技术和司法创新前沿，为各国和司法机构制定标准。而智能迪拜办公室总干事则补充说，迪拜已经成为一个成熟的智能城市，各项服务都已经数字化。

联合工作组认为，在区块链上建立智能合约、整合逻辑，并且允许各种形式的例外和条件，便能形成无缝且更有效的争端解决方案。建立这样一家法庭，目的是要在现有解决争端服务的基础上，简化司法程序、消除文件重复、提高整个法律生态系统效率。这一点，尤其是在核实跨境执法判决时会更有效。

区块链是迪拜目前最引人注目的创新之一。根据迪拜区块链战略，迪拜将在 2020 年之前，在区块链上实现百分之百可用的政府交易。明白了这一点，就能很好地理解为什么迪拜要在全球创建第一家区块链法庭了，这是因为区块链在迪拜的发展秩序需要有一个授权机构来维护 ❸。不但如此，2018 年 10 月迪拜还出现了第一家以区块链技术为基础的律师事务所 Araa。该所将在法律行业内通过 Open Law、合同代码、整合分类账等方式，提高合同效率和统一性，并把其区块链平台上的法律文件作为合法区块链中的"唯一的真实的来源" ❹。

---

❶ 余建华、吴巍等：《杭州互联网法院区块链智能合约司法应用上线，存证量超 19 亿条》，载《人民法院报》，2019 年 10 月 28 日。

❷ 注意，这是区块链法庭，而不再仅仅是互联网法庭。

❸ 《迪拜将创建世界上第一个区块链法庭》，载《IT 时报》，2018 年 7 月 31 日。

❹ 《迪拜出现首家全面以区块链技术为基础的律师事务所》，腾讯网，2018 年 10 月 6 日。

2018 年 9 月，中华遗嘱库上线的"遗嘱司法证据备案查询系统"中正式采用区块链技术，这也是我国第一次通过区块链为遗嘱进行司法存证。

该系统将中华遗嘱库登记系统对接到中国司法大数据研究院下属的司法电子证据云平台上去，从遗嘱库上传的数据信息与证据文件会通过电子签名自动与国家授时中心授权的可信认证时间绑定。遗嘱登记前，系统会自动对登记设备和网络环境进行多项技术检测以确保其真实性，并且由于采用的是字符串和分布式存储，所以遗嘱内容是保密的；当遗嘱发生纠纷时，可以以文件、光盘或 U 盘等形式下载后递交法院认定；同时，法官在庭审现场也可以当场在平台在线调取、播放、验证该遗嘱。这样一来，也就不再需要像过去那样对遗嘱真伪进行司法鉴定了，立等可取 ❶。

在区块链下，未来的继承遗产可能会是这样的：A 在遗嘱中载明自己去世后的所有财产归 B（B 既可能是 A 的直系亲属也可能是陌生人，甚至是一只宠物、一棵树），并把这一交易事件写入区块链。那么，等到将来有一天触发了 A 已去世这一信息（也许是报纸上的讣告，也许是医院的死亡报告或火葬场的火化证明），智能合约又能确认这一信息，那么区块链就能自动自发地将他的个人财产发送到 B 的名下。

这有点像股市中的自动挂单。股市开盘时，你就设定某个价格要买入或卖出多少股，当全天交易中一旦达到这个价格就会自动触发买入或卖出指令并成交，而不再需要你整天盯着看盘。

区块链公证

公证行为自从起源于古罗马时代的代书人制度后，很快便发展成为具备国家公信力的法律服务，并且覆盖范围不断扩大。在新技术不断涌现的今天，它正在遭到各类第三方存证业务的冲击，区块链便是其中之一。

2017 年 6 月，由福建、北京、广州、南京等地的 16 家规模较大的公证机构作为首批发起人，自发创建了我国第一个基于区块链的"公证专有云"；而站在它们背后的，则是分散在全国的 3000 多家公证机构。2018 年 9 月，该机构的第一个区块链公证应用实例"知识产权原创保护区块链公证"模块在中国知识产权公证服务平台上正式运行，从而标志着我国第一个区块链公证法律

---

❶ 蒋若静：《司法区块链为遗嘱加上"安全锁"》，载《北京青年报》，2018 年 10 月 4 日。

服务的诞生。

差不多与此同时的 2018 年 8 月 21 日，阿里巴巴也在"2018 网络安全生态峰会"上发布了保护电子商务原创设计的"首发创意保护"方案。中国知识产权公证服务平台的"公证 + 区块链"服务方案率先接入阿里巴巴原创保护平台，成为该平台第一批进驻服务单位，联合全国公证机构为电子商务的原创设计提供涵盖知识产权原创保护、交易安全、维权取证等全链条公证法律服务，构建多方位、一站式的知识产权保护新格局❶。

2017 年 12 月，万向区块链旗下的国内第一个中立的一站式区块链垂直 BaaS（区块链即服务）服务平台万云，也在与上海公证协会举行的行业会议上，端出了经过详细调研、多方取证并撰写的《公证区块链课题研究报告》，具体探索区块链在公证领域中的应用。

以知识产权与版权公证为例。区块链能够通过时间戳、哈希算法等对作品进行快速确权，证明一段文字、视频、音频不但存在，并且是真实的和唯一的，能够对版权时间顺序进行认定。公证处通过带有区块链接口的网络，对权利进行登记确认，便能实现即时确认。这样做，能够消除传统版权登记需要去专门的注册机构审批，由此造成的环节多、成本高、耗时长、变现难、供需不匹配等问题。从维权角度看，因为相关证据电子化后上传到了区块链中，区块链能够确保侵权内容不可篡改，这样就能极大地提高取证和维权效率。所需指出的是，这一切都离不开大数据和物联网等技术的共同参与，是不可能孤立存在的。

而在此之前的 2017 年 11 月，在北京公证协会与法国巴黎公证人公会联合举行的公证业务研讨会上，法方表示欧盟内部已经对区块链在公证行业中的巨大发展潜力寄予很高期望，并透露 2018 年欧盟内部的区块链公证项目很可能会首先在奢侈品聚集的意大利落地，并且第一个直接受益者很可能会是意大利时装品牌 Gucci。

区块链在公证行业最关键的用途是：减轻数据存储压力、提高存储安全性；加强行业内部、行业与其他部门之间的信息沟通、信息共享与协作；克服地域和技术局限；消除偶有发生的假错证现象❷。

---

❶ 《全国首个公证区块链正式上线，首个公证区块链协作组织呼之欲出》，中国网，2018 年 9 月 14 日。
❷ 铅笔盒：《万云：区块链可帮助公证行业创新改革，为互联网公证打下基础》，搜狐网，2017 年 12 月 18 日。

区块链发票和债券

从现状看，征信系统在我国拥有巨大市场。研究表明，截至 2017 年 5 月末，中国人民银行征信中心金融信用信息基础数据库已收集到 9.26 亿自然人、2371 万户企业和其他组织的相关信息。但这仅仅只是个人在银行机构的信用记录，维度相对单一，在其他维度还存在着巨大的市场需求和发展空间[1]。

发票和债券就是其中重要的征信，区块链在这方面大有可为。

区块链发票

税务发票是区块链在金融、财务、税务领域的一种综合应用场景，在企业内部涉及财务会计、企业管理、生产运营等多个系统，在企业外部除了涉及企业的资本权益，还有政府机关的行政权益、会计师事务所的信誉权益等多个维度，并且数量巨大。区块链发票的最大作用便是能整合上述领域和环节，建立场景共识，进行场景交易，并且通过智能合约，在税务机关追求税收最大化、纳税人追求纳税最小化之间求得平衡。

2018 年 5 月 24 日，腾讯公司与原深圳市国家税务局联合创建的"智税"创新实验室正式成立。根据合作协议，该实验室将利用区块链、云计算、人工智能、大数据等技术来挖掘和赋能税务场景，从税务管理、纳税人、政府宏观管理等多个角度，探索新一代生态税务管理现代化平台。

在这其中，重点是探索区块链下的数字发票解决方案，包括企业在区块链下的发票申领和报税、报销和收款，税务部门如何利用区块链实现全流程监管和无纸化税务管理，以及申报征收、证明办理、风险评估、税务信用、税务登记、发票管理等闭合数字发票生态链[2]。

2018 年 8 月 10 日，深圳国贸旋转餐厅开出了全国第一张区块链电子发票

---

[1] 《金融区块链研究报告》，中国信息通信研究院、腾讯研究院，2018 年 7 月。

[2] 郑磊：《腾讯携手深圳国税成立"智税"创新实验室》，新华网，2018 年 5 月 24 日。

（图 5–1），便是上述“智税”创新实验室的一个重点项目。随即，该市有多个商家作为试点用户可以开具区块链电子发票，标志着深圳已经成为全国区块链电子发票的第一个试点城市，也标志着我国纳税服务正式开启区块链时代。

2019 年 11 月 8 日，深圳市税务局副局长李伟在相关研讨会上透露，深圳市前海开发区试点一年多来已开出区块链发票 1000 多万张，腾讯、平安、万科等企业都是其用户。从 2020 年 1 月起，将实现电子发票全覆盖，无限量供应区块链电子发票[1]。

在传统场景中，顾客需要在商家开具发票后，经过单位报销才能拿到报销款；商家需要在消费者结账时安排专人开票，营业高峰时很可能会出现排队开票，以及因为开票慢、开错票引发纠纷等现象。采用区块链电子发票后，顾客在结账时便可以通过微信一键申请开票、存储、报销，实现“交易即开票、开票即报销”，不但资金流、发票流二合一，还能实时查询开票报销状态。

采用这一技术后，商家可以在区块链上实现发票申领、开具、查验、入账，顾客可以实现链上储存、流转、报销，税务机关可以实现全程无纸化监管，全流程完整追溯、信息不可篡改，从而有效规避假发票和一票多报、虚报虚抵现象。除此以外，还具有降低成本、简化流程、保障数据安全、确保隐私等作用[2]。

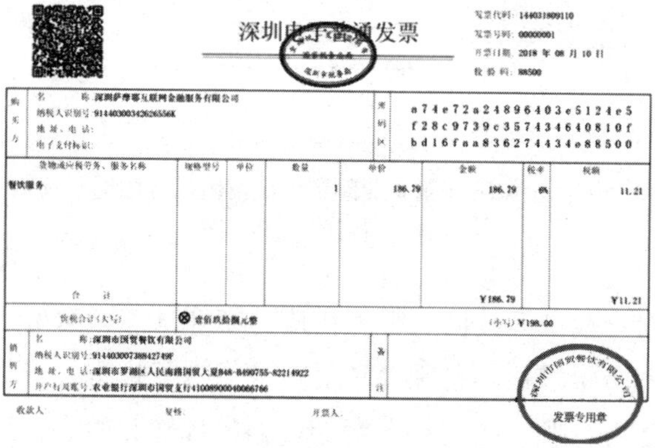
深圳电子普通发票

发票代码：144031809110
发票号码：00000001
开票日期：2018 年 08 月 10 日
校验码：88500

购买方　名称：深圳萨摩耶互联网金融服务有限公司
纳税人识别号：91440300342626556K
地址、电话：
电子支付标识：

密码区：
a74e72a24896403e5124e5
f28c9739c35743464081 0f
bd16faa836274434e88500

货物或应税劳务、服务名称	规格型号	单位	数量	单价	金额	税率	税额
餐饮服务			1	186.79	186.79	6%	11.21
合　计					¥186.79		¥11.21

价税合计（大写）：⊗壹佰玖拾捌元整　（小写）¥198.00

销售方　名称：深圳市国贸餐饮有限公司
纳税人识别号：914403007388427 49F
地址、电话：深圳市罗湖区人民南路国贸大厦848-8490755-82214922
开户行及账号：农业银行深圳市国贸支行41008900040066766

备注

收款人：　复核：　开票人：

发票专用章

图5–1　全国第一张区块链电子发票
（图片来源：深圳新闻网）

---

❶ 潘亦纯：《区块链应用于税务：深圳试点已开 1000 万张区块链发票》，载《新京报》，2019 年 11 月 9 日。

❷《全国首张区块链电子发票在深圳开出，开启纳税服务新时代》，腾讯网，2018 年 8 月 10 日。

2018 年 8 月 17 日，京东集团也正式推出了自主研发的区块链服务平台"智臻链"，通过联通中国太平洋保险"互联网采购（e 采）平台"和京东大客户"融聚"系统，落地了"区块链增值税专用发票电子化项目"。8 月 15 日双方联合开具的我国第一张区块链电子化增值税专用发票（图 5-2），标志着京东集团向社会全面开放了京东区块链技术和应用。而在此之前，它已经经过大规模的实际商业应用实践检验，并且已经有超过 12 亿条溯源上链数据，拥有行业领先的秒级区块链节点部署。具体地说就是，只要短短 30 秒钟就能部署这套傻瓜式企业级区块链平台，一步跨入区块链应用大门，这上面的记录所有参与者都能看得到。

图5-2　全国第一张企业间区块链增值税专用电子发票
（图片来源：百度网）

京东集团副总裁、大数据与智能供应链事业部总裁裴健表示，该区块链技术发展分为三个阶段：一是围绕核心业务点进行推进，形成相应的应用范围和平台；二是与行业、政府和平台结合形成规模和生态；三是最终形成跨行业的区块链大平台❶。

---

❶ 《京东推出首个企业间专票电子化区块链应用》，金融界网，2018 年 8 月 17 日。

区块链债券

就在中国开出第一张区块链电子发票的同一天，即 2018 年 8 月 10 日，世界银行宣布已授权澳洲联邦银行发行全球第一只完全运用区块链技术来建立、配置、移转和管理的债券。这表明，区块链作为加密货币的底层技术正在与加密货币市场逐渐脱钩，加紧步伐寻找自己的扩展空间，并已获得越来越多的大型主流机构认可。

这项名叫 "Bond–I"（区块链发行新债券工具）的债券由澳洲联邦银行负责筹划，目标是投资 1 亿澳元（约合人民币 5 亿元）。消息一传出，就引发投资人强烈兴趣。据悉，债券推出后将在世界银行和澳洲联邦银行共同经营的区块链平台上进行发行和销售。

而在此之前，已经有一家英国公司 Nivaura 在英国金融行为监管局的监督下尝试通过区块链技术来发行债券。美国加利福尼亚州柏克莱市政府也曾经表示，正在探索如何采用区块链发行市政债券。而这次世界银行的最先入局，意味着这次区块链债券的发行不但是全球最早的，也是全球层级最高的。

要知道，世界银行过去每年都要发行五六百亿美元的债券，用来支持新兴经济体发展。但显而易见的是，今后广泛采用区块链发行债券后，会因为减少不必要的中间环节，而使得发债过程更有效率。相关负责人表示，传统条件下债券销售结算的时间是 T+2（天），未来采用区块链技术后很可能会变成 T+2（分钟）[1]。

区块链学历证明

在教育和就业领域，伴随着对学历的重视，文凭造假行为也是层出不穷。而当采用区块链技术后，这一难题有望迎刃而解。

国外的区块链学历

美国麻省理工学院研究员朱莉安娜·纳扎雷和学术创新部主管菲利普·斯

---

[1] 《从深圳的一张发票到世界银行债券，区块链正逆势迈向主流》，搜狐网，2018 年 8 月 15 日。

密特，曾经在论文中介绍了基于区块链的学术认证，认为用人单位利用区块链便能迅速判断求职者的学历信息是否真实、可靠，而这一点现在已得到实际应用。

2015年10月，美国旧金山的霍伯顿软件工程学院就开始利用区块链来记录学生的学业完成情况了，这也是全球第一所用区块链认证学历证书的学校。

为什么要这样做呢？该校联合创始人西尔万·卡拉什表示，因为学校理解招聘单位在辨别学历真伪方面所面临的困难，所以采用这一招来帮助它们解除后顾之忧。

他说，这样一来用人单位就不再需要花时间打电话去学校咨询或找第三方机构确认学历真伪了；对于学校来说，这样做的好处是，可以节省很多人财物力，至少不用去建数据库了。而他们的学生则"非常乐意看到他们的学位证能够得到认证，他们同时也看到了这项技术的发展潜力。现在已经有很多公司投资开发区块链，学生们非常骄傲我们学校能够第一个这么做 ❶"。

2016年，麻省理工学院也尝试着用区块链文凭来作为普通纸质文凭的补充。消息传出后引起国际广泛关注，英国伦敦大学、澳大利亚墨尔本大学、俄罗斯金融大学等高等学校也纷纷开展相关研究及应用。2018年6月，麻省理工学院在取得试点成功的基础上，决定为所有新毕业生提供区块链文凭。

而这时候所谓发放毕业证书，其实只是给学生发送一封电子邮件，告知如何下载 Blockcerts Wallet，然后直接将其导入到应用里即可。这样做有两大好处：一是学生能够及时、可靠地获取学历证明，仅仅只需下载一个APP；二是潜在雇主不再需要打电话给学校确认文凭真伪 ❷。

国内的区块链学历

2018年8月，福州大学阳光学院2017名应届本科毕业生除了拿到了传统的纸质毕业证书和学位证书，还有一份基于区块链技术的数字毕业证书（图5-3），从而成为我国高校第一批获得数字毕业证书的大学生。

能看到，在该校官网上设有数字证书系统入口，并能演示数字证书系统的部分核心功能。毕业生登录自己的安全账号后，便能找到自己的"证书资产"，然后点击"打印"，一张包含可认证信息的PDF格式的数字毕业证书便

---

❶ 徐明星等：《图说区块链》，北京：中信出版社，2017，P188。
❷ 《麻省理工毕业生本月将获得区块链毕业证书》，金融界网站，2018年6月4日。

可轻松生成出来。

这样一来，毕业生找工作时就再也不用随身携带纸质证书了，更不用动不动就拍照、复印，弄不好还要把证书搞丢了；只要随身携带一个链接和二维码，随时随地都可以打印出来，十分方便。

这张区块链文凭是由阳光学院、台湾高雄科技大学、台湾阳光区块链科技有限公司联合开发的。研发团队负责人介绍，区块链毕业证书最大的优势是安全可靠防篡改，可有效防止证书造假，并能随时查看和分享。与传统的学信网认证相比，它能为学生提供更多项证明，学生本人、学校及相关利害关系人，都可以在学生本人授权后，取得该生在校期间的毕业学位、辅修证书及奖惩记录，从而更加全面地了解该生培养过程，既能获取公开而全面的权威信息，又能很好地保护个人隐私❶。

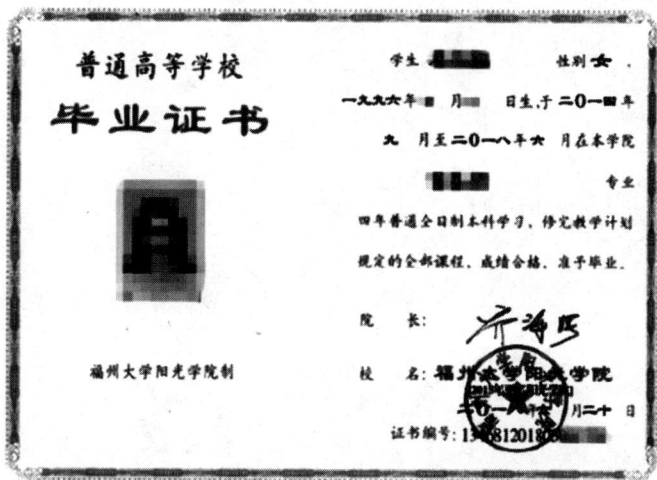

图5-3　我国第一张区块链毕业证书
（图片来源：新浪微博）

---

❶ 卞军凯、林洛羽：《两岸高校携手成功研发数字毕业证书》，载《福建日报》，2018年8月12日。

第6章

区块链@公益与慈善

互联网文化与生俱来的平等、开放、互助基因，非常契合公益和慈善业要求公开透明的特点，确保资金流向清晰可查、财务信息真实可靠、可匿名性并保护隐私。一切都是那么天衣无缝。

中编
领域

◆ 安全是公益的生命线

◆ 谁来监管救助资金

◆ 彩票发行是块肥肉

◆ 精准的应急众筹

安全是公益的生命线

互联网目前已高度普及。而互联网之所以能做到这一点，离不开许多几乎免费的公益服务，例如域名服务（DNS）。否则，几乎所有网站都无法打开，而这项查询域名的服务便是免费的。

试想，如果查询每项域名都要付费，哪怕是象征性收费，都会使得互联网访问寸步难行。就好比高速公路收费，如果上面每隔 1 公里就设一个收费站，哪怕每个站只收 1 角钱，这高速公路也会寸步难行！

不用说，这种免费服务不能以损失安全为代价，安全是公益的生命线。也就是说，域名访问这种基础性服务不但要免费，而且还要安全、可靠。依然以高速公路为例，如果路况非常糟糕，随时有人仰马翻的危险，即使免费又或者还有奖励，你会想象还有人敢上去开吗！

具体到区块链来说，因为区块链具有分布式 DNS 系统，所以完全可以提供类似公共服务，不但性能可靠，而且十分安全。

慈善援助基金会发布的一份长达 20 页的《捐赠链——慈善和区块链》报告显示，2016 年美国慈善机构总收入超过 2 万亿美元，其中 3730 亿美元是慈善捐款。在区块链下，人们对慈善事业的贡献方式、慈善机构使用捐款的方式都将得到改变——对捐赠人来说，不必经过金融机构就能实现点对点捐赠，不用担心善款会被挪用，无须顾虑受赠机构的可靠性，可以在公开特定信息的同时实行匿名捐赠；对于慈善机构来说，通过增强公信力就能拓宽捐助者范围，能够节省筹款成本、缩短筹款时间，能够绕开区域和政策性捐款限制。

例如，2016 年 7 月，蚂蚁金服与中华社会救助基金会合作，通过区块链在支付宝爱心捐赠平台上推出"听障儿童重获新声"慈善项目；12 月又上线了新版本，增加了"和再障说分手"与"照亮星星的孩子"项目。由于这些项目的每一笔善款都能全程追踪，所以大大提高了公信力。2017 年 3 月 16 日，支付宝上所有爱心捐赠项目均接入到了蚂蚁区块链平台。截至 2018 年 1 月 18

日，共有 2100 万支付宝用户向 831 个公益项目捐赠，总额高达 3.67 亿元，捐赠人次 2.2 亿 ❶。

值得一提的是，利用区块链能够打通信息孤岛、实现数据资源共享的优势，还能大幅度提高公益事业效率。

举例说，在过去，父母如果要寻找丢失的孩子，必须分别在各个寻人平台上注册、发布信息，非常费时费力；不但如此，如果孩子在某个平台上已经找到了，可是因为其他平台不会同步获得信息，所以依然会在那里发布寻人启事，这样也就造成了信息资源的浪费。

针对这一点，2017 年 5 月腾讯区块链落地了"公益寻人链"项目，链接起腾讯内外的多个寻人平台，实现了各大平台的信息共享，这就大大提高了寻找走失儿童的协同效率。

区块链初创项目 Lelperbit 认为，要想提高公益慈善公信力，最有效的办法是把捐款人和受助人有效链接在一起，让所有人都能看到捐款流向。而不用说，区块链的公开账本就是实现这一目标的有效途径。

该系统基于一个免费增值模式，能够为捐款者提供以下两个方面的帮助：一是安全免费的点对点的比特币捐助体系，捐款者完全属于自愿，捐款数额没有任何限制；二是为捐助者提供有偿的额外服务 ❷。

捐赠流程透明、可靠、可信，一切有据可查，这当然会增强所有人对慈善事业的信心，令其健康地发展壮大。

例如，号称全球第一个比特币非营利组织的基金会 Bit Give，2016 年 3 月就为肯尼亚西部一所女子学校挖了一口水井，让这 500 名学生喝上了干净的饮用水。这项捐赠活动，就是该基金会利用比特币社区捐赠的价值 1.1 万美元比特币，与救助儿童会和水资源项目等非营利性组织建立合作关系，通过透明、去中心化的区块链技术来完成的 ❸。

❶ 国家工业和信息化部信息中心：《2018 年中国区块链产业白皮书》，2018 年 5 月，P88。
❷ 井底望天、武源文等：《区块链世界》，北京：中信出版社，2016，P159。
❸ 《区块链改变人们对慈善事业的贡献方式》，牛顿区块链研究院，2018 年 7 月 8 日。

谁来监管救助资金

公益慈善事业要想得到健康发展，最主要的是公信力，其中包括救助资金的监管和分配。而现在，恰恰在这方面做得还很不够。人与人之间本就缺乏信任，而每当这时候这种不信任感瞬间会被成倍放大。

例如，如果"向你借钱的人比你更有钱"，性质就很严重。这句话以前多用在借贷上，现在已经蔓延到公益和慈善上。借贷只是一种资金融通方式，双方互惠互利；而捐款则是单向赠与，不容许欺骗世人的善良。

救助资金的监管最突出的问题有两点：

一是慈善资金募捐和分配中经常出现中饱私囊、挪用公款、分配不公等腐败行为，另外就是作秀事件频频发生，严重损害应有的公信力。

例如，2011年6月20日，一位名叫"郭美美Baby"的网友在新浪微博上自称自己"住大别墅，开玛莎拉蒂"，一看其身份认证居然是"中国红十字会商业总经理"，从而引发网友对中国红十字会捐款去向的强烈质疑——年纪轻轻20岁的女孩凭什么就当上"总经理"，过着奢靡的生活在网上炫富，这与慈善机构"红十字会"有关吗？而当中国红十字会两次出来辟谣后，郭美美在微博上回应说，她所在的公司与红十字会是合作关系，专门负责签订人身保险或医疗器械等广告合约，将广告放在红十字会免费为百姓服务的医疗车上。这下更让公众对这种合作模式产生非议，大大降低了慈善机构的公信力。"郭美美事件"爆发后至今，中国红十字会依然元气大伤。

二是捐款和物资捐助时不知受捐人真实情况，如是否确实需要钱、需要某种物资或其所需数量，以至于不是数量就是品类不匹配，达不到理想的救助效果。

举个最简单的例子，A、B两个人生了同样的大病，家庭同样困难，A由于在网上发帖求助，于是获得了大量捐助，以至于到后来钱多得用不掉，还有大量的钱财用于个人和家庭挥霍；而B则因为没有或不懂在网上发帖求助，只能躺在那里绝望地等待死去。这种情形就与捐款人与受捐人互不知情或不信任有关，于是这种不适当的爱心便会成为社会负担。

可是在区块链下，上述两大情形都有望绝迹。究其原因在于，区块链能够实时记录和监控每一笔捐款捐物的来源、数量、流程和去向，能够做到"钱尽其流""物尽其用""不多不少不浪费"。

举例说，如果你通过区块链系统向某慈善机构捐了100元钱，那么平台就会自动记录这100元钱是什么时候入账的，前前后后的转账过程，最终转到了哪里，用在哪个人身上，做了什么用途，让你的爱心不会白费。

再例如，上面的那个A假如他设定的最终募捐额度为30万元，那么区块链平台便会按照先后次序，自动记录有哪些人给他捐了款，每个人分别捐了多少；并且，这些捐款是全部流向A所在就诊医院而不是他个人账户的。一旦捐款达到最终捐助额度30万元时，后面捐助者的款项就进不去了。因为区块链平台原先的智能合约就只设定了30万元，不会出现多余钱财供病人挥霍浪费的情形。

与此同时，那个没有上网求助的病人B，区块链也会忠实记录他的家庭经济、社保医疗、收入状况。当平台智能合约判断B需要社会救助时，就会自动向全网发出求助信息，号召大家向他捐款捐物。这样，就又重新回到了上一步，让B享受到与A同样的救助地位（当然求助额度可能会有不同），不至于因为缺乏救助而凄凉地死去。

可以想见，区块链下爱心不会付之东流，人与人之间具有高度的信任感，慈善机构也充满公信力，所以公益慈善事业会有大发展，在缩小贫富差距、促进社会和谐、体现人间爱心方面会有大作为。

例如，2017年9月，"美丽中国支教项目"发起的"守梦天使寻找之旅"公益活动在京东公益物爱相连平台正式上线，不到5个小时就完成了物资募集目标。这次全国首例应用区块链进行物资公益捐赠流程追溯的尝试，开启了"科技＋物资公益"跨界新模式（图6-1）。

其具体流程是：先由双方对接，通过项目老师获取受助对象的物质需求，然后与京东公益平台上的资源进行匹配，由京东物流系统将物资运送至项目地点，由项目老师发给孩子们。

值得一提的是，项目结束后每一位捐助人都会收到一条含有京东区块链追溯证书的追溯流程链接。只要点开该链接，就能看到自己捐助礼物发出的物流信息、当地老师接收物资的信息、孩子们在接受礼物后的反馈信息，全程透明并不可篡改❶。

图6-1　美丽中国京东公益区块链追溯编码
（图片来源：搜狐网）

彩票发行是块肥肉

购买彩票是公民献爱心的一种表现，但也有许多人对此持怀疑态度。尤其是彩票的网络发行，可信度更低。而事实上，即使线下的彩票发行也有许多猫腻，更不用说非法彩票网站打着这样的旗号搞体外循环了。

举例说，在我国，如果你要购买彩票通常会选择中国体育彩票或中国福利彩票。这些彩票网站却告知，它们也可以作为中介为你代买彩票，中奖了你的奖额一分不少，没中奖当然大家都一样。那既然如此，为什么要到它那里去买彩票呢？最关键的一点是费用低，说穿了可以拿费率。

---

❶ 《美丽中国与京东公益启动合作，首例区块链物资公益问世》，搜狐网，2017年9月14日。

对于购彩者个人来说，如果他们购买的彩票确实存在，彩票网站买彩票倒也不是一件坏事；而要命的是，其中有相当一部分彩票网站拿了你的钱之后并没有真的去为你代购彩票，而是直接进了他们的腰包。

例如，如果你在体育彩票中心或福利彩票中心花2元钱购买一注彩票，如果这注彩票中了奖，你便可以拿到相应奖金；如果该注彩票没中奖，这2元人民币就权当是献了爱心。现在你在第三方彩票网站买彩票，原来每注2元现在只需支付1.9元或1.8元，这对你来说当然是有利的，因为最终的开奖结果一样。但现在的问题是，这些彩票网站收了你的彩金后，并没有真的去为你代购体育彩票或福利彩票，而是直接进了他们的小金库——如果这注彩票没中奖，你的彩金就为他们献了爱心；如果你的彩票中奖了，比如中了5元、10元、200元、300元、1000元、1万元等等，他们就会从小金库里自掏腰包也同样为你"兑奖"。但一旦彩民中了大奖，例如500万、1000万甚至上亿元，这些所谓的彩票网站就兑付不了了，或者明明可以却不肯兑付，这时候就会三十六计走为上，一跑了之。

容易看出，这就是我们通常所说的"私彩"。

那么，怎样来防止私彩呢？目前看来并没有什么好的办法。虽然政府一直在严厉打击，但由于其获利相当丰厚——什么都不投入，什么都不用做，利润率就能接近50%，而且收的是现金，没有应收款，也没有其他税金、费用什么的，必定会诱使不法分子利令智昏、铤而走险。

可是，区块链却能彻底根除上述乱象。

区块链具有数据不可篡改的特点，能够忠实记录每一位彩民的购彩记录，并追踪其资金动向，每一次购彩行为都公开可查；与此同时，一旦彩票中奖，便会根据原先设定的智能合约条件，自动把中奖金额返回给彩民账户，这样就很好地保护了彩民利益，把人为操纵因素减少到最低程度。

说完了"私彩"说"官彩"。有人认为，即使是官方发行的彩票，未来也是区块链最好的应用场景之一。

具体原因在于，目前全球150多个发行彩票的国家，都有彩票发行机构和代理机构，种种不透明的中心化运作模式造成了发行主体、中奖客体、发行标的、运行规则均不透明，更谈不上公平和可信，发行成本更是居高不下。而区块链的种种特性恰好能消除上述弊端。可以设想，未来的区块链彩票将会没有国别限制、没有汇率限制、没有时间限制、没有猫腻嫌疑，开奖信息完全透明可查，记账系统不可篡改，智能合约不用手动兑奖（一旦中奖，奖金将会自动返回到你购买彩票的账户），中奖者身份保密，中奖额度也会大幅度提高。

正因如此，全球有多个国家都在跃跃欲试区块链下的彩票发行。

精准的应急众筹

在公益慈善事业中，必不可少地包括一些应急众筹。区块链透明、可追溯的特点，能够确保善款精准地到达最需要的人手里。

从精准性来看，媒购电商在销售扶贫合作社生产的"怒江乡味"系列木瓜醋时，就结合区块链技术的优势来完善品牌定位，大大提高了产品附加值和销售收入。在中国交通建设集团及怒江州地方政府的支持下，协助带动当地百余户贫困户脱了贫致了富[1]。

从众筹效果看，人类历史上最大的一次众筹活动 DAO，就是凭借区块链技术来进行资金管理和投放的，以至于才达到如此空前的规模。

The DAO 是人类历史上第一个完全由计算机代码控制的、最大的众筹项目，其全称 Decentralized Autonomous Organization，中文翻译过来的意思是"去中心化自治组织"。你可以理解为这是一家完全由计算机代码所控制的企业；当然，这也是全球第一家同类企业。而这次众筹，也因此成为人类历史上最大的区块链众筹项目。

不用说，在这样一家企业里，因为没有任何部门和工作人员，所以也就没有各种官僚、倾轧、推诿，唯一的存在便是在那里默默工作的机器。而且，由于一开始就没有传统的网站服务，完全是在以太坊上根据智能合约进行操作，所以其精确度不受任何因素包括断气、断水和断粮的影响。所有成年读者都会想象得出，这将是一种何等伟大的历史性变革！

这次区块链众筹具有以下特点[2]：

---

[1] 国家工业和信息化部信息中心：《2018 年中国区块链产业白皮书》，2018 年 5 月，P88。

[2] 张海宁：《道 or 悼？三分钟看懂史上最逆天的区块链众筹项目 The DAO》，巴比特，2016 年 5 月 26 日。

（1）The DAO 的本质是一家风险投资基金。不过它的资金是加密数字货币以太币，只存在于虚拟的数字世界，所以既不受任何政府组织监管，又无法轻易被个人动用（资金使用必须接受智能合约中的代码制约，所以才叫"自治"）。在这其中，所有参与者都是通过以太币兑换成投票币 wei 来进行的，兑换比例采用 Early bird 原则，即越早参与付出成本越小。

（2）每一个参与众筹的人都具有审查该项目和投票表决的权利，具体份额由出资比例来决定。从这一点上来看，DAO 通证有点像股票，而这些参与者当然就像股东了。只是它从来不承认自己是股票和股份，也不承诺对应任何资产。

（3）核心思想是"相信多数人的选择是正确的"。项目议案必须由全体通证持有人投票表决，每个通证一票。只有该议案得到所需票数支持，相应款项才会划给某个投资项目，所以它具有高度民主性。这和传统风险投资中由经验丰富的基金经理来决定投资策略完全不同，称之为"众智"。

（4）根据众筹的性质，如果项目有了盈利，会根据智能合约回馈给每个众筹参与者（股东）；如果项目失败了，也会由他们共同承担损失。

从众筹效率看，以太坊在全球的 6000 多个计算机节点可以同时运行同一个应用，所以这次众筹只有几百行代码。这些节点共同担负着以太坊数据（账本）的维护、备份工作。所以，即使部分节点失效也不会影响整个网络运行；相反，网络维护得好的节点则会根据一定规则收到以太币。因为一共只有几百行代码，所以在这次众筹活动中，平均每一行代码筹集到的资金高达10 多万美元。

The DAO 主要有两个项目计划书。一个称之为 Slock.it，主要是整合物联网和区块链，提供去中心化智能锁等设备。The DAO 代码主要就是他们编写的，但由于这是开源项目，所以这些代码编写者并不拥有某种特权，也就更谈不上控制权了，一切都根据智能合约自动运行。另一个称之为 Mobotiq，提供 P2P 自助租赁电动汽车，这种全新的商业模式显然比优步、滴滴打车等又更进了一步。

可以说，无论人们对 The DAO 存在什么样的争议，也无论区块链技术本身是否已经成熟，都无法否认它的透明化和便利性对未来人类社会的发展和管理具有不可或缺的指导作用，否则，也不会有那么多参与者纵容它成为全球最大的众筹项目了。

截至 2016 年 5 月末，在全球融资规模最大的 25 个众筹项目中，就有 5 个属于区块链项目，它们分别是以太坊、Lisk、Digix DAO、Augur 和 The DAO。在这其中，当时刚刚众筹结束的 The DAO 在一年多时间里共融到 1207 万个以太币，融资额高达 1.3232 亿美元，位居全球众筹排行榜第一位，想不成为全球网红都难 ❶。

---

❶ 王英明：《关于 The DAO 众筹模式引发的思考》，南湖互联网金融学院，2016 年 6 月 6 日。

第7章
区块链@投票与预测

无论身份注册、投票表决还是各种社会经济预测，区块链的去中心化、公开记录、匿名、不可篡改特性，都能确保最终结果最大限度地反映参与者真实意愿，同时最广泛地吸引参与者。

中编
领域

◆ 真实反映选民意愿
◆ 足够强大的投票系统
◆ 谁都可以发起投票和预测
◆ 无聊的预测会增多

真实反映选民意愿

对于选民来说，无论什么样的投票选举，都希望能够反映自己的真实意愿；而对于被选举人和主办方来说就不一定了，他们千方百计想操纵选举结果朝自己所希望的方向走。这便是古今中外各种公开选举或内部推举丑闻迭出的根本原因。

在传统投票方式下，虽然也有各种稽核、监督手段来确保舞弊行为尽可能减少，但要从根本上杜绝并无可能，是区块链让人们看到了希望。

Follow My Vote的投票机制

区块链能够在选民注册、身份确认、投票过程、选票统计等全流程确保真实反映选民意愿，投票结果不会被篡改或移除，从而促进公平和民主。Follow My Vote 公司在区块链上开发的一种投票系统就是如此。

该公司创建于 2012 年 7 月，这两年与美国弗吉尼亚理工大学进行合作，并给该校师生讲授加密学和区块链技术。

2014 年，该公司就开发出了一个透明、诚实的投票系统，用于准确测量个别议题的民意倾向，并有效建立一致共识。也就是说，这个系统考虑的并不是谁能投票，而是谁来计算选票，确保选票真实反映选民意愿。

该系统的最大特点是开源、可审计、安全高效，并且端对端，这样就能防止在投票过程中出现安全漏洞。投票时，不必像传统方式那样一个个排在投票箱前，依次在众目睽睽甚至摄像头下塞入箱内；而是可以在任何能上网的地方，拿着身份证在摄像头下操作完成。就像目前许多网上银行和理财平台需要验证身份时那样，无论何时何地都能进行操作。

因为区块链具有可审核的特性，所以其他所有选民都能回看实时投票情况，一点弊都作不了；又因为区块链的分布式账本特性，所以每张选票都是匿名而且不可篡改的。

除此以外，与传统投票箱投入以后就不能取回相比，选民可以通过他们的私钥和选民身份证，随时更改选票，以确保符合自己的真实意愿。

还有就是，传统纸质投票唱票过程冗长，容易受人操纵或故意唱错、漏唱等，区块链投票因为没有这些环节，也就不存在这方面的差错和猫腻。

现在回过头来看，"英国退欧"❶事件后许多英国人质疑投票结果，原因之一就是当时的投票系统无法提供实时数据，人们更加想念和期盼类似 Follow My Vote 提供的这种区块链投票系统。因为一旦将区块链加入投票系统，就可以克服这一弊端——不但支持来自智能手机的提前投票，而且还能实时查看投票箱，在选举中随时改变主意，当场提供实时投票结果，公开、透明地审核投票数量。

早在 2016 年之前，Follow My Vote 就已经多次成功地举行了这样的实践。具体原理是，区块链通过网络节点安全管理数据库，让用户通过网络摄像头和政府发行的身份证，连同智能手机，登录自己的投票 ID，来打开投票箱，找到他们的投票并检查是否正确。由于每一个网络节点都有数据库副本，没有完成的交易将会加入到区块中去，通过哈希评分来判定是否有效；而每一个新区块也都有哈希功能，并且必须和之前的区块相关联（术语叫"链"），所以不可能出现欺诈行为，否则该区块就会被驳回 ❷。

综上所述，与传统投票系统相比它有以下两大特点：

一是从投票系统看，投票者不但可以通过该系统随时检查自己是不是已经投了票，投票人选是否符合自己的意愿，还能看到实时计票结果，如果有需要，可随时修改选项。而在传统投票系统中，这是很难做到的。

二是从验票系统看，由于该系统开源软件代码供社区用户审核，所以既能验证投票人身份，防止重复投票，又能注重保护投票隐私。

Vote Watcher的防篡改投票机

另一家区块链投票公司 BTC 的做法则略有不同。

2016 年 9 月，位于美国纽约的区块链公司 Blockchain Technologies Corp（BTC）与比特币开发商 ATM 透露，它们正在开发一种名叫 Vote Watcher 的防

---

❶ 英国退欧也叫"脱欧公投"。2016 年 6 月 23 日,英国就是否脱离欧盟进行公投,计票结果支持人数占 52%,反对人数占 48%。26 日,因不满公投结果,民众发起联署签名请愿,呼吁二次公投。2017 年 3 月 16 日,英国女王批准脱欧法案,19 日与欧盟达成过渡期 2 年的协议。

❷ 《区块链可以改革选举吗》,搜狐网,2016 年 7 月 28 日。

篡改投票机。据介绍，这种机器具有两大核心功能：

一是恢复纸质选票，正确捕获选民意愿，维护选民信任。要知道，虽然21世纪初的投票技术就已经进入无纸化投票阶段，但这种无纸化技术一直备受挑剔。而这次该公司虽然采用了区块链技术，却又再次恢复了纸质投票。该公司认为，它们在提供选举解决方案方面既有经验也有自信，并且这种解决方案已经被运用在了美国德克萨斯州和纽约州的自由党选举中，被认为是成功的。

二是让选民相信自己的选票得到了正确计票。BTC认为，要做到这一点，就要建立在纸质选票基础上，在整个过程中扫描能够看到投入机器的纸质选票，然后把选民的选择记录下来。之后扫描得到的数据连同该选票照片的哈希值都会上传到区块链上，从而确保不被篡改。

该公司首席执行官尼克·斯帕诺斯认为，无纸化投票在审核结果时面对的只是代码和机器，没有原始记录，所以纸质选票才是"确保安全和准确选举的唯一途径"。也就是说，纸质选票在其中所起的作用只是用来事后复验，不会影响区块链在选举投票中发挥"全新的数据完整性范式"作用 ❶。

足够强大的投票系统

现代投票系统已经不再仅仅局限于一时一地，而是可以在全国乃至全球各地同时展开。为了确保投票公正、真实地反映选民意愿，就需要通讯系统足够强大和安全。在这方面，区块链技术大有作为。

区块链投票系统的实际应用

2018年3月，俄罗斯莫斯科市政府启动了一项名为"数字之家"的社区便民服务，从而使得该市居民可以通过区块链投票平台进行电子投票。

2018年6月，瑞士有"加密山谷"之称的楚格启动了区块链上的电子投票平台测试，目的就是要研究如何提高投票数据的可信度。楚格城市虽然不

---

❶ 枯叶子：《"公共记账簿"？哼，区块链远比你想象的强大得多》，阿里云，2016年9月13日。

大，可是在加密货币界却有区块链孵化器之称，拥有大量的区块链和加密货币公司。正因如此，该市在 2017 年 11 月就建立了电子身份识别系统，先在 200 位公民中进行试用，然后在 2018 年 6 月又转移到区块链后端系统进行测试，选民用手机应用程序为党派代表和当地发展投票。在为期一周的测试中，选民会被问到两项公共活动偏好：一是在湖滨节举行烟花表演，二是在图书馆和停车场使用数字 ID。除此以外还有区块链数字身份证系统未来是否应该用于常规公民投票等内容。2017 年瑞士联邦铁路、瑞士证券交易所、瑞士邮政等私营企业财团纷纷推出了全国范围内的瑞士数字身份系统，虽然这些电子身份系统都不是为选民投票设计的，但瑞士政府试图通过区块链来推动电子投票的想法显而易见。该国政府表示，希望 2020 年之前国内有 2/3 选区能够实现电子投票[1]。

2018 年 8 月，从 20 世纪 60 年代以来就一直以科学发展在全球著称的日本筑波市，完成了一个区块链项目测试。该市选民利用区块链在物联网和人工智能应用提案中选出自己支持的社会发展项目，119 张选票数据被加密存储。系统将身份验证机与去中心化网络集成在一起，选民的身份证在机器上进行核实后，便可以自由选择他们喜欢的方案，然后将投票结果通过防篡改的分布式网络进行加密后存储。该市表示，测试流程比原来预计的要简单得多。如果该项目在经过进一步审查后被证明是可靠的，当地政府将会把这项区块链投票系统的服务范围扩大到生活在山区边缘、岛屿甚至国外的选民中去[2]。

事实证明，去中心化通信系统 Bit Message，在点对点通信的基础上能够切实保护用户隐私和匿名性。在协议设计上，它充分参考了比特币的做法，所以拥有与比特币同样的地址编码机制和消息传递机制，能够用工作量证明机制来防范网络受到大量垃圾信息的冲击。与此相似的，还有去中心化微博系统 Twister、去中心化 DNS 系统 Dot-Bit。

例如，一个用 Solidity 语言编写的智能合约，其中就含有自动且透明的投票应用。发起人发起投票后，就可以将投票权赋予投票人；投票人既可以自己投票，也可以把自己的选票委托给其他投票人帮助投票；任何人都可以公

---

[1]　Shaurya Malwa 文，Allx 编译：《区块链投票系统在瑞士数字货币友好城市楚格试用》，巴比特资讯，2018 年 6 月 15 日。

[2]　Wolfie Zhao 文，蜜蜂财经编译：《日本城市试验区块链在线投票系统》，网易网，2018 年 9 月 3 日。

开查询投票结果，这样也就省去了传统的唱票和监票过程。

2018 年 8 月，美国弗吉尼亚州举行了一项通过区块链进行投票的实验，目的是看它究竟能否方便居住在海外的选民进行投票。在过去，美国的海外选民只能通过邮寄方式投票，所以存在着许多隐患，最常见的是邮递信封可能会被拆开，或根本就送不到。例如，2016 年美国邮寄至海外军人处的投票用纸就有高达 16% 的比例并没有送达，而区块链投票系统则有望一举解决这个难题❶。

2018 年 9 月，印度国家证券交易所也表示已经与该国区块链创业公司 Elemental 进行合作，采用区块链技术来实现低风险、低成本的电子投票系统。相关负责人表示，该交易所将会采用该公司平台构建和管理前段应用程序，区块链有望提高电子投标过程透明度❷。

区块链投票系统的优势何在

所有上述努力，都是为了采用区块链投票技术来克服传统纸质投票系统的不足，这主要包括以下三方面：一是从传统纸质投票角度看，它虽然有许多好处，但比较适合选民数量较少的情形，否则，便会在纸质资源方面造成浪费，统计投票结果时又容易出现差错，更有选民因地处偏远无法参与投票；二是从电子投票角度看，虽然它能克服上述纸质投票的缺陷，可是在数据安全上又容易存在问题，尤其是遭到黑客攻击而被篡改选举结果；三是无论传统纸质投票还是电子投票，都存在着暗箱操作的可能性，并且在人为操纵后难以追查责任和真相。

与之相比，区块链投票的优势则主要体现在以下三方面：一是每一位参与者都有唯一的电子标识，这一系统能够自动识别对应投票者身份标志的真实与否，从而基本解决了匿名刷票问题；二是当参与者在验明身份真实性并做出投票选择后，分布式技术会将这一数据在多方保存，并确保无法篡改，这样也就解决了暗箱操作问题；三是区块链的匿名性因为能够确保个人隐私不被泄露，从而提高了投票结果的真实性，确保选举结果能够真实表达选民意愿❸。

❶《美国弗吉尼亚州试验区块链投票选举系统》，搜狐网，2018 年 8 月 5 日。
❷《印度国家证券交易所与 Elemental 合作，提供基于区块链的电子投票系统》，搜狐网，2018 年 9 月 27 日。
❸ 白泽明：《重塑传统投票方式，区块链投票时代是否来临》，九个亿财经网，2018 年 9 月 4 日。

谁都可以发起投票和预测

在传统的投票和预测行为中，因为有中心化组织存在，所以必定有这项行为的组织者；可是区块链的去中心化特征，决定了它并不存在这种发起人。换句话说就是，在区块链条件下，谁都可以发起投票和预测。

Augur的操作方式

Augur 是以太坊发布的第一个应用，第一次实现了去中心化预测市场。用户通过数字货币进行预测和下注，根据大数原则来预判事件的发展结果，同时采用加密货币来创建全球性市场。

在 Augur 上，任何人都可以为自己感兴趣的话题（如美国总统大选谁会获胜）创建预测议题，并提供初始流动性（一种名叫 REP 的通证，意为"信誉"）。用户通过购买选票来进行预测，当预测结果揭晓（如总统选举名单出现）后，预测正确的用户便可以将该选票兑换成钱（在任何情况下，都设定价格合计为 1 美元，并可以像股票一样进行低买高卖）。当然，这一过程不用你亲自操作，区块链会根据智能合约自动奖励到你的账户中去；如果你预测错误，当然就不可能获得这种奖励。你的奖励扣除你购买选票的投入，差额就是对你预测正确的奖赏。发起人则从总交易额中获取一半的交易费用。从这一点上看，这实际上就更接近于去中心化竞猜或对赌游戏了。

Augur 创建于 2015 年年初，最早它是通过销售软件通证 REP 众筹到 550 万美元，从而获得多家媒体对它高达 80 分的评测分值（百分制）。

Augur 与传统预测市场相比，最大的区别在于去中心化和全球化，无论你在哪里、是什么身份，都可以参与其中。也因如此，Augur 的流动性、交易量以及话题都是其他传统预测市场所不具备的。

Augur 的主要特点有：

一是去中心化。它没有中央服务器，所以不存在卷款走人的可能。

二是人人都可以随时随地轻松创建预测市场、询问任何事情，但需要提供一些初始资金；而作为回报，你可以获得该市场生命周期内所有交易费用的一半。实际上，这就有点像现在的打赏项目了。

三是费用低。费用标准完全由用户自己设定，想多低就可以多低。

四是众包报告。这种报告是在许多 REP 持有者基于共识基础上出来的，不像传统预测中心化市场那样有人执笔或直接操纵。如果 REP 持有者在两个星期的投票期内没有提出报告或提出了不诚实的报告，那么根据智能合约，主成分分析法（PCA）便会把这些懒惰的、不诚实的人的 REP 重新分配给其他持有者。

五是自动付费。所有资金都存储在智能合约中，存款和提现完全自动化，不但十分安全，并且不可能出现人为错误。

归纳起来就是，运行在以太坊上的市场预测平台 Augur 具有以下两个主要特点：一是全球所有人都可以在这上面发起自己希望预测的话题，二是所有人都可以在这上面加入其他想预测的话题。由于这种奖金结算和预测结果由智能合约自动控制，所以能够确保预测用户的安全，并确保预测结果能反映每一位预测者的真实意愿。

区块链地图解决方案

众所周知，地图行业历来的一个痛点是顶级玩家如谷歌、苹果、阿里巴巴等服务费都十分高昂，小公司根本加入不了；可是地图行业用户的数据隐私难以得到保障，又必须有新公司加入才能打破这种旧常态。

在过去，这对矛盾一直没有很好的解决办法，可是在区块链下，已经让人看到希望。

2017 年创立的、总部位于新加坡的全球第一个分布式智能地图生产公链 GoWithMi，就在打造一个去中心化众包地图，为各类去中心化 DAPP（分布式应用）提供"公链 + 地图"一站式解决方案，为交通出行等进行事前预测。

2018 年 3 月，GoWithMi 率先在印度尼西亚雅加达进行试点，从上线谷歌商店后短短 4 个月内就已经积累了近 100 万用户。在此基础上，GoWithMi 计划先根据成熟的 Dpos 公链进行链的开发和商业模式测试，然后再进一步培养用户，最终引入更针对地图行业的公链。

容易看出，这样做有两大特点：一是这一应用在交通拥堵的大城市更受欢迎，如果城市规模过小或拥堵现象不严重，区块链的这一技术应用相对价值就不大，并且，小城市用户参与度低，用户贡献数据用来进行去中心化验证的比率也低，从而会间接导致数据覆盖率、准确率下降；二是由于地图存在着强工具属性，所以地图产业要想在传统模式下盈利，空间有限；可是区块链在引入空间共治节点概念后，就能大大拓展盈利空间。

举例说，在空间共治节点中，每一座山脉、每一条河流、每一幢实体楼或其他区域，都可以变成数字化资产。用户可以通过购买其所有权成为一个空间共治节点，而该节点未来产生的基础地图收益如以太坊费用（gas）、虚拟地区（Go Zone）广告等服务费，都可以为他所有；更重要的是，这种虚拟地区的产权是可以随时进行交易的，就好比在现实生活中买了一块土地后，随着土地价格上涨其增值部分全部归你所有一样。

顺便一提的是，虚拟地区拥有者必须对该区域内的数据质量和服务质量负责，就像现实生活中商品经销者对所售商品质量和服务负责一样❶。

无聊的预测会增多

区块链投票和预测的去中心化，几乎没有门槛，所以一些看上去无厘头、无聊的投票和预测必然会增加，就像现在各种网络社交工具兴起后各种聊天群里没几句有用的正经话一样。

例如，在前面提到的去中心化预测市场平台 Augur 上，任何事情就都可以作为赌注用来进行交易，所以官网称之为"依靠群众的智慧来预判事件的发展结果，它可以有效地消除对手方风险和服务器的中心化风险"，提出的口号也是"预见未来"。

而其实，由于对赌注市场不设限制，"预见未来"中已经出现许多"预见死亡"和"预见恐怖袭击"，并正在成为不受控制的灰色地带。

2018 年 7 月，Reddit 上人们就 Augur 上涌现对公众人物暗杀的赌局展开热议。在其暗杀市场里，用户可以用押注来决定著名公众人物如政治家、企

---

❶ 莫昕楠：《代币激励＋数字化空间区域资产，"GoWithMi" 想借区块链打造链上版众包地图》，Odaily 星球日报，2018 年 7 月 30 日。

业家以及其他名人的命运，国际投资大师沃伦·巴菲特就是其中之一；与此同时，发生大规模枪击事件和恐怖袭击事件也常常被人用来进行预测和投注，并且已经吸引到大量的赌注。

由于区块链的不可篡改性，一旦有人发起这样的预测和赌注便无法加以删除和修改，也很难进行关闭；并且，区块链的匿名性也使得赌徒们的这些信息很难被跟踪，能够跟踪的只是一堆从数字货币交易所提供的看上去杂乱无章的哈希值。正因如此，这些赌徒们才更加肆无忌惮。

所以，加密世界评论者马特奥德尔指出，暗杀和恐怖袭击市场将会是 Augur 最有可能落地的两个场景。可是要知道，这样的赌注明显带有某种暗示，真的可以拿来开玩笑、下赌注吗？出现这样的事情后，平台创始人和开发者到底是不是应该负责，又该怎样负责呢？

所以，便出现这样两派意见：一派认为，应该对其进行监管，但这样一来也就失去了去中心化的区块链存在的意义；另一派则认为，该话题发起人仅仅是提出预测事件，最终结果要由市场投票达成共识机制来决定，只不过由于赏金的存在，哪怕再无聊的提议都会有人提出并附议。

根据 Augur 白皮书的描述，如果 REP 持有人无法就某个事件达成共识，可启动分叉程序。意思是说，Augur 可以分叉为一个名为 Augur Dark（可容忍刺杀市场）的平台，和另一个不支持暗杀的市场平台。这样的话，暗杀市场虽然不能完全被消除，但却会从明网变成暗网。

当然，除了分叉，区块链上还可以通过启动 kill switch（允许指定方关闭系统功能）来关闭某个预测事件，只不过 Augur 已经声明放弃该功能的所有权了，也就是说该团队已经无权关闭类似预测，即使政府起诉他们、要求他们必须这样做，他们也无能为力 ❶。

---

❶ 《巴菲特被暗网盯梢，区块链暗杀赌局盛行》，搜狐网，2018 年 8 月 1 日。

第8章
区块链@资产管理

区块链能彻底解决目前资产管理中存在的众多难题，突出体现在三点：一是改善数据管理，降低摩擦成本；二是提供解决方案，而不仅仅是产品；三是获取实时报告，为客户持续创造价值。

中编
领域

◆ 有效降低信用成本
◆ 有效解决核心痛点
◆ 调节社会财富分配
  ◆ 资产证券化业务

有效降低信用成本

资产管理中的一大核心问题是信用，即我怎么相信你，或者我要怎么做你才能相信。基于这样的信用和信任基础，才可能有下一步的行动。

资产管理中的信用成本

在资产管理中，信用成本要占很大一部分。从发展趋势看，区块链在资产管理中的应用，第一步要解决的便是信用问题，降低信用成本，而目前这一点已进入实质性应用阶段。

例如，目前在办理银行贷款时，即使你提交了齐全的申请材料，因为其中要涉及评估、办理抵押登记等许多环节，审批时间也大约需要 15 个工作日。汤森路透过去对全球 700 多家银行和 800 多家跨国企业进行的一项开户调查（KYC）显示，银行完成对新客户的引导平均需要耗时 48 天；其中，企业客户的平均开户时间是 26 天，高净值个人客户的平均开户时间是 16 天。近几年来，实际开户时间还有不断延长态势❶。

可是，如果在区块链下，因为所有数据都存储在区块链上，各市场参与主体都能使用，各主体之间不再需要重复工作，那么这时候 KYC 的过程便可以大大缩短。

遗憾的是，最近 10 多年来数据分析在我国一直不温不火，这与国外的情况有显著差异，短期内甚至都很难落地。究其原因在于，获取数据的渠道依然局限在以下三种：一是在 QQ 群、淘宝上的购买数据，这种方式不但成本高、效率低，而且数据陈旧，往往落后于现实；二是通过传统的 API 模式按调用次数购买（手机客户端付费购买），这种情况下的成本就更高了；三是自行采集，这时候的数据成本有可能下降，可是利用和应用层面则很容易出问题。

---

❶ 周文杰：《区块链+资产管理，原来资产可以这么玩》，巨推链网，2018 年 5 月 1 日。

这些现象的存在，都注定了目前资产管理中的信用成本居高不下，从而给区块链留下了可乘之机。

数据就是财富

信用及其成本的外在表现是各种数据。所以从这个角度看，数据就是财富。尤其是在当今大数据时代，对数据的挖掘往往意味着对巨大财富宝藏的勘探。数据维度越多、体积越大，潜在价值也越高。

但由此带来的问题是，对这些数据价值的评估难度也不小。并且，同一组数据对不同用户来说，其价值大小并不一样；即使针对同一用户，不同时间、不同状态下的价值也是在变动的。更何况，数据既然有价值，那么其中有些数据就必定是核心机密，不可能轻易对外交易和泄露。

在过去，要想衡量这种数据的准确价值比登天还难，可是在区块链下则相对容易。究其原因在于，区块链的共享账本能够确保在数据交易和流动的同时，也能得到实时追踪和管理；与此同时，又能通过对核心数据设定访问权限来进行脱敏处理，从而做到精细化管控和规范大数据共享，最大限度地除弊兴利。

2018年5月，马云在天津举行的"第二届世界智能大会"上就这样说道："我个人非常看好区块链。阿里巴巴已经有几年在研究区块链了，并且阿里巴巴刚开始投入区块链的时候，我那时候根本没明白什么是区块链。但我听说这东西能够解决数据的安全和隐私，阿里巴巴就开始投入区块链。今天全球区块链专利技术最多的公司是阿里巴巴。投入做区块链，是因为阿里巴巴没办法：别人搞的网络的信息传播包括社交媒体不需要区块链，我们做这个互联网金融，我们在阿里巴巴交易平台几万亿的交易额、几十万亿的交易额，没有区块链是要死人的，阿里巴巴必须要有区块链。但是，我们没去想过这玩意儿可以变成比特币赚钱。我自己觉得，区块链不是泡沫，区块链必须是一个对社会、对数据、对老百姓、对政府、对企业的解决方案。如果你扎扎实实做下去，一定会带来回报 ❶。"

其实，马云上面这段讲话通俗地说就是，在他看来"数据就是财富"，阿里巴巴投巨资搞区块链，目的就是为了更好地处理和保护数据的安全与隐私。

---

❶ 马云：《我个人非常看好区块链》，新浪网，2018年5月17日。

有效解决核心痛点

现行资产管理中最大的痛点是资产清算和交易结算。可是在区块链下，由于没有了目前的中心化信用发布机构，所以随之而来的便是信用中心化验证机制维护成本也彻底消失，这样就大大提高了多方交互应用场景数据的可靠性和不可篡改性。

资产清算

区块链在跟踪抵押资产的状态和地点，用于标注合格与否、再抵押权和过度抵押方面具有特殊作用。

从目前看，资产抵押方面普遍存在着较大的问题。例如在我国，无论哪部法律目前几乎都没有明确规定农村集体土地"三权"（农村集体土地所有权、宅基地使用权、集体建设用地使用权）可以进行抵押或通过抵押方式进行流转，更多的是隐含着限制和禁止。在此情况下，要想搞活农村经济就会变得相当困难。

可是在区块链下，却能在不突破现行法律基础上解决这个问题，即使不去强行冲关进行抵押，也能通过实时监控状态变动来确保权利的实现，从而达到搞活经济的目的。

再比如，资产清算状态下传统的银行信用证业务模式下的各方权利与关系，从工作流程看，其中有 66% 的流程与中介信用机构有关，而且这些机构业务流程穿插较多，而这些环节就特别适合采用区块链技术来进行改造。如图 8-1 所示。

有鉴于此，目前我国邮政储蓄银行已经在资产托管领域建立了基于区块链技术的资产托管系统，实践证明能够压缩现有业务流程 60%~80%❶，并且在

---

❶ 李翘楚、吴松凯：《区块链技术初析——浅谈在资产管理业务中的应用》，搜狐网，2017 年 8 月 3 日。

此基础上，还可以实现多方信息实时共享，并可自动判断交易的合规性和规范性，这就是传统机制所望尘莫及的。

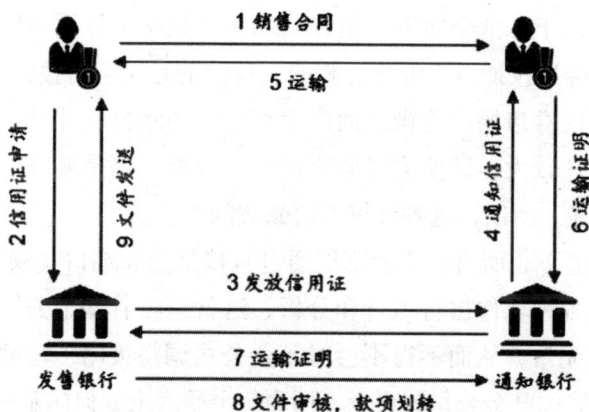

图8-1　信用证模式下的工作流程
（图片来源：搜狐网）

交易结算

我们知道，投资效益与三大因素有关：一是投资规模，二是投资效率，三是投资周期。区块链的共享机制和分布式账本技术，能够为基金和投资者之间实现所有权转移提供支持。具体地说就是，在智能合约机制下通过缩短申购和赎回过程，强化投资周期，实现提高投资效益的目的。

要知道，区块链上的交易接近于实时结算，无论资产还是现金账本都能进行快速清算和结算，并且可以同步进行。这就与目前国内各银行之间的清算和结算都必须依赖于中国人民银行的支付结算系统有显著区别。区块链下的点对点瞬时交易，必然会把复杂的银行和证券结算流程从中心化模式中解放出来；同时，区块链的这种分布式账本技术也一定会简化企业其他重大活动如代理投票、收入分配等的处理流程。

另外还有一种看不见的好处，那就是在瞬时交易的背后，必定会促使基金主动投资者增加，从而曲径通幽提高基金投资业绩。因为过去的数据表明，主动型投资经理比被动型投资经理的平均收益更大。

以基金公司为例。在传统经营方式下，除了年报和中报，基金公司只需定期披露净资产值，而不是披露实际收益，这就会对投资者真实了解基金经营情况造成障碍；与此同时，基金公司自身也会利用这种信息披露制度漏洞留下的可乘之机，通过炒作造成基金净值忽高忽低。

究其原因在于，基金净资产值和实际收益是两个性质不同的概念。净资产值是按照基金所投证券市值来计算的，反映的是基金所投证券的账面价值，而这就会因为证券市场所受操纵而产生相当大的水分；并且，基金所持某只股票的比例往往较大，即使当时股价是这个位置，可是要以这个价格全部卖出变现并无可能。所以，这种计算方法颇成问题。

而在区块链下，所有投资者都能通过直接渠道和端口获取实时交易数据，并且还能通过各种软件进行组合和分析，这就意味着基金公司运营在所有投资者面前一览无余，从而不得不会对基金公司调整策略、稳健经营造成实质性影响。这时候的基金公司就再也不用为每个季度末如何向基民交账而急功近利了，实际经营情况便会真实得多。

顺便一提的是，这样一来，监管机构也可以因为能进入联盟链和分区区块链获得自动生成的报告，降低了监管门槛，堵塞了监管漏洞。

调节社会财富分配

缩小贫富差距、消灭赤贫阶层曾经是多少人的愿望，可是在现有社会制度下一直未能得到很好的解决。可是你不会想到，区块链在这方面却有意料之外的功效。

社会经济财富的表现

从历史上看，社会经济财富大体可以分为以下三大类：

一是实体性资产。实体性资产主要发生在物理原子环境下，通俗地说这类资产是生产出来的，看得见也摸得着，例如房产、汽车等。实体性资产通常是通过铸币和现钞来进行交易的。

二是权益性资产。权益性资产主要发生在法律制度环境下，通俗地说就是根据法律规定这部分资产是谁的，它看不见也摸不着，例如股权、版权等。

权益性资产只能直接或间接地通过银行账户来进行交易。

三是数字资产。数字资产主要发生在数字网络环境中，通俗地说它是一种已经确权化了的数字或数据，所以并不是所有数字或数据都能成为资产。数字资产主要是通过网络账户体系来进行交易的。

这里具体看数字资产。它虽然既不是实体性资产，也不是权益性资产，却实实在在地存在着，并且实实在在属于一种财富。

从形式上看，数字资产主要表现为音乐、图像和数字货币；从数量和种类看，它比权益性资产要丰富得多。

举例说，2000年悉尼奥运会上第一次采用数码技术来获取体育赛事的影像，到了2016年里约奥运会上就已经出现了机器人发稿，而这实际上都表明体育市场的图片或图像已经数码化，并且已经从体育拓展到了新闻传播。

而回过头来看数字资产，当最初的数字资产从非数字资产转化过来后，便开始呈现出数码形态；自从区块链出现后，借助于智能合约，权益性资产通过相应的账户体系正在加速向数字资产转化[1]，从而彻底改变了过去的社会经济财富格局。

区块链在其中所起的作用

讨论区块链对社会财富、金融领域所起的作用，首先看金融市场上流通的资金和金融工具，它们都是与线下实体资产有对应关系的。围绕着这种线下实体资产权益，金融业务拥有三个主要环节：

一是资产权益的评估。也就是说，该项资产究竟值多少钱，实际价值多少？不用说，这个环节必须有金融中介参与，区块链是难以胜任的。从历史上看，金融中介的出现本身就是为解决金融交易中信息不对称、匹配效率与成本、风险控制等出现的；当然，在此基础上还会提供评估、风险控制、增值等服务。区块链的作用，主要是对链内产生的数据进行有效管理和追踪，对链外或线下资产就鞭长莫及了，至少目前来看是这样。

二是资产权益证明的发放。这就是说，确定了该项资产值多少钱后，就得有个部门来发放一项权益证明（如股权证书）等，并且该证书还要能够防伪。只有证明该资产归谁拥有，才可能有接下来的流通。不用说，这个环节

---

[1]　韩锋、张晓玫：《区块链：量子财富观》，北京：机械工业出版社，2017，P Ⅵ、P Ⅶ。

虽然实体金融中介也能参与，并且过去一直是这样做的，但无疑区块链会做得更好，因为它天然具有不可篡改的特点。

三是资产权益证明的流通。也就是说，你只有拥有该项资产权益证明，才能在金融市场上进行流通、交换、变现、参股等。可是在传统金融市场上，这种权益流通往往不易处分，所以限制较大。可是在区块链下，因为可以实现去中心化的点对点电子交易，因此这种限制就不存在了。

从上容易看出，总体上说，区块链调节社会经济财富是通过数字资产确权后的交易和流通来进行的，这部分比例现在虽然还很低，但以后必定会越来越大，甚至会成为一种主流方式。

资产证券化业务

所谓资产证券化业务，是指将权益主体的未来现金流提前变现，或转移分拆，从而满足企业融资与风险释放的需求。

要知道，这些权益主体产生现金流的底层资产，通常都有结构复杂并涉及多方权益主体的特点，如果不能实行证券化，就无法流动；可是要实现证券化流动，许多事情在目前法律环境下还存在各种障碍。可是在区块链下，这些都将不成问题。

区块链下的资产证券化

资产证券化在过去相当困难，而在区块链下则相当容易。

举例说，现行权益主体的底层资产中，消费类、金融类资产涉及数以万计的贷款人，物业类资产、证券化资产也很可能是数百个出租在外的门面，这其中的每一个个体的信用都会随着内外部环境的变化而发生改变，要想准确评定其信用资质可以说比登天还难。更不用说，当初资产方在购建物业时所面对的底层资产查验往往水分很大，甚至相差多少倍；如果你对历史数据信以为真，就一定要出问题。

明白了这一点就知道，即使依靠第三方机构进行评定，由于存在着无法有效管理和人为干扰这两大因素，资产定价必定虚而又虚，所以日常实践中都离不开"讨价还价"。但即使如此，双方依然心中没底，无论最终成交价是多少，买卖双方都觉得心有不甘。

可是在区块链下，上述问题将不复存在。由于区块链的高透明度，使得全部所有者都可以有效参与管理，从而确保各方利益。区块链的智能合约机制，能够确保资产管理公司和合作机构在公文传输和风险实时控制上自动进行处理，这样不但提高了效率，还免除了签章、人工流转等环节可能出现的人为干扰 [1]，如图 8-2 所示。

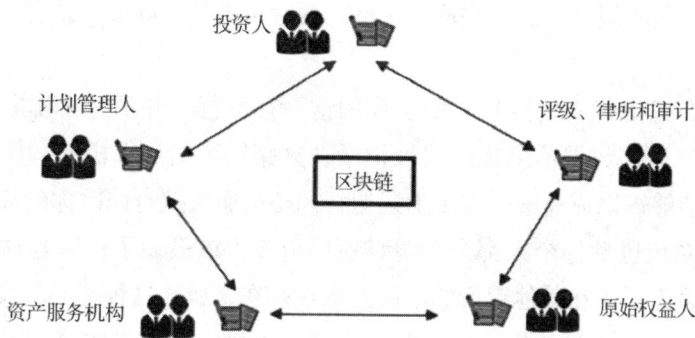

图8-2　资产证券化投资业务系统的数据架构
（图片来源：搜狐网）

就好比说，传统的权益主体底层资产证券化过程犹如过去的手工记账，不但环节多、工作量大，而且无意的和故意的差错极多；可是在区块链下，手工记账改成了电脑自动记账，再也没有了"对账"的必要。

资产证券化的一大优势是安全

区块链的去中心化特点，使得这时候的资产证券化安全性有了很大提高。而不用说，只要涉及"资产"和"资金"，安全性就是第一位的。

举例说，如果你在某银行办了一张银行卡，里面存了 1 万元钱，那么办卡这件事包括里面存了多少钱，就只有这家银行知道，其他银行和个人是不知道的。这种信息记录方式就叫中心式记账，其最大优点是一对一服务的高

---

[1] 李翘楚、吴松凯：《区块链技术初析——浅谈在资产管理业务中的应用》，搜狐网，2017 年 8 月 3 日。

效率，但其缺点也是很明显的。

例如，明明你存了1万元，银行及其柜员如果故意给你少记了，或者给你记错了账户，或者等你离开柜台后马上就移作他用，或者不承认，甚至有一天银行的数据系统崩溃了，查不到你的这笔记录了……这种种情形都是可能发生的。2018年9月，陕西蒲城县刘某在当地某银行存了11万元现金，存取款凭单、短信等都显示存了11万元，却在3小时后被银行告知要抹掉1200元，只认可他存了10.88万元[1]。2017年12月，甘肃临夏县某银行员工周某更是通过查询多名落马高官在银行的账户，于2018年年初办理了落马高官、原副省长虞海燕的假身份证，盗取其定活两便存单内的500多万元资金，搞"黑吃黑"[2]。

而分布式记账的优点是，由于你的这一存款行为并不是由哪家银行的哪个柜员来操作，数据信息也不仅仅记录在这家银行的计算机上，所以就使得上述行为能够得以避免——如果上述银行和柜员胆敢擅自修改你的数据，那么所有银行系统包括你个人都会知道，所以就没人敢去做了；一旦这家银行的电脑数据丢失了，在其他银行的电脑上依然存在，所以这种担心就没必要了。

还记得马云说过这样一段话吗？他说，支付宝从创建的第一天起就提出了"你敢付，我敢赔"的承诺，每年有几亿元资金用于这方面的专项赔偿，可总是赔不出去；中国银行业监督管理委员会每隔几个星期就会来检查，可总是查不出问题来。到现在为止，规模高达几千亿元的余额宝没有出现过任何差错。

马云的底气在于，支付宝团队里拥有100多位刑侦和犯罪行为专家，其数据库拥有数据连锁机制。简单地说就是，一旦数据库出现异常，便会立刻被锁死，而不至于被篡改，这样就能确保资金无法转出。

这和银行机构的原理大同小异。银行系统即使遇到黑客攻击，里面的钱也是转不出去的；退一万步说，如果被转出去了，因为所有数据都可以追踪，无论你转到哪个账户上去都无法提现。所以马云开玩笑说："如果你今天用支付宝被骗，你就发财了，赶紧找支付宝赔偿[3]。"

[1] 唐保虎：《银行未经储户同意，私划1200元抹账》，载《华商报》，2018年10月12日。
[2] 何强：《90后银行员工，想要盗走落马省委常委账户的500万》，载《新京报》，2018年10月6日。
[3] 《马云：如果你用支付宝被骗了你就发了》，搜狐网，2017年10月25日。

　　换个角度再来看腾讯。腾讯公司早在 2017 年 4 月就正式发布腾讯区块链方案白皮书，相关区块链技术就已经被用在了供应链金融、物流信息、法务存证、公益寻人、腾讯微黄金等多个领域。究其原因，主要也是区块链能够确保这些票据和文档不被篡改、不被复制。

　　截至 2018 年年初，腾讯微黄金已经在区块链上累计积累了 4000 万条交易记录，在公益寻人平台上累积超过 300 个寻人案例，在法务存证平台上也已经与多家银行对接了几万条存证。以区块链 + 供应链金融为例，过去由于信息不对称等原因，中小企业融资难、融资贵现象长期存在，这方面很像支付宝诞生之前买卖双方的互不了解和互不信任。自从区块链出现后，这个问题便迎刃而解。因为区块链上能够完整、真实地记录资产流动轨迹和存量，并且可以追溯到任何一家核心企业与其供应商的贸易往来记录，所以无论是融资难度还是融资成本都会大大降低 ❶。

❶ 《马化腾：区块链是好技术，腾讯不发币正做深做透场景》，搜狐网，2018 年 3 月 5 日。

第9章
区块链@共享经济

共享经济很自私，什么都想占为己有，不容他人染指；而区块链则批评它太小气，好东西就该大家共享。区块链通过去中心化给它指明一条出路，那就是帮助提高资源利用率让大家获益。

中编
领域

◆ 区块链让共享梦想成真
◆ 去中心化改造是根本
◆ 绝不仅仅限于共享单车

区块链让共享梦想成真

在区块链出现之前，所谓的共享经济就已经存在了；但这种共享说穿了只是"假共享"，确切地说应该是"使用权经济"或"分享经济"。因为真正的共享经济不需要也不存在任何中介。

如果按照这样的条件来进行对照，现在的共享经济全都拥有一家企业作为中介方，通过某家企业提供的平台实行使用权连接，更有甚者甚至完全是一家企业独自购买设备对外出租，其本质就更是租赁经济了。

所以，从某个角度看，只有去中心化的区块链共享才是真正的共享经济，这也是人类第一次让真正的共享经济成为可能和现实。

在区块链下，由于拥有分布式账本技术、智能合约、加密算法、点对点沟通、激励机制等，所以无须任何中心化组织存在便能实现共享。这在彻底颠覆现有共享商业模式的同时，必然会给优步、滴滴、摩拜、青桔、阿里巴巴等中心化平台造成严重冲击。

例如，Smartshare 作为全球第一个区块链智能共享价值交换协议（SSP），就是利用区块链来实现共享经济价值交换的，目的是要让每个共享项目实现价值回报成为可能。2018 年春节期间，SSP 成功登陆美国纳斯达克，与全球华人共享区块链物联网经济，并正在走向世界。

在这种基础设施支持下，Smartshare 实现了一系列前人想都不敢想的共享经济行为，试举以下几例：

一是物联网设备共享。目前全球拥有数十亿台物联网设备，并且还在快速增长中。由于各物联网平台之间缺乏通用的兼容性通信机制，数据采集和互通困难，所以这些设备中有相当一部分并没能得到充分利用，而 Smartshare 则能通过内置加密协议算法的芯片 Smart Agent、智能合约、共识机制、通证奖励机制等，一方面形成分布式共享网络，另一方面对共享资源实行价值量化和流通，这样，也就很好地把其中原本闲置的存储和计算力充分利用起来了。

二是流量应用共享。Smartshare 通过搭建协议层等，来分享获得计算生态中的数字资产。

三是计算应用共享。一般来说，个人电脑、智能手机等平时在 90% 的时间里运算力都不可能达到 100% 的性能要求，所以，Smartshare 通过给分享计算资源者以通证奖励，便能利用这些设备以及智能家居等发挥这种共享价值的传递能力。

四是电力共享。举例说，如果你家屋顶有太阳能发电设备，而你需要全家外出两个星期，这时候就可以通过 Smartshare 与电网合作，把其间的剩余能源共享出来获得通证，而不至于造成浪费。

五是存储共享。将所有终端都加入到存储共享区块链中去，在文件存储时都会加密并产生私钥，在共享存储空间的同时，你还能获得共享价值文件的通证奖励。

六是智能气象终端共享。与智能气象设备厂商进行合作，便能通过智能合约来衡量用户共享数据（如你拍摄的实时天气状况图片或搜集到的实时天气数据）的价值。

七是实时交通数据共享。举例说，加入该共享协议的汽车轮胎一边开车一边就能通过芯片和传感器，实时把数据共享给轮胎生产商和供应商，同时获取通证收入。当然，共享自行车、充电宝等也一样。

从上容易看出，理想状态下的 Smartshare 堪称是与共享经济的完美结合。它能让每个人都充分利用和整合闲置物品与资源，并且还可以在此基础上优化资源配置、减少资源浪费、降低社会运转成本，还能实现共享双方的价值收益和回报。你只要想想，它面对的是数以亿计的物联网设备，就知道这是一个多么庞大的市场空间了 ❶。

---

❶ 《重磅 SSP 成功登陆纳斯达克，看 SSP 如何解决区块链行业痛点》，搜狐网，2018 年 7 月 16 日。

去中心化改造是根本

区块链在共享经济领域的作用，最主要的是去中心化功能。

区块链直击共享经济痛点

粗略地看，共享经济和租赁经济并没有太大差别。租赁是非常成熟的一种经济模式，而共享的概念是移动互联网时代的产物。数据表明，这几年来我国以滴滴打车为代表的共享经济年增长率超过 40%，但 2018 年 5 月"郑州空姐遇害案"之后，滴滴打车损失了 25% 以上的净收益；8 月"乐清女孩遇害案"之后，更是一度传出"大势已去"的说法。这其中就暴露出共享经济的瓶颈和痛处，与去中心化区块链有根本区别。

目前共享经济正在多个垂直领域冲击传统行业，这种通过互联网方式分享闲置资源的模式越来越受人们欢迎。但在这其中，也存在以下问题：

一是共享过程成本过高。除了需要收取押金，即使是包月购买费用也不低，单次购买就更高了。一辆共享单车一年骑乘下来费用都够买辆新的了，一旦遇到关门倒闭，那押金和预存款就会打水漂，损失更大。

二是用户要想评价商家行为十分不便。去哪里评价呢？官方网站上？那有没有人看就不知道了，其他用户就更看不到。因为商家可以有选择性地进行取舍，好评就留着，恶评根本上不去，这样的留言和评论完全歪曲了事实。

三是共享服务管理难。广场旁、马路边随处可见共享单车坟场，少则几十上百辆，多则成千上万辆，就那么缺胳膊少腿地露天堆放在那里。不是公司管不过来，而是根本没人管，不知道这些残疾单车究竟在哪里。

而上述这些问题，在区块链下都能得到有效解决。

不是共享成本过高吗？其背后实质上反映的是双方信任问题。如果骑乘者有信用，那商家就无所谓要不要收取押金，就连单次骑乘费用都可以"薄利多销"，这样运营成本自然就降下来了。对于商家来说，如果有信用，骑乘者也就不会存在人性本质上的敌意，文明骑行，轻取轻放，折旧和耗损自然也能降下来。而这种双方互信，就可以通过区块链的透明、不可篡改特性来得到增强，从而减少双方摩擦。

不是用户想评价商家行为难，无法有效制约商家吗？区块链在资源共享领域的价值之一，就体现在它比传统供应商和中介方更能维护用户体验，能够在这方面提供极大的记录便利。

不是共享服务管理难吗？区块链能够直接连接供需双方，有效降低管理难度。例如，可以规定共享单车必须停在符合什么条件的环境中，否则就要扣除信用分，降低骑乘者信用度。在传统状况下，虽然有 GPS 定位，这点似乎也能做得到，但误差实在太大；而在区块链上，各种痕迹（运行轨迹）直接关涉到人，就变得相对容易了。所以，大家都这样做，势必会有助于提高管理水平，甚至可以把共享单车管理得井井有条。

以出租车行业为例

出租车乘坐是典型的点对点服务，与区块链精神一脉相承。

举例说：过去你购买私人轿车只能供自己用，哪怕不是经常用，也只能闲置在车库里，这时候的你完全是消费者。自从互联网经济出现后，如果这车你自己不要用，便可以通过网络平台招租，临时租给其他人用；即使是你正常上下班开，也可以当顺风车顺路载客赚钱。这时候的你就既是消费者也是投资者，这也是共享经济中典型的套路。

资料表明，目前私家车的最大利用率一般不超过 15%，有的甚至不到 5%，也就是说，绝大多数时间这个车是闲置在那里的。如果你开车上班，一直要到下班后才要用到这个车开回家。白天有同事要出去，他也只能自己想办法解决交通问题，而不会问你借，问你借你也不一定会借给他，因为这其中既涉及信任问题，也涉及交通安全担责问题。

可是区块链却能打通所有信用环节，不要说熟悉的同事了，就连陌生人都可以共享你这辆私家车，从而大大提高使用效率，降低用车成本。

举例说，今后如果有一天实现了自动驾驶、辅助驾驶技术，健全了停车位、充电桩、自动驾驶调度、人工保养与管理等，私家车模式便会得到根本性变革。用户下车以后，车子会自动开到共享汽车停车位，自动泊车充电；有人需要用车时，会自动从停车位开到你面前……这种"共享汽车分时租赁"

会大大改善乘车体验，降低用车成本，提高出行效率❶。

从实际应用看。2016 年 1 月，优步（Uber）和来福车（Lyft）相互打价格战，就让优步司机克里斯托弗·大卫看到了趁虚而入的希望。在他看来，这两家公司虽然价格战打得欢，可是都存在一个共同的问题无法克服，那就是打车价格的中心化管理。他想，如果能把定价权直接交给司机和乘客，让他们自己去协商，不是更有意思吗——这样一来，司机拥有了管理自己业务的自由，而乘客也可以对乘车体验有更好的主动权。

就这样，他在 2016 年 2 月 14 日创办了后来被人称为"优步杀手"的拼车公司 Arcade City，从而成为全球第一个大型的、主流的以太坊公司。

该公司的最大特点就是利用区块链，开发出了连通司机和乘客的移动端平台。与其他打车软件不同，这种独特的运营模式能够让乘客在叫车前就得知司机的相关信息，看到司机的要价（有意思的是，有差不多一半司机在接单时表示乘客可以"支付您认为合理的价格"）。与此同时，平台还提供送货、道路救援、拼车等服务选项。

该平台通过智能合约自动采用信用点积分的办法来管理司机。当某司机出现第一位乘客给予的负面评价时，信用点就会下降许多。这些做法不仅仅局限于该平台，后来还扩大到了管理、融资、保险和裁定等方面。

推出这些相对激进的新举措，虽然也遇到过司机的不解和困惑，但远远称不上阻力。因为这些司机非常明白，这是为他们好——区块链的去中心化再也不用担心有那么一个"总部"会随时随地提高他们的上交费用，也不用担心谁会强制干预点对点交易；况且这是一项新事物，新事物的出现开始时总会遇到各种各样的问题，这是很好理解的❷。

在公司股权方面，该平台也是使用的区块链技术，通过更适合个人对个人交易的以太坊对司机"发行股票"，所筹资金用来为他们购买各种拼车保险，这样一来实际上这也就成了一家众筹企业。按照这种模式，司机们最早可以在 2020 年之前就拥有该公司全部股份。

短短 1 个月内，该平台就吸引了部分优步和来福车用户，注册人数超过3000 人，司机则来自美国 27 个州的 100 多个城市。考虑到该平台对司机的加

---

❶ 《谭奕：出行本来是一件愉快的事》，钛媒体，2018 年 7 月 29 日。

❷ 小小：《区块链给 Arcade City 提供竞争优势》，okcoin，2016 年 3 月 17 日。

入费用是零（其他拼车平台通常会收取乘客费用的 20%~25%），所以要求加入者会非常多，这是他们故意控制规模、拒绝一些司机加入的结果，因为实际需求不用那么多。如果来者不拒，其他的实体拼车公司很有可能会"不堪一击"（司机全跑光）。

事实上，即使如此，当年春天该平台业务范围就已经拓展到了墨西哥、加拿大、瑞典、澳大利亚等国家和地区。而到了当年 9 月 1 日，更是为 IOS 和安卓移动设备推出了打车应用软件❶。

在中国，2017 年滴滴的活跃用户数比 2016 年明显下降，这让滴滴打车在区块链上看到了希望。初看起来，滴滴打车改变了传统的打车方式，颠覆了路边拦车概念，而实际上滴滴打车扮演的仍然是"聚合器"或中心化"清算所"角色，不但没有去中心化，而且因为服务器、软件等所有基础设施以及人与人之间的交互机制都归平台所有或控制，反而形成了一个新的强有力的中心化。

区块链在这方面能起什么作用呢？显而易见，根据它的去中心化特点，每个司机都可以将与服务相关的元数据如服务地点、评价等，添加到自己特定的文件中，然后记录在区块链上。当有乘客需要打车时，区块链就会根据智能合约迅速筛选出匹配的司机，同时双方达成交易。

这就是以太坊联合创始人 Vitalik Buterin 所说："大多数技术都是趋向于将外围工人的琐碎任务进行自动化，而区块链技术则是脱离中心的控制，它很可能会使中介形式消失，以便出租车司机与顾客在信任程度极高的背景下进行交易❷。"

推而广之，当人们不再需要通过中介平台而是纷纷投奔区块链下的共享平台时，共享经济便会自动达到一个全新高度，从而实现真正意义上的全民资源共享。究其原因在于，在区块链技术保护下，这样的共享平台能够彻底实现去中心化，并在此基础上建立彼此之间的高信任度。

---

❶　Samburaj Das 文，陈思嘉译：《Arcade City 欲超 Uber，区块链技术是独家秘笈》，搜狐网，2016 年 3 月 18 日。

❷　《滴滴垄断惹众怒，急需区块链解决大中心化难题》，金色财经网，2018 年 2 月 11 日。

绝不仅仅限于共享单车

共享经济不仅仅是我们所常见的共享单车那么简单，许多资源都是可以共享的，尤其是在特定的、范围相对封闭的地区，这种共享更为便利。

以家庭太阳能发电为例

目前我国许多地区的家庭和厂矿企业，都已经在利用屋顶平台进行太阳能发电了。太阳能发电所产生的电能除了满足自身需求，还可以并入国家电网输出变钱，这就是我们通常所说的"卖电"。

但这种卖电有一大特点，那就是只能卖给国家电网，无法实现与其他用电户之间的一对一交易。究其原因之一，就是平台还无法满足要求。可是如果有了区块链，这一问题便能得到解决。

例如，在美国纽约布鲁克林的一个街区，已经在通过区块链实现 A 家庭太阳能电能有富余时直接卖给另一个 B 家庭使用，就像农民把多余的农副产品上街直接卖给有需要的客户一样。在这里，基于区块链技术建立起来的共建光伏发电交易网络，不必再通过电网公司，就可以直接进行点对点能源交易，其突出优点是可靠性强，并且成本很低[1]。

以传统的商业积分为例

传统的商业积分包括银行、商家等企业的会员积分和积分卡系统，目的主要是提高顾客忠诚度。可是，由于这些积分都只能在这个组织内部使用而不能通用，便会造成积分消费难、利用率低、效果大打折扣，更无法保证积分安全、可靠、不被篡改、保护用户隐私的必然结果。

2016 年 4 月，国内领先的区块链技术服务商布比（北京）网络技术有限公司携手广东格格积分运用系统有限公司共同打造的国内第一个资产型区块链

---

[1] 杨保华、陈昌：《区块链原理、设计与应用》，北京：机械工业出版社，2017，P28。

积分平台——格格积分隆重上线了，布比在其中投资了 100 万元。

　　传统的积分都是负债型积分，零星分散、消费乏力、使用限制多、兑换频繁、难以流通。例如，商家 A 发行的积分，到了另一个商家 B 那里就不能通用，也无法转让，还不能赠送，过了一定的期限就会清零，变得毫无用处。这样，也就大大限制了商家的品牌传播范围，削弱了发行积分的功能。

　　而格格积分引入区块的概念后，便能通过多方联合开放，在这方面抱成一团，推动积分的发行、兑换和流通。并且，建立在区块链基础之上，各合作机构可以共同参与交易验证、账本存储、实时结算。由于无法伪造、篡改和删除，所以格格积分具有唯一的编号，所有积分都可以追溯发行源头，并且是全网存储，永远不会丢失，也永远不会失效。

　　具体地说，区块链下的这种格格积分可以自由流通、自由兑换、集零为整、舒畅传播、互相赠送，而这样一来也就大大提高了支配性和价值感，既确保积分的真实性和可信度，又能盘活原来相对闲置无用的积分资源，对促进商户品牌传播、促进顾客黏性都有好处❶。

---

❶ 《布比区块链构筑全新资产流通体系格格积分平台上线》，载《齐鲁晚报》，2016 年 4 月 27 日。

第10章
区块链@金融与保险

金融与经济发展和人民生活的关系最密切，其中存在着许多痛点，而这恰好是区块链技术所擅长的。正因如此，区块链在大金融领域的应用或许比所有人预料的都快。顺之者昌，逆之者亡。

下编
行业

◆ 数字货币及其前景
◆ 银行支付清算
◆ 实时跨境支付
◆ 在征信系统的应用
◆ 在银行业中的应用
◆ 在证券业中的应用
◆ 在保险业中的应用

数字货币及其前景

区块链的思想和概念最早出现在数字货币的开源项目中。以大名鼎鼎的比特币为例，比特币的出现就是建立在数字货币、密码学、博弈论、分布式系统、控制论等多个领域的技术成果基础之上；但在这其中，起核心支撑作用的是区块链技术。是区块链让人们见识了比特币，是比特币让人们知道了区块链。区块链在比特币身上寄予了变革整个金融行业的厚望。

数字货币与区块链的关系

数字货币可以分为两大类：一是法定数字货币，二是非法定数字货币。其中，法定数字货币在履行货币职能时其支付清算系统有可能成为新一代金融基础设施，并对银行之间的清算结算、电子支付体系产生影响。

从目前看，多国中央银行都在进行法定数字货币研究，并且已经采用了区块链技术，如银行间的大额结算、票据业务等，都是依托分布式账本与数字货币实现清算和结算二合一的。这时候的法定数字货币实际上已经成为一种新型的电子支付工具，能够实现"任意时间、任意地点，使用任意设备"进行交易。并且在国际货币基金组织，也已公开认可区块链技术在清算和结算方面的独特优势。

2015年2月，英格兰银行发布研究报告，开始与伦敦大学合作开发法定数字货币。2018年3月该行公开表示，对创建中央银行数字货币持"开放态度"，只是由于分布式账本技术还不成熟，所以短期内还无法为所有人提供中央银行数字账户的可能。

2016年2月，巴巴多斯共和国中央银行与区块链初创公司合作发行了区块链数字货币巴巴多斯币，其价值等同于政府法定货币，可作为数字资产来对待。该国央行认为，数字货币交易记录、存放在区块链钱包中，有助于政府部门监控和监管。

2016年12月，丹麦中央银行确定了从纸币向数字货币项目转向的工作重点，准备先发行基于区块链的数字货币作为储备货币，然后再进一步将本国货币数字化。但由于国民期待财务自由和隐私，所以该国尚未决定是否应该监测和追踪交易。

至于我国，2016年1月20日中国人民银行第一次对外公开了发行数字货币的目标，11月便公开招聘相关专业人员从事数字货币研发工作，票据交易平台原型系统也已测试成功。2017年7月中国人民银行正式成立数字货币研究所，2018年3月对外宣布正在与业界共同组织分布式研发，依靠和市场共同合作的方式研发数字货币❶。

截至2018年6月27日，以中国人民银行数字货币研究所为代表的"央行系"已累计申报与数字货币和区块链技术相关的专利85项，研究领域集中在区块链底层技术、数字货币发行与流通系统设计、数字货币交易与支付系统设计、数字货币钱包设计、数字货币芯片卡设计五个方面。

这表明，我国在全球数字货币研究方面走在各国前列。究其原因在于，数字货币是实现现有经济向数字经济转型的一大经济动力，能够有效降低纸币发行成本与流通成本、提升经济交易与结算的便利性和透明度，降低信用风险，提高公平和效率。

正如中国人民银行数字货币研究所研发部负责人所说，以比特币为代表的数字加密货币是区块链在金融服务领域的第一个案例，之后已经有欧洲央行等国际金融机构联合起来在支付清算领域应用区块链了，中国人民银行在票据交易所也进行了基于区块链的数字票据应用。但从目前看，要谈区块链完全去中心化还为时尚早，更确切的说法是区块链对原有的中心化形成了有益的补充；通过多中心交叉认证，弥补了原来传统意义上中心化不透明、信用资质不足的缺点。所以从应用层面看，这种去中心化也可以认为是多中心化。

他表示，法定数字货币是电子货币加现金的综合体，它本身就是货币，目标是为了将来逐步取代现金。两者并不是竞争关系，也不是新增发货币。在这过程中，区块链是将来解决法定数字货币流通的一种可选手段，但两者之间并不存在技术上的必然联系❷。

---

❶ 中国信息通信研究院、腾讯研究院：《金融区块链研究报告》，2018年7月。

❷《央行官员：法定数字货币目标是逐步取代现金，与区块链没有直接关系》，凤凰网，2018年7月2日。

总之，区块链对数字货币的发展具有重要影响，尤其是以比特币为代表的加密数字货币，其核心就是区块链技术。不过，并不能反过来说法定数字货币必须依托区块链技术来发行和流通，这不是唯一选择。

数字货币的主要特点

与传统货币相比，数字货币具有以下特点：

（1）携带方便。数字货币与纸币相比携带更方便，甚至根本不用携带；与电子货币（银行卡）相比，在遇到数额较大的收付时便捷性有过之而无不及。

（2）防伪性能佳。虽然纸币的防伪性能已经很好了，但伪造纸币的情形依然时有发生，而伪造数字货币的情形则闻所未闻。所以，数字货币在这方面要胜过纸币和银行卡。究其原因在于两者的防伪依据不同：纸币的防伪依据是各种设计精巧，而数字货币的防伪依据是密码学原理。

（3）辨伪精度高。纸币在经过验钞机时时有误判发生，银行卡也有在专用设备上识别不出来的时候，但数字货币由于依据的是密码学理论，所以易于校验。

（4）匿名性好。通常情况下，数字货币和纸币一样具有良好的匿名性，但都无法防御故意追踪，两者在这方面是一样的。

（5）交易方式不同。对于纸币来说，合法持有者通过交换即可完成交易；而数字物品因为能复制，所以交易要复杂得多。但这种复杂也并非是坏事，因为它既然能复制，就表明它的转移成本要低得多。所以，关键是看使用场合。

（6）发行方式不同。纸币的发行是通过中央银行进行的，是国家意志的象征，但如果发行规模和时机不合理，便会形成通货膨胀或通货紧缩，损害经济发展。数字货币的发行是通过分布式算法来完成的，这方面目前还缺少大规模验证，存在许多未知之处。

（7）资源耗费大。纸币的发行成本要远远低于面额；而数字货币发行时消耗的资源计算要复杂得多，有时候所费电能会接近于发行成本，铸币收益小。

（8）回收难度大。纸币的回收和发行因为是通过中央银行进行的，所以相对容易；而数字货币因为去中心化，所以在发行和回收上难于进行监管和审核。

从上容易看出，数字货币虽然具有许多优点，但也并非样样胜过传统货币，这也是数字货币目前无法完全取代传统货币的主要原因。

客观地说，数字货币让人类看到了希望，并且在许多领域已经得到实际运用，但其局限性显而易见，主要体现在其依赖的分布式账本技术还缺乏大规模场景考验，这些都有赖于未来去一项项攻克难关。

银行支付清算

银行支付清算系统是一个国家或地区金融基础设施的核心。从目前来看，区块链能够有针对性地解决现行支付清算系统中的部分难点，但还存在着许多不够明朗、亟待突破的难题。

大额实时支付及其实际应用

大额实时支付一般发生在金融机构之间，与零售支付相对应。其特点是单笔支付金额大、交易处理时间要求高（通常要求在特定日期或特定时间内完成）；所占笔数比重不高，但所占金额比重极高。

从历史上看，20世纪80年代最常见的大额支付系统是延迟净额结算（DNS）；从20世纪90年代开始实时全额结算（RTGS）比例逐步升高，目前已成为大多数国家的首选方式。也因此，大额支付对金融交易的连续性和稳健性提出了很高的要求，而区块链在这方面被寄予厚望，前景十分看好，只不过目前其技术方案还处于理论探讨阶段。

从理论上说，区块链用于大额实时支付具有以下三大好处：一是提高支付清算效率，智能合约无须人工对账，合同执行效率大大提高。二是提升业务流程透明度，因为这种分布式系统能够将所有信息实时同步给参与者，这就极大地强化了彼此之间的信任机制。三是增强了系统的弹性和稳健性，原因也在于其分布式技术特征。分布式账本在记账时需要多数参与者达成一致意见，这就势必会增强系统弹性；而在攻击时同样也需要多数参与者达成一致意见，这样就会增强系统稳健性。

从实际应用看，2016年开始加拿大银行、英格兰银行、日本银行、欧洲中央银行、新加坡金融管理局等中央银行已经在大额支付系统中启动概念验证，对区块链在金融机构间的实时全额结算进行可行性试验。

例如：加拿大中央银行是全球最早深度开展区块链验证项目的中央银行。从 2016 年开始，加拿大大额支付系统运营机构——加拿大支付协会就联合加拿大中央银行、R3 及其部分成员（商业银行），共同启动了名为 Project Jasper 的概念验证项目，具体探索区块链如何在大额支付系统中投入实战应用。第一阶段，参与者就在以太坊中开发结算功能，实现结算资产转移，对区块链大额跨行支付结算功能进行测试。第二阶段的重点放在评估区块链技术的可扩展性和稳健性，以及如何与金融市场基础设施原则相衔接，尝试进一步降低对系统参与者日间流动性的要求。两个阶段的测试表明，区块链目前还不能满足核心结算系统中的结算最终性要求，操作风险无法得到有效释放。于是从 2017 年 10 月末开始的第三阶段测试，新增了加拿大 TMX 集团旗下的多伦多证券交易所、蒙特利尔交易所、加拿大衍生品清算公司等主体，用来测试区块链技术对金融衍生品市场的运营以及股票、固定收益、能源等不同金融资产的清算业务在速度和效率方面存在什么样的改进效果。

再来看英国。2014 年 10 月，英国大额支付系统一度发生中断，引发英格兰银行对此进行全面调查。2016 年 9 月，英格兰银行在关于新一代全额实时结算系统的调研报告中，开始探讨引进区块链技术的可能性，并提出以下三点设想：一是将区块链用于系统结算核心业务平台，二是作为中央银行进行证券结算和外汇结算业务的平台，三是作为未来需要与该全额实时结算系统实现互联互通数字货币的平台。容易看出，这一设想不仅考虑周到，而且具有系统性和长远性。2017 年 5 月，英格兰银行公布了全额实时结算系统规划方案，虽然其中并不包括区块链技术基础，但已经预留了未来与区块链系统进行交互的接口。

在新加坡，2016 年 11 月，为了强化市场主体对区块链及其潜在优势的理解，新加坡金融管理局与 R3 及其部分成员等机构合作推出了一个名叫 Project Ubin 的项目，探索如何将区块链运用于支付和证券清算结算环节，最终目标是要探索中央银行如何开发便捷、高效的新一代数字货币支付系统。该合作项目是分阶段进行的，第一阶段的重点是用区块链来实行国内跨行结算包括大额跨行支付。截至 2016 年 11 月 23 日第一阶段结束时，已经实现阶段性目标，如通过了对新加坡元进行的通证化处理、国内跨行结算；对银行系统与区块链系统链接模式进行测试；应用区块链技术实现大额支付系统的抵押自动化管理。该项目的第二阶段由新加坡金融管理局、新加坡银行协会共同主导，参与对象扩大到商业银行和新加坡交易所等11家金融机构，以及微软、R3、IBM、埃森哲等技术企业和咨询机构。在长达三个月的测试中，在三个去中心化平台上，成功地进行了流动性节约、系统排队管理、僵锁处理等系统核心机制测试，并且还兼顾到了隐私保护。在接下来的第三阶段，该项目将开发去中心化债券交易系统，试图通过区块链来进一步改善固定收益类证券的交易和结算流程。

在日本，2016年12月日本中央银行和欧洲中央银行开展了区块链技术联合研究的Stella项目，着重分析区块链应用于金融市场基础设施的可能性，同时评估现有支付结算系统在区块链架构下是否依然能够安全、高效地运行。第一阶段的测试结果表明，区块链完全可以满足欧盟和日本的交易处理需求，并且验证节点失败和数据格式错误也不会对系统整体功能产生影响。美中不足的是，区块链系统还受限于网络规模和节点距离，节点数量越多、分散度越高，交易处理延迟现象越明显[1]。

尚待突破的技术难题

总体来看，在上述各国中央银行开展的区块链实验项目中，区块链技术的探索已经处于概念验证阶段。但鉴于技术条件尚未完全成熟，所以暂时还不会以区块链为技术基础。基础不牢，地动山摇，更何况是大额金融交易基础呢，没有绝对把握不会轻易更换。技术难题主要表现在以下四点：

一是目前还不清楚区块链模式是否具有中心化组织所提供的那些功能和优势。

二是有可能无法确定结算最终性。这是因为多个主题同时更新共享账本，依据概率来确定结算最终结果可能会模糊法律责任。

三是信用及流动性风险。这里的信用风险是指对方如果无法完全履行清算义务怎么办，流动性风险是指对方没有充足的资金来履行义务怎么办。传统金融体系中如果遇到这种情况，通常会由负责支付和清算的金融中介来承担，可是现在去中心化没有这种中介机构该怎么办。

四是操作风险。意思是说，一旦出现处理错误或延迟、系统终端容量不足、欺诈和数据丢失泄漏等怎么办，必须有应对之策[2]。

---

[1] 中国信息通信研究院、腾讯研究院：《金融区块链研究报告》，2018年7月。
[2] 中国信息通信研究院、腾讯研究院：《金融区块链研究报告》，2018年7月。

截至 2019 年 10 月，全球共有 2259 种加密货币，其价格波动幅度极大。但即使如此，依然有许多大型跨国机构在尝试发行自己的加密货币，如国际商业机器公司（IBM）、摩根大通、脸书等。2019 年 6 月 18 日，全球最大的社交媒体脸书宣布联合其他多家机构如维萨卡、万事达卡、易贝支付等发行数字货币天秤币（Libra），用 1∶1 的真实资产做储备，试图在区块链技术上非营利性地"建立一套简单的、无国界的货币和为数十亿人服务的金融基础设施"，引发各国一片哗然 ❶。

实时跨境支付

货币结算尤其是跨境结算，是典型的多中心场景，与区块链特性的匹配度很高，这也是区块链仅次于数字货币应用的热门场景。不但如此，更在于随着经济的快速全球化，跨境支付规模在日益庞大。埃森哲研究表明，目前每年通过银行进行的跨境支付交易多达 100 亿~150 亿笔，规模在 25 万亿~30 万亿美元之间。有鉴于此，各国中央银行都在纷纷研究并尝试将区块链技术用于跨境支付。

两种跨境支付方式的比较

目前跨境支付最常见的是 SWIFT（环球同业银行金融电讯协会）模式。从 1973 年到现在，报文传送平台、产品和服务已经对接全球 11000 多家银行、证券机构和企业用户，覆盖 200 多个国家和地区。在这其中，每个成员都有自己的国际银行账户，通过统一的账户表达方式，在会员之间相互结算；如果一方不是会员，就需借助第三方会员代理银行来完成支付。不用说，这样一来每笔交易都需在多家机构之间传送，就必然会存在着会员制门槛高、中间费用高、支付效率低、中心化安全隐患等问题。

以其中的中间费用为例，可以分为支付处理成本、接收费用、财务运营成本、对账成本四部分。研究表明，每一笔跨境支付的平均成本在 25~35 美

---

❶ 赵鹍、马伟：《脸书推动的 Libra 为何被各国极力反对》，凤凰网，2019 年 10 月 28 日。

元之间，至少是国内使用自动票据交换结算成本的 10 倍。

以中心化安全隐患为例，由于该系统持续遭受黑客攻击，所以损失越来越大。孟加拉国、厄瓜多尔、越南、菲律宾等就都曾经遇到过黑客攻击事件，它们专门瞄准 SWIFT 银行间转账系统，企图窃取金钱。

而在区块链技术下，跨境支付因为执行的是金融交易标准协议，全球的金融机构、企业和个人全都进行点对点交易，并且在币种之间可以自由切换（这实际上是通过比特币等虚拟货币做中介），并不存在类似 SWIFT 这样的中心管理者，从而效率更高、成本更低、流动性更强、权利更平等。

以效率为例，在传统的跨境支付模式中，银行需要在每天营业时间结束后对支付交易进行批量处理，伴以人工对账。通常情况下，一笔跨境支付至少需要经过 24 小时；可是区块链随时可以进行自动、实时对账，全年无休，每天 24 小时不间断服务，根本没有"营业时间"的概念。以全球第一笔区块链技术下的跨境汇款为例，只用了短短 8 秒钟，这在传统支付模式下则需要 2~6 个工作日。

再来看支付成本。麦肯锡的研究表明，在 B2B 区块链跨境支付和结算业务中，每笔交易成本仅为 15 美元，传统方式平均需要 26 美元。在节省的这 11 美元中，75% 是原中转银行付出的网络维护费用，25% 为合规、差错调查及外汇汇兑成本。另一项研究表明，区块链跨境汇款能够降低支付处理成本 81%；因为流动性成本和交易风险降低了，所以财务运营成本也能降低 23%；而即时确认和实时流动性监控，则能降低对账成本 60%。

更值得一提的是，传统跨境支付方式中并不是所有银行都能加入 SWIFT 系统，就别提加入该系统在经济上是否合算了；可是在区块链技术下，所有金融机构和非金融机构甚至个人都一视同仁，完全没有门槛，因为区块链技术能够确保所有参与方彼此信任 [1]。

区块链跨境支付的主要特点

简化环节

首先请大胆设想一下：原来全球各国不同金融机构、代理金融机构之间是要依据不同的消息传递协议和结算协议进行沟通和结算的，而现在区块链由

---

[1] 中国信息通信研究院、腾讯研究院：《金融区块链研究报告》，2018 年 7 月。

于能实行点对点直接交易，便可以绕开几乎所有传统中介，原本复杂的事情一下子就变得简单起来，这会要减少多少流程和差错，在效率和时间成本上更是无可比拟，更何况还无须任何中介手续费。

就好比某人要从无锡郊区到上海郊区去，虽说无锡至上海交通十分发达，但如果他从无锡郊区去火车站，又要坐公交，又要转地铁，说不定还要用到共享单车；从上海出站后去目的地，又要如此这般来一通，加上候车时间，没有四五个小时甚至六七个小时根本做不到。这就是传统的交通方式，好比是传统的跨境结算；可是在区块链下就不同了，就好比是直接点到点的私家车直达，简化了所有换乘车环节，原本公交转地铁转火车再转地铁和公交以及候车时间一概省略，最多只需 2 小时。

全球第一家国际网络支付公司 Ripple 就是根据这一原理运行的。它建立在区块链基础上，通过分布式账本实现即时结算，大大简化了交易环节。

2018 年 7 月 16 日，香港金融管理局宣布，将与汇丰银行、渣打银行在内的 21 家银行于 8 月联合推出区块链贸易融资平台，成为中国香港政府主导的第一批升级 9 万亿美元全球贸易融资行业的主打项目之一。据透露，该平台是由中国平安旗下的金融科技公司 One Connect 设计，旨在通过实现文字数字化和流程自动化，大幅度减少融资和金融交易所需时间和文书工作，方便核实复杂流程的每一个过程（预计将从过去的两周缩短到一天）。该平台上线后，会给小微企业交易和供应链融资带来更多机会。

究其原因在于，银行对企业融资需进行尽职调查，而小微企业由于资料不全或不透明，过去的调查成本相对更高，所以获得贷款的概率很低。可是在区块链技术下，银行获取各种评估数据的成本会大大降低。不但如此，过去常见的骗贷、欺诈行为也会无处遁形。

据了解，在这之前，其实已经有多家银行开始这样做了，只是在所有政府支持的贸易融资平台中，香港金融管理局的这个项目是较早上线的。例如，2018 年 5 月汇丰银行就宣布采用区块链执行了全球第一笔商业融资交易，德意志银行、荷兰合作银行也有类似业务 ❶。

节省时间

跨境支付环节的简化，必定会缩短交易时间，否则也不能叫实时了。

---

❶ 《香港金管局即将推出区块链贸易融资平台》，新浪网，2018 年 7 月 16 日。

过去的汇款方式是，先把现金带到邮局或银行，然后填写汇款单，汇至对方（收款人）邮局或银行，对方再凭单据去领取现金。这样一个过程下来，短则三五天，长则十天半个月，很费时。其中除了技术因素还有人为因素，说穿了就是，你这钱在银行系统多待一小时就会给它们产生一小时的收益；相反，对你来说，则构成了同样的一笔支出。而现在，虽然各种汇款已可实时到账，但其背后的过程依然大同小异。

可是区块链汇款就不同了。由于信任度提高了，相应地也会提高整个系统的运行效率，从而节省时间，降低成本，实现价值提升。

正因如此，有人认为，受区块链技术冲击最大的便是以银行为代表的金融业。这不但因为金融业对信任度要求最高，而且还在于金融业本身吃的就是一碗信任饭。

也就是说，信任是金融业的基础，金融业的发展催生出了大量的中介机构如银行、交易所、托管机构、第三方支付平台、公证人等，它们的共同特点就是因为要维护信任而不得不导致高成本、低效率和单点故障。

而现在，区块链通过加密认证技术和去中心化共识机制，来维护一个完整的、分布式的、不可篡改的账本，就能撇开这些中介机构实现信任。区块链技术率先在金融业得到大面积推广，一方面是因为金融业不想自己被颠覆，另一方面也是为了借此提高效率、降低成本、扬长避短。

节约费用

传统的从银行或邮局汇款，费用通常是汇款金额的1%，起点1元、2元或5元，封顶50元或100元。电子汇兑出现后，有些汇款已实现免费，有些则依然需要支付汇款费用，通常是汇款额的1‰，起点1元，封顶50元。而现在，区块链汇款则几乎没有任何手续费。

机制不同

区块链下跨境支付的上述特点，是由其运营机制不同造成的。

传统金融体系里，如果甲要汇一笔钱给乙，背后一定会通过银行，而且还不一定是同一家银行。假如甲要通过微信转账给乙，甲的微信账号绑定的是中国工商银行，乙的微信账号绑定的是中国建设银行，那么这笔支付就必定会涉及其背后的工商银行和建设银行，并且是以银行为主角。

这是最简单的例子，实际情形比这要复杂得多。因为从某个时刻看，这笔钱究竟到了哪里，别说你不知道，就连银行也不知道。举例说，你作为甲来说，虽然已经告诉乙，马上要给他汇一笔钱，但是在乙还没有收到这笔钱时，他并不知道这钱已经到了工商银行还是建设银行，甚至不知道你有没有汇出（有没有骗他）。同样的道理，在工商银行或建设银行还没有收到你的这笔汇款时，它们也不知道是不是有这样一笔业务。

为什么？因为你们四个主体全都是信息孤岛。就像接力跑，表面上看是连续的过程，实际上却是相互割裂的，要四方联合才能搞清楚事情的来龙去脉。这四方中的每一方背后，都有由许多计算机系统构成的结算体系做支撑。因为银行系统实行的是复式记账，即"有借必有贷，借贷必相等"，所以这笔汇款所经历的计算机系统很可能多达一二十个。而区块链技术下的点对点交易，则可以省却其中所有中间环节。

跨境支付的实际应用

Ripple 最早推出区块链跨境支付

2012 年开发出来的 Ripple，是区块链中应用最早、最成熟的跨境支付。它通过 Ripple Net 来连接银行、支付服务供应商、数字化货币交易平台和企业，采用数字货币 XRP 为跨境支付提供流畅的体验服务，截至 2017 年年末已在 27 个国家进行过实时全球支付，其中包括多家全球知名银行。

这个系统的核心是 Ripple Net，一个公开的共享数据库。所有用户都可以阅读其中的账户信息和交易记录，并通过共识机制修改总站，时间只需短短几秒。

Ripple 用户在交易转账时可以有以下两种选择：

一是网关模式。交易双方在进行外汇交易时，如果拥有公用货币及相关网关组合，那么不必通过中间人或货币兑换所就能通过最有效的途径撮合交易，并且不存在最低交易限制。

二是 XRP 模式。当交易双方没有公用货币及相关网关组合时，就需要把 XRP 当作媒介货币来进行汇兑，这样不但能降低成本，还能同时享受到快捷结算服务 ❶。

Circle 的全球即时支付功能

2013 年 10 月创建于美国波士顿的区块链一站式金融服务初创公司 Circle，

---

❶ 中国信息通信研究院、腾讯研究院：《金融区块链研究报告》，2018 年 7 月。

旨在使得比特币交易简单易行，因此迅速获得了大量的融资。

2014年，它从四家投资商那里共获得2700万美元，成为数字密码货币领域资金最充裕者之一，随后它就宣布收购了Poloniex。而后者则是全球最活跃的加密资产交易所之一，也是最早提供以太坊交易的交易所，是它最早突破了10亿美元的日交易量。由此可见，Circle的实力和决心有多大。而其实，两者在此之前就已经建立起了合作伙伴关系。这次收购完成后，它能将加密资产的场外交易拉到场内，从而极大地拓展了用户规模和类型。不但如此，两者在许多服务方面还进行对接，在货币品种上兼容美元、欧元、英镑等，最终建立起区块链下的多种资产和服务交易多边开放市场。

2015年4月，它又获得高盛集团和总部位于中国的IDG资本领头的5000万美元C轮资金。2016年6月，获得中国投资商领投的6000万美元D轮资金，并且声明已经在中国成立独资企业Circle China和组建本土团队，同百度、光大控股达成战略合作。

Circle利用区块链技术在各国监管十分复杂的支付系统中，在全球范围内提供即时免费的新账户功能。具体是，用户可以同时拥有比特币和美元，选择持有美元的用户可以同接受比特币的商家和用户进行交易，彼此的国际转账将会在美元和比特币之间瞬间切换，而这些资金的安全都由美国联邦存款保险公司负责投保。

2015年，Circle成为全球第一家获得美国纽约州金融服务局颁发数字货币许可证的企业。2016年4月，它又获得了英国金融行为监督局颁发的第一张电子货币许可证，可以在英国和欧盟国家合法开展法定货币及数字货币兑换业务，从而在业内名声大噪。随后，它便宣布与巴克莱银行进行合作正式进军英国市场。

该公司首席执行官充满自信地认为，未来全球经济应当是开放而多元的，未来的全球通证市场也会如此。该公司致力于为所有人提供区块链下的数字资产交易，使得任何人可以在任何地方创造和分享价值。

为了改善用户体验，Circle还与苹果公司合作，在新发布的移动操作系统中支持用户使用比特币支付系统，从而大大简化跨国支付流程。2016年9月，它宣布用户可以通过苹果公司的即时通讯软件iMessage付款给全球任何人。根据计划，Circle未来将会将法定货币扩大到全球几种主要货币如英国英镑、欧洲欧元、中国人民币等 [1]。

Align Commerce 的 "新支付渠道"

2014 年，西联汇款前总经理马尔万·福兹雷（Marwan Forzley）在美国旧金山创建了 Align Commerce 平台，主要利用区块链技术为中小企业提供跨境汇款服务，其基本原理是将汇出的货币兑换成比特币，然后瞬间将比特币转换成接收方所需本国货币，从而完成整个汇款流程。

它拥有两大特点：一是因为基于区块链技术的跟踪机制，所以能为双方用户提供实时汇款进程，并且汇款时间大大缩短；二是因为这种货币转换是在瞬间完成的，并且该平台拥有许多交易所为合作伙伴，所以受比特币汇率变动的影响很小，几乎可以忽略不计。

例如，一家中国企业需要向美国企业汇款 1 万美元，这时这家中国企业就可以在 Align Commerce 平台上注册账号并创建付款，授权平台从自己的传统银行账户中划出 1 万美元。平台将该汇款信息通知美国公司，并且根据这家美国公司提供的传统银行账户信息，向其汇入 1 万美元。在这其中，如果中国公司汇出的是美元，对方收到的就也是美元，其间无须进行货币兑换，这时候平台并不收取任何费用；如果中国公司汇出的是人民币，对方需要收美元，那么从人民币向美元兑换的过程中则需要通过比特币来进行转换，平台就要从其汇款中直接扣除 1.9% 的汇款费率。

2015 年 4 月 Align Commerce 获得了一笔种子资金；11 月获得美国硅谷传奇投资公司凯鹏华盈领投的 1250 万美元 A 轮融资，主要用于拓展服务范围 [2]。2017 年 3 月，又获得澳大利亚国民银行风险投资机构领头的 B 轮融资 2400 万美元，主要用于在各国加速发展双向交易，在继续探索其他区块链支付渠道的同时，它还兼用 Swift 的银行间平台来进行汇款；至此，业务范围已经扩大到全球 60 个国家和地区。

伴随着新资金源源不断注入，Align Commerce 更名成了 Veem，前者的意思是 "将区块链和现有支付选择结合在一起，形成一种新的支付渠道"，而后者的意思则为 "在具有流动性和简单性的前提下，把钱从一个地方移动到另

---

[1] Emily Spaven 文，洒脱喜译：《比特币公司 Circle 获 5000 万美元融资，高盛 IDG 资本等参投》，巴比特资讯，2015 年 4 月 30 日。

[2] Pete Rizzo 文，洒脱喜译：《区块链公司 Align Commerce 获 1250 万美元 A 轮融资，凯鹏华盈领投》，巴比特资讯，2015 年 11 月 18 日。

一个地方 ❶"。

港版支付宝的区块链钱包汇款

2018 年 6 月 25 日，香港版支付宝推出了全球第一个区块链电子钱包跨境汇款服务项目，从此，港版支付宝用户便可以用手机向菲律宾钱包 Gcash 进行区块链技术下的转账了。

这种区块链钱包能够提供 24 小时不间断服务，由核心伙伴银行渣打银行负责每天的资金清算和外汇转换，同时提供即时外汇汇率和流动性。这种方式不但使得跨境汇款就像本地转账一样及时、方便，而且更由于区块链技术的安全性和保密性，能够让用户隐私得到切实保障。一位在香港工作的菲律宾人在发布会现场完成了第一笔汇款，耗时仅需 3 秒钟。

马云在当天发布会现场演讲时说："当我听到香港有 20 万菲律宾务工者，每个人赚的每分钱都不容易，我希望我们这个过程能更加快速、更加便宜、更加方便、更加安全。今天，这个世界上还有 17 亿人没有银行账户，但绝大部分人今天都有移动手机，这是新金融的机会，解决这些问题也是新金融的担当和责任。今天所有人讲区块链、科技，把互联网当作赚钱的工具、赚钱的概念，我认为这是不正确的。你只有创造价值，为别人创造独特价值，持之以恒，才有可能赚钱 ❷。"

企业之间的大额实时转账

针对企业之间的跨境大额转账，区块链同样不费吹灰之力。

以 Visa 和 Chain 共同开发的 Visa B2B Connect 为例，它能在区块链上实现企业与企业之间数额巨大、过程复杂的跨境支付，并能完成资金实时转移，这样也就大大减少了付款失败时所面临的一系列复杂的法律协议环节。目前，Visa 已经在全球数千家银行安装了该网络，并且在全球 10 个国家的 30 多家银行运行该原型。

再来看 OKCoin，它也在 2016 年采用区块链技术推出了用于跨境支付的新一代全球金融网络 OKLink。该网络通过区块链连接各汇款和收款账户，彼此间直接进行支付和结算，这样也就省掉了所有中间环节和费用。资料表明，整个网络只在中间汇率基础上收取不超过 0.5% 的费用，极大地节省了跨境

---

❶ Michael del Castillo 文，隔夜的粥译：《比特币汇款公司 Align Commerce 获 2400 万美元 B 轮融资，并更名为 Veem》，巴比特资讯，2017 年 3 月 9 日。

❷ 《马云：区块链不是一个金矿，必须用于解决社会问题》，金融界，2018 年 6 月 26 日。

结算汇兑成本。不仅如此，该网络还可以实现每个账户信息的同步更新，在短短 10 分钟内完成包括支付、汇率换算、结算在内的所有过程，与传统跨境汇兑平均需要三四个工作日相比，简直有天壤之别，基本实现了各账户借记和贷记的同步完成。目前，该网络已在全球数十个国家和地区拥有数百家合作方。

还有分布式账本项目 Stellar.org，它最重要的作用就是用于开放的跨境支付体系。它虽然采用了与其他分布式账本如 Ripple 同样的原理，但 Ripple 主要是服务于银行之间的清算和结算，而 Stellar 的长处则是主张更多元化的用户和场景，并且不仅仅局限于银行之间的结算，更擅长服务于小微企业，如跨国企业财务管理、手机钱包转账、个人或企业汇款等。目前，该项目已经覆盖菲律宾、印度尼西亚、新加坡、中国、尼日利亚、加纳、印度、荷兰、法国、德国等。

还有 SWIFT gpi 项目也值得一提。为了应对区块链等新兴支付技术的挑战，SWIFT 牵头全球主流银行启动了该跨境支付体系，2017 年 1 月上线以来已有 160 多家金融机构签约加入，日支付超过 1 亿美元。该项目通过重点验证银行往来账、银行在其他银行中持有账户的交易处理，并且设想了一些多对多银行转账交易场景，重点检查处理往来账调配流程时区块链是如何满足有关管理、安全、数据隐私要求的。在此基础上，2018 年 3 月 SWIFT 还发布区块链概念验证认证结果，确认银行之间可以采用分布式账本来进行实时交易❶。

在征信系统的应用

区块链的一大作用，就是在征信系统中的应用。它能打通所有环节、所有部门的信息孤岛，让它们都变得诚实、收敛和克制。而金融业又因涉及价值昂贵的交易，所以对交易各方的信用尤为看重，这也就必然导致区块链在金融业中的应用首当其冲并更为突出。

---

❶ 中国信息通信研究院、腾讯研究院：《金融区块链研究报告》，2018 年 7 月。

金融业尤其重视征信

金融是人类社会产生以来一直存在的经济活动，并且其交易额居高不下。就目前的百姓家庭而言，最典型的是商品房买卖中必不可少的房屋抵押贷款，动不动就要涉及货币（银行）、抵押、保险、保证金、证券等行业。而为了完成这一交易，必须借助于中介和担保机构，以尽可能地降低各方无法充分互信的风险。

具体地说，这些风险主要体现为两方面。一方面，涉及货币和抵押就需证明其所有权，不是你的东西当然你就不能拿去抵押了；而要能证明是你的东西，就必须通过第三方。在这过程中，随时随地有可能出现弄虚作假，最常见的是出具假证明、假发票、假证件。另一方面，价值是无法直接进行交易的，要想实现价值计量和交换就需要通过各种繁琐的手续，在这过程中同样存在着被篡改或夸大缩小的可能。

退一步说，即使这些中介和担保机构恪尽职守，并且完美无缺地提供了信任保障业务，也不可避免地会因为这些第三方机构的存在而造成成本高、流程复杂、容易出错、效率低下等问题。

从这一点上看，要想消除这些隐患就必须去中介化，而这恰好是区块链擅长的。区块链能够提供有效、可信的所属权证明，克服上述弊端。

区块链和金融业的欢喜冤家

从上容易看出，区块链的一大特长就是破除各种中介，而金融业恰好就是这种中介，所以这就注定两者之间是一对欢喜冤家——从"欢喜"的角度看，区块链能够消除中介环节，而金融业内部正可以利用这一点来提高效率、降低成本；从"冤家"的角度看，整个金融业本身就是一个大中介，都是区块链所要消灭的对象，这自然会引发它的殊死抵抗了。

要说清这个问题，就要看金融中介的存在理由和价值。现代金融中介理论认为，金融中介之所以存在，是基于以下四大理由：

不确定性

无论企业还是个人，都可能存在着一会儿资金宽裕、一会儿资金紧缺的情形，这种不确定性永远存在，而且无法预知。正因如此，银行才会具有充当这种资金流动性蓄水池的功能，并通过自身专业优势和规模效应为客户理财、分散风险，同时从中盈利。而区块链的应用，则能"实时知道"谁的资金宽裕、谁在资金短缺，从而取代这种金融中介。

信息不对称

在资金余缺方面，资金富裕方即使知道对方有资金需求，也会因为对对方的经营状况、资产净值、抵押担保价值、潜在收益风险、个人信用状况不了解而不敢贸然出借。而银行作为金融中介，在掌握并了解这些信息方面具有很多优势。区块链技术的应用，则能"实时知道"借款人的信用记录和资金往来，从而剥夺银行中介的这种优势，比银行更有优势。

交易成本

银行可以通过专业力量和规模效应来降低资金交易成本，所以它在过去确实有存在的必要。这种交易成本分为固定成本和变动成本两部分，其中变动成本部分会因规模扩大而降低，至少要比单一借贷有优势。更不用说，银行中介还能对交易双方不同的金融需求进行撮合和协调，这就更能最优化地匹配供需、降低使用成本了。可是，这在区块链面前则是小巫见大巫。区块链因为去中介化，这方面的交易成本几乎是零。

参与成本、风险管理、价值增值

在金融创新背景下，金融工具的多样性和复杂性抬高了普通交易者参与金融交易的成本，以及了解并进行风险管理的门槛；而银行中介则能在这方面助其一臂之力，并且在许多情况下还是关键性的临门一脚。不仅如此，金融中介作为市场主体，还能不断创造并推出金融产品，拓展金融服务范围，实现自身价值增值。毋庸讳言，区块链在这一点上望尘莫及，因为说到底它只是一种技术，而不是中介（它本身就是去中心化的），更不是实体，无法也没必要积极参与成本和价值增值。

金融脱媒终局

至此容易看出，区块链由于在征信系统中的特殊作用，必将成为金融脱媒的最终形式。关于这一点，可从金融脱媒的发展历程中看出来。

所谓金融脱媒，也叫金融去中介化，是指资金需求双方不通过银行等金融中介直接进行交易的现象。这里的媒，是指媒介，狭义概念是指商业银行，广义概念还包括一切金融中介，但一般是指狭义概念。这是因为，资金融通的主体过去主要是银行。在我国，20世纪80年代之前银行一直是金融市场的唯一媒介，几乎垄断了全部融资份额。

金融脱媒最早出现在20世纪60年代的美国。当时的美国对银行业实施了严格的利率管制，存款利率有最高限制；可是通货膨胀却急剧上升，市场利率远远高于利率上限。在这种情况下，大量存款纷纷跳过银行等金融媒介直接用于投资或流向收益更高的金融资产，于是金融脱媒出现了。20世纪80年代加拿大修订银行法案，20世纪90年代马来西亚的金融政策转向以市场为主导，都在政府层面加快了该国金融脱媒步伐。

在我国，金融脱媒是从20世纪90年代开始出现的。随着证券交易所的成立和股市的发展，部分资金开始绕过商业银行通过证券渠道进入企业，但总的来看比重并不大。2005年以后，随着债券市场尤其是信用债市场的快速发展，金融脱媒进程逐渐加快。尤其是2006年的"金融脱媒环境下商业银行的运营方式论坛"，在一定程度上推动了我国经济转轨时期的金融脱媒进程。而恰好这时候互联网高速发展，互联网金融开始登台亮相，于是我国的互联网金融后发制人，发展势头十分迅猛。

从发展过程看，大体上可分为三个阶段。一是当2005年全球第一家P2P平台Zopa在英国上线时，此时我国还没有形成真正意义上的互联网金融业态，主要体现为互联网为金融机构提供技术支持，帮助银行把业务搬到线上去。二是2005年后，网上借贷开始萌芽。2007年，我国出现了第一家P2P网络借贷平台拍拍贷公司。2011年中国人民银行发放第三方支付牌照，标志着互联网与金融的结合开始从技术领域渗透到金融领域。三是2012年以来，互联网金融的各种业态呈井喷式发展，2013年更被称为我国"互联网金融元年"。以支付宝、财付通为代表的第三方电子支付，在很大程度上克服了互联网交易中的信用问题，并且从最初的网上购物等传统领域逐步渗透到基金、理财、旅游、教育、保险、医疗卫生等[1]。

但显而易见，无论互联网金融还是第三方电子支付，虽然在金融脱媒上迈进了一大步，可是却没有也无法去中心化。虽然从理论上说，P2P网络借贷已经实现个人对个人的直接模式，但依然离不开网络借贷平台的交易和担保。所以，确切地说，互联网金融不但没有去中心化，反而呈现出再中心化特征。也因如此，一旦这个新的中心出问题，就会连带造成一系列问题，这几年P2P

---

[1]　韩锋、张晓玫：《区块链：量子财富观》，北京：机械工业出版社，2017，P43–45。

网络平台"跑路""诈骗""兑付困难"等事件频发，就是这样来的。

就在互联网金融信誉下降时，区块链概念应运而出，尤其是在2015年下半年以来受到爆炸式关注，并有望彻底解决上述乱象。

容易看出，金融脱媒的实质是资本逐利。作为资金需求方来说，总会追求更低的资金成本；而作为资金供应方来说，在风险一定的情况下，也总会追求更高的获利回报。在过去，金融中介依靠其信息优势、专业水准和规模，确实能够将融资成本降到最低。可是在交易技术越来越发达的今天，这一优势正在迅速失去，各种金融脱媒趁虚而入并日益壮大。

可以预见，金融脱媒的最终技术就是区块链，并彻底脱媒。区块链技术几乎能满足传统银行的所有功能，没有银行照样可以在国内外实现点到点资金交易，并确保信用和有据可查，这就够了。

征信管理是块大蛋糕

征信管理是一个巨大的潜在市场，规模至少在千亿美元以上，这也是目前大数据应用领域中最有发展前途的一块。

目前的征信管理主要掌握在少数机构手里。由于这些第一手数据具备极高的商业价值，并且过于敏感，所以不可能轻易与人共享，这样也就抬高了他人进入这个领域的门槛。

而所有这一切，实际上都是中心化惹的祸。如果采用区块链，背靠区块链无法篡改、不可抵赖的特性，就不但能在规模上达到前所未有的、关联度极高的数据，还能大大提高信用评估准确率，有效降低评估成本，轻而易举地就能很精准地关联到户，这是其一。

其二，区块链技术中的交易处理完全是根据智能合约执行的，这样就会彻底消除人为因素干扰。这就是区块链信用机制的稳定性和中立性，不会因个人偏好而改变。

就目前而言，IDG、腾讯、安永、普华永道等都已经投资或进入区块链基础上的征信管理领域，尤其是与保险业有关的应用场景。值得注意的是，以互联网企业和各类社交网站为代表的几大数据巨头，虽然已经从各种角度获得海量的用户信息，可是从征信角度看，依然存在以下问题：

一是单打独斗搜集数据，数据量很难达到最大化，数据价值还不够高。当数据量太小时，就无法充分体现出数据的价值来。

二是关联度不够。数据巨头千方百计地挖掘用户数据，而用户现在普遍对这种做法有反感，并不会轻而易举地就交出隐私数据。这样，数据公司所得到的数据就会失真，关联度也差，甚至有许多是虚假信息。

三是时效性不足。数据巨头获得的用户数据，一般都是过时了的，即时数据所占比重很小或根本没有，这样就大大降低了数据信息的效用。

银行在行动

区块链的迅猛发展，迫使金融业高调融入，最大限度地兴利除弊。

以交通银行为例。交通银行借助于区块链技术，让各参与方通过分布式处理和存储以及智能合约和共识机制、密码技术等，在彼此之间建立起信任，通过把证券部门、中介机构和相关投资方连接在一起，大大提高了业务效率。

例如，长期以来国内信用证交易都必须经过开证行、通知行、交单行、议付行等多家银行与快递服务商，每家机构都要在各自的账务系统中进行记录，可是每家机构之间的信息又都是孤立、不透明的，这样就存在着单证处理真实性核实困难，处理效率低，并且容易发生延误、丢失等问题。

交通银行从 2018 年 4 月起在国内信用证项目中率先运用区块链技术，实现了信息和单据的端到端传输，减少了邮寄中间环节，极大地提高了交易速度，降低了交易成本；并且，它还于 6 月 27 日在银行界第一个推出区块链资产证券化平台"聚财链"。截至 2018 年 7 月 26 日，交通银行已经累计开出区块链国内证 20 笔、金额 1.56 亿元❶。

在银行业中的应用

区块链在银行业中的应用，主要体现为其潜在优势所带来的巨大诱惑力，如降低交易成本、减少跨组织交易风险等。也因如此，区块链对银行业的颠覆，在目前的区块链应用中尤其引人瞩目。全球各大银行和金融交易机构都在全力推动区块链应用。

---

❶《交通银行：已累计开立区块链国内信用证 20 笔、1.56 亿元》，澎湃新闻，2018 年 8 月 16 日。

春江水暖鸭先知

众所周知，银行分为中央银行和普通银行两大类。其中中央银行代表的是国家信用，通过管理各种证券和利率，来确保宏观经济稳定并维护金融稳定。而其他普通银行则通过中介和担保角色，来协助各方完成金融交易，其背后体现的是中央银行的信用。

但无论中央银行还是普通银行，交易成本历来居高不下，所以以区块链率先在银行领域发起攻击就不足为奇，并且这种应用是全球性的，因为它的去中心化能大大降低金融交易成本。例如，目前全球证券交易后复杂的清算行为成本高达 50 亿~100 亿美元，而分析、对账和处理费用更是高达 200 亿美元。欧洲银行引入区块链后就不但大大节约了对账成本，而且还简化了交易过程，几乎可以同步变更证券所有权。

在加拿大，2016 年 6 月中央银行公开表示有多家银行正在开发区块链技术基础上的数字版加拿大元，从而允许用户采用纸币加拿大元来兑换数字版加拿大元。这样做有一大意想不到的好处，那就是如果觉得有必要，银行随时可以轻而易举地销毁数字版加拿大元。

在日本，2017 年 3 月 27 日，日本国会通过了《2017 税务改革法案》，将比特币等数字货币定义为货币等价物，可以用于数字支付和转账。该法案 2017 年 7 月 1 日生效后，销售数字货币便无须缴纳 8% 的消费税。

在英国，数字货币的发展和应用更为迅速和广泛。基于分布式账本平台的数字化货币系统 RSCoin，不但在中央银行和下属银行之间内部使用，而且还已经用于国内外经济贸易。该系统采用双层链架构，两阶段提交，以及多链之间的交叉验证机制，所以具有防篡改和防伪造特性。英国政府认为，数字货币能够有效节约经济成本，促进经济发展，比传统货币更适合国际贸易等场景，所以要求尽快普及该数字货币。

在我国，早在 2014 年年初中国人民银行就专门成立了数字货币发行专家团队，对建立在区块链基础上的数字货币进行研究，2015 年形成研究报告。

2016 年，国务院把区块链写入《国民经济和社会发展第十三个五年规划纲要（2016~2020 年）》，强化战略性前沿技术超前布局。1 月 20 日，中国人民银行专门组织数字货币研讨会，邀请业内区块链专家对数字货币发行的总体框架、演进以及国家加密货币等话题进行研讨，随后提出了我国银行业数字货币战略性发展思路，表示要尽早发行数字货币，并利用数字货币技术来打击金融犯罪。7月，启动基于区块链和数字货币基础的数字票据交易平台原型研发工作，决定把这作为法定数字货币的试点应用场景，以此来验证区块链技术。10月，中国邮政储蓄银行宣布携手IBM公司推出基于区块链的资产托管系统，这标志着我国银行业第一次把区块链技术用在了核心业务系统上。这样做的好处是，避免重复信用校验过程，将原有业务环节减少70%，大大提高了信用交易效率。12月，中国人民银行成立数字货币研究所，下设七大部门，公开表示在保持实物现金发行的同时也要发行以加密算法为基础的数字货币，让数字货币在M0（流通中的现金）中占一定比例。为确保数字货币安全性，将采用安全芯片为载体来保护密钥和算法运算过程中的安全❶。究其原因就在于，中央银行数字货币以国家信用为保证，能够在最大范围内实现线上线下同步应用，最大限度地提高交易便利性和安全性，所以这是未来的一种发展趋势。

2017年，中国人民银行成功测试了基于区块链的数字票据交易平台。6月，中国人民银行在印发的《中国金融业信息技术"十三五"发展规划》中，明确了把积极推进区块链、人工智能等新技术应用研究作为重点任务，数字货币在减少洗钱、逃漏税等违法犯罪行为方面具有不可替代的作用。

2019年8月，国际数据公司发布的报告显示，2018~2023年间，全球银行业在区块链上的投入将占全球区块链技术总支出的30%❷。

银行业欢迎区块链技术的原因

安全性

金融系统最重要的是安全性，而区块链在交换数据、信息和金钱方面，不但安全、透明，而且效率高、成本低，并能提供稳定的服务保障，这一直是金融系统所梦寐以求的。例如，每年有超过40%的金融主体和中介机构如证券交易所会出现黑客入侵等金融盗窃事件，从而蒙受重大损失。报告表明，2017年全球有77%的金融科技机构希望能在2020年就将区块链技术引入金融生产系统。

---

❶ 杨保华、陈昌：《区块链原理、设计与应用》，北京：机械工业出版社，2017，P23、P24。
❷ 刘石磊、张家伟等：《"链"向未来——前景广阔的区块链技术》，新华社，2019年10月28日。

节省人工成本

区块链的分布式记账技术能够摒弃集中式组织机构，节约大量的人工成本。例如，仅仅是上传客户的身份验证（KYC）资料到中心化注册机构验证，以及反洗钱（AML）的尽职调查，每家银行每年就需投入 600 万~5000 万美元不等的费用。所以，越是人力资本高的地区，区块链的普及速度就越快，因为它能节省其中许多重复性劳动。据德勤集团报告，全球有 24% 的金融机构对区块链技术很熟悉，尤其是北美地区。

节省中介费用

虽然金融系统本身也是中介，但它却不能单独存在，而是必然需要用到其他许多中介机构，在其背后不但意味着高昂的时间和金钱成本，还潜伏着相当多的安全隐患；至少，参与的机构和人员越多错误概率也越大，而区块链端到端的特点能够彻底解决这一问题。所以，未来区块链对银行业的作用就像今天的互联网对媒体那样，须臾不可离开。

智能合约

通过区块链的智能合约机制，金融系统能够实现在满足某些条件时的自动转账，这对简化流程和提高交易速度非常有帮助。并且，只有满足代码中的这些条件才会执行合约，所以能够确保转账的准确性和安全性；同时，由于这些条件所有人都能看到，所以几乎能杜绝一切舞弊行为。

价值实现

金融系统拥有丰富的经济数据，全球 80% 的人拥有银行账户，这就意味着全球有五六十亿人的资料都掌握在金融系统。金融系统通过区块链的时间戳和完整记录，可以从中挖掘出大量的精准信息，从而把数据变成客户价值。

本能反应

区块链技术的特性使得金融系统最容易受到冲击，有人甚至说将会彻底改变或消除传统的金融行业。有鉴于此，就必然会使得传统的金融系统对此产生兴趣。即使无法有效抵御这种时代潮流的冲击，至少也可以提前知道自己今后"还有多少寿命""将会死在哪里"。

存在的不足和问题

区块链作为一项新事物，必然存在着不足和问题。具体到金融方面的应用而言，目前的问题主要体现在交易性能还达不到要求。

从原理上说，区块链并不适合高频交易场景，而金融行业的一大要求便是高频交易。举例说，目前公开的比特币区块链能够支持的吞吐量是平均每秒 7 笔交易，所以能看到，当比特币交易量特别巨大时会出现迟缓现象。区块链目前单客户端的交易吞吐量在普通虚拟机配置下是每秒几百笔，在优化加速后可以达到每秒几千笔。虽然这比比特币交易量扩大了成百上千倍，但如果遇到峰值每秒几万笔的交易吞吐量依然无法胜任。

而从历史上看，传统的银行业务一直是混合技术，今后也不太可能单一依赖某一种技术。说得更明白一点就是，过去一直是只依靠传统货币的，并没有数字货币；今后也不会发展到只有数字货币而没有传统货币的地步，因为这样做风险极大。

区块链作为一项技术本身是中性的，必然会同时具有正作用和副作用，世界上也从来没有只有正作用的技术。所以，哪怕以后区块链技术再发达，都要时刻警惕它所存在的风险。引进和发展区块链技术，应该实实在在建立在合适的场景中，而不是为了赶技术时髦。中央银行发行法定数字货币虽然具有风险信用低、公平性高、非营利性、安全可控等优势，但同样会存在挤出效应、无法保证隐私、维护成本高等风险。

在证券业中的应用

证券交易时，双方发出交易指令后，需要通过证券经纪人、资产托管人到达证券交易所，然后再进行相互匹配，最终达成交易。区块链因为采用分布式数字登记系统，所以能够通过智能合约自动匹配买卖双方，继而进行结算和清算。不用说，这种跳过中间投资银行（经纪业务）和商业银行（资产托管业务）直接点对点的交易，既省事也省钱。

证券发行

传统的商业计算体系是中心化的，通常需要较长的流程、时间和较高的费用。可是区块链由于实行自动清算结算流程，便可以大大提高效率，降低成本，这一点已经得到较多的应用。

2015 年 8 月，美国知名电子零售巨头 Overstock 通过区块链平台发布了以加密货币为基础的"数字企业证券"，从而实现了证券线上交易。12 月 16 日，美国证券交易委员会接受 Overstock 采用区块链技术发行该公司股票的申请，允许该公司通过自行开发的区块链交易平台 TØ，发行最高 5 亿美元的新证券，包括普通股、优先股、存托凭证、利证和债券等。

而在这之前，该公司已经采用区块链发行过私募债券（按规定这无须经过监管机构批准）。也许正因有这样的成功经历，美国证券交易委员会才同意它以同样的方式发行公开交易的证券。这种发行方式的最大好处是，可以彻底消除传统交易市场上不必要的中间商，降低发行费用。

该公司认为，区块链与资本市场的关系就好比是互联网与普通网民的关系，它为谁在什么时间段拥有特定的证券提供了一种安全、透明、可靠的方式，可以取代传统证券交易所运行模式，并对股市产生巨大影响。

关于这一点，已经得到传统交易所巨头纳斯达克的认可。纳斯达克也在紧盯着这项技术用于私募交易市场，并且在这之前已经暗示说将会把区块链用于其公开交易市场。

尝到这一甜头后，该公司准备采用这种方式为其他企业提供"加密证券"及股票"借贷"服务，前提是这些企业要获得美国证券交易委员会的单独审批通过。要知道，美国股市中仅仅股票借贷市场的规模就高达 9540 亿美元，可想而知，如果能消除中间商并填补股票结算漏洞，这其中的发展前景有多么诱人❶。

2018 年 8 月，澳大利亚联邦银行接到世界银行通知，要求为发行全球第一笔区块链债券做准备，届时会在世界银行和澳大利亚联邦银行运营的区块链平台上同时发行和交易。

这种区块链证券，是指使用区块链技术创建、分配、转让、管理的债券，在澳大利亚被称为"袋鼠债券"（指在澳大利亚本国发行的外国债券）。

传统的袋鼠债券在区块链下因为采用分布式记账技术，所以能够完整、详细、安全地记载发生在全球各地的链上交易，不但大大简化了债券资本市场上中介机构和代理商之间的流程，还能简化融资和交易证券过程，既提高

---

❶ CADE METZ 文，洒脱喜编译：《Overstock 获 SEC 批准，或通过比特币区块链发行最高 5 亿美元证券》，巴比特资讯，2015 年 12 月 16 日。

效率，也便于监管❶。

在美国，传统的股票清算系统（全美证券托管清算银行）至少需要 3 天时间，而在区块链下可以缩短到不超过 10 分钟。

资金清算

证券交易分为两个过程：一是交易执行环节，二是交易后环节。交易执行环节主要由交易系统进行实时处理，即随时更新电子数据库，所以相对简单。交易后环节主要是根据交易指令进行结算和清算，在此期间因为要经过中心化验证，所以这一过程十分复杂，需要投入大量的人力和时间成本，并且还不排除出错的可能。

区块链在证券交易中的应用，主要出现在交易后环节，也即用于资金清算，这时候区块链的优越性便充分体现出来了。因为它去中心化了，所以不再需要如此繁杂的验证过程，就像学生考试答题一样，边答题边验算，而不是做完题目后再要验算一遍，这样也就大大节省了时间，并且能够尽可能地减少人员参与，降低人力成本。

举例说，2015 年 10 月，美国纳斯达克证券交易所就已经推出区块链平台 Nasdaq Linq，主要面向一级市场股票交易流程。通过该平台发行股票的发行者，都能享受到"数字化"所有权。

所要注意的是，由于区块链还处于初步发展阶段，所以在运算能力方面还不能达到要求。举例说，在面对每秒 1 万笔以上的交易量，日处理能力超过 5000 万笔委托、3000 万笔成交的海量交易面前，就会显得力不从心。不过，随着技术的发展，这种不适应有望在较短时间内迎刃而解。例如，Bit Share 推出的基于区块链的证券发行平台，就已经号称每秒能完成 10 万笔交易了。

2016 年 1 月，澳大利亚证券交易所也宣布使用美国区块链创业公司 Digital Asset 开发的技术，来替换原有的 CHESS 交易后结算系统；不但如此，前者还参与了后者的 B 轮融资。在经历了两年的验证和测试之后，终于奠定了这一决定的重要里程碑——澳大利亚证券交易所成为全球第一个把一种核心业务迁移到基于区块链系统上去的主流交易所。

该交易所总经理兼首席执行官多米尼克·史提芬表示："使用分布式账本

❶ 音希编译：《世界银行开始探索世界首个区块链债券项目》，腾讯网，2018 年 8 月 10 日。

技术替换 CHESS 将使客户能够开发新的服务并降低成本，同时可以实现跨市场的金融市场数据和流程操作。"

2018 年 8 月 17 日，支持复杂应用的 DAPP 平台 Penta 基金会宣布，它已经成功完成用通证对在澳大利亚主板上市的物联网公司 CCT 股份的战略投资，并且该项收购已经获得澳大利亚证券投资委员会的批复同意。而据 CTI 发布的公告，该基金会用通证完成了对其约 2800 万股的战略投资。就这样，全球第一例通过区块链技术收购上市公司的案例诞生了 ❶。

前景展望

中国金融期货交易所专家在《交易所在区块链技术推动中的变革，且须权衡好创新与风险》一文中认为，国内交易所在许多方面与境外先进水平相比仍有一定差距，所以今后会从以下三点来推动金融科技的应用：一是拓展场内清算技术和系统设施的使用范围，降低场外市场系统性风险；二是引入先进的保证金技术，积极开发跨品种、跨场内外的组合保证金系统，在控制风险的前提下降低清算成本；三是运用大数据提供技术支持。

针对其中的第二点，区块链专家认为，国内期货交易所今后很可能无须引进这种保证金技术，因为区块链技术的出现就是为解决信用问题的，所以这种保证金技术会失去存在的必要 ❷。

这样的研判仅仅过去一年多后的 2018 年 6 月，美国纳斯达克证券交易所就公开宣布，其清算部门已经与荷兰银行、欧洲中央银行、欧洲清算银行共同开发出一个区块链概念验证平台。其中，纳斯达克为该平台开发 PoC，荷兰银行清算所和欧洲央行负责创建前端接口，欧洲清算银行负责基础的抵押品转让，以确保最终报价。

据悉，该平台就是通过区块链来覆盖保证金追缴和需要存款资金来弥补潜在损失需求的，它可以在抵押物出让人、接受者和中介机构之间建立共享网络。由此可见，区块链确实可以通过增强信任来部分取代或全部取代保证金技术 ❸。

---

❶ 《全球首例：区块链公司用加密货币收购澳大利亚证交所上市公司，新"门口野蛮人"？》，Odaily 星球日报，2018 年 8 月 17 日。

❷ 《有了区块链，音乐人再也不用担心"潜规则"了》，搜狐网，2016 年 11 月 9 日。

❸ 《纳斯达克开发出基于区块链技术的保证金追缴平台》，百度网，2018 年 6 月 20 日。

在保险业的应用

区块链在保险业的应用，主要是征信和权属的数字化管理。保险公司在这方面的技术问题主要是缺乏足够的数据和分析能力、可靠的平台支持、有效的数据整合管理。而区块链的优点，恰好是能满足保险领域这方面的需求；所要注意的是，征信行业的门槛较高，需要各方共同推动才行。

德勤等的微保险

2016 年 7 月，德勤会计师事务所和 Stratumn、LemonWay 联合推出了一个为共享经济场景设置的微保险概念平台 Lender Bot，允许用户在区块链上注册定制的微保险。

众所周知，共享经济中的共享资产随时会变换用户。例如共享单车，当这位用户骑乘这辆共享单车时，你根本不知道他会在多长时间后结束骑行，也不知道他会停放在什么地方；同样，也不知道下一位骑乘者会在什么时候出现。怎样明确他们之间各自的责任，区块链技术就能帮上大忙，扮演可信的第三方，来为这些共享资产如单车、相机、手机、手提电脑等进行投保，从而消除共享经济中临时交换资产可能存在的风险。

也就是说，区块链虽然在传统的资源共享平台中能够为共享资产充当可信的调解和仲裁者角色，但还不得不承认，有许多线下的复杂交易是很难进行数字化的，而这就必须通过保险机制来对冲风险。这里的微保险概念平台 Lender Bot 就是要解决这个问题，其原理是引入信誉评分、多方评估以及再保险等机制，来有效攻克这一道道难关。

区块链在国内保险中的应用

举例说，传统的航空意外险中一直存在着保单造假、中间商抬高价格赚取差价等问题。由于保险理财只出现在飞机发生意外时，这样的概率极小，所以绝大多数客户买到假保险后基本上不会被暴露，所以这种弄虚作假行为屡见不鲜。可是在区块链下，这些问题将无藏身之处。

2016 年 7 月，阳光保险与 2012 年起就一直专注于区块链技术与产品推广的布比区块链，在国内第一个推出了区块链保险"区块链＋航空意外险卡单"，目的是要通过区块链追踪保单流转过程，从而确保产品的真实性和唯一性。这也意味着，国内主流金融开始接纳区块链这项新技术，并运用到实际场景中去。

在区块链技术下，每一张保单都可以追溯到从源头至客户流转的全过程，每一个环节都可以察觉到卡单真伪，所以理赔时少了许多周折。更不用说，由于区块链保单没有中间商，所以不会出现中间商抬高差价转嫁给消费者的情形，保单价格会明显降低。

在阳光保险推出的这款区块链保单上，每份价格 60 元，可使用 20 人次，每次可获 200 万元航空意外保障，这就相当于每次只需花费 3 元钱就可获得 200 万元保障了 ❶。

截至 2017 年年初，布比区块链已经接触了 600 家企业，不断地用区块链技术把企业的痛点变成需求。

2016 年，布比区块链推出了面向互联网的区块链产品布萌（意为"不联盟"，代表着区块链的自由思想），用以解决在区块链下的数据归属权问题。因为在布比区块链看来，任何中心化数据一旦属于某个"中心"，就一定存在着被篡改或被一键删除的可能，面临着许多不可控的安全威胁；只有完全属于拥有者个人才有绝对安全，而区块链就是这样一门技术。

所以能看到，布萌就相当于一个"可信的数字资产网络"。客户通过使用布比区块链，可以在布萌平台上发行和交易资产，并拥有平台机构共同维护的、具有统一共识机制保障和不可篡改的数据，从而建立起彼此之间的信任来。而上面提到的阳光保险，以及华安保险等 20 多个机构，都是其中的成员。任何一笔数据的产生，都会有这些机构和众多服务器节点共同维护，单一机构是篡改不了的 ❷，见图 10-1。

2018 年 8 月，阳光保险又上线了国内第一款区块链下的女性特定疾病保险。这种一年期健康保险项目包括女性特定疾病、女性原位癌、女性特定手术，

---

❶ Amber 丁丁：《阳光保险上线国内首个区块链保险卡单》，搜狐网 2016 年 8 月 1 日。
❷ 李凯：《杨帆：区块链是技术，是未来社会信任的基石》，搜狐网，2017 年 2 月 27 日。

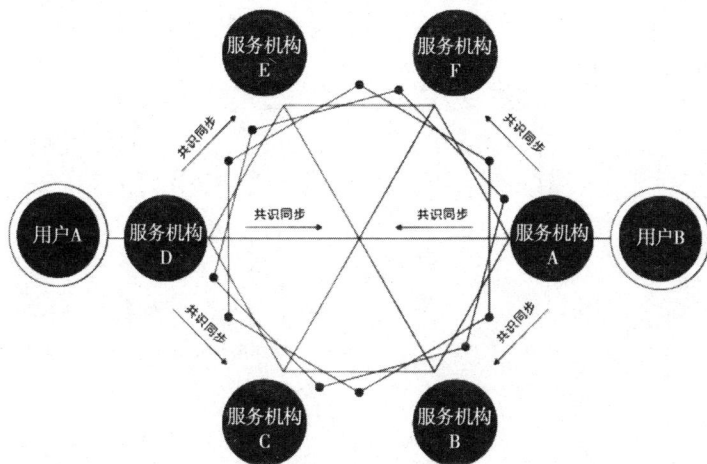

图10-1　布萌平台节点由多机构共同部署、共同维护，
用户数据通过共识机制在多节点存储，单一机构无法篡改
（资料来源：搜狐网）

保障金额分别为10万元、2万元、5000元，但保费却只要12.5元；不但如此，该产品还可以通过健康介绍信授权保险公司去相关医院或体检机构查看个人体检报告数据，并可通过这种方式享受9折价格优惠，如果数据在正常范围内则可享受7折优惠。

这款产品为什么能实现这种个性化差异定价呢？主要还是得益于区块链技术。具体地是指，阳光保险通过将客户的健康数据使用权登记在区块链上，确权后该数据使用权便可以永久归客户本人拥有，经个人授权便可以在不同需求场景下自由使用，从而实现数据流通。

更有意思的是，在这些健康数据交互时，保险公司只能看到健康评分，无法看到被保险人原始数据，这就很好地保护了消费者隐私权❶。

除了阳光保险，2016年11月中国第一家互联网保险众安保险宣布成立全资子公司众安信息技术服务有限公司，并且推出了区块链云平台，来用于发展普惠金融和健康医疗；同时推动区块链、人工智能、云计算和大数据等新技术在更大范围内的应用❷。

由此可见，区块链技术在保险业的应用进程越来越快，应用范围也越来越广。

---

❶　蒋牧云：《国内首款区块链健康险在阳光保险上线》，载《国际金融报》，2018年8月8日。

❷　《比人工智能更重要！盘点区块链的创业机会之医疗》，搜狐网，2017年2月28日。

第11章

区块链@药品与医疗

普华永道2017年年末的调查表明，医疗行业位居目前区块链领域最有应用前景的第三位，尤其是在数据存储、信息共享、流程透明化、事故责任追溯、缴费和保险的智能合约方面大有作为。

下编
行业

◆ 有效遏制假冒伪劣
◆ 打通数据交流环节
◆ 重塑医患信任关系
◆ 有助于攻克疑难杂症

有效遏制假冒伪劣

药品的假冒伪劣现象由来已久，这当然与多种因素有关，如法律、管理、道德、行业禁入等。但其中面广量大的还是在生产和流通过程中，区块链在这方面大有作为，它能确保上链信息全部暴露在阳光下。

区块链改变医药溯源方式

医药溯源源于 1997 年欧盟为应对"疯牛病"问题而逐步建立并完善起来的食品安全管理制度。发展到现在，已经被广泛应用于各行各业。通俗地说，溯源就是一种可以对产品进行正向、逆向、不定向追踪的生产控制系统，适用于任何产品。

总体来看，传统的药品溯源体系存在以下两大问题：

一是溯源系统由制药企业单独维护，记录信息容易被利益相关方肆意篡改，可信度低，也因此导致使用率低，无法发挥该有的作用，而这又会反过来迫使制药企业纯粹把药品溯源体系看作是应付监管的面子工程来对待，不愿意加大投入，从而造成恶性循环。

二是各省市虽然都建有自己的地方性药品溯源系统，但彼此之间不能互通。这样一来，药品监管部门的监管措施就不能一竿子到底，从而大大削弱了监管效力，普遍存在着制药企业受假冒伪劣滋扰，用户端对药品溯源系统信任度低，因而扫码率普遍不到 1%。一旦出了安全问题，无法快速定位问题发生环节，需要召回问题产品时响应速度慢。

美国商务部的数据表明，全球每年的假药交易规模在 750 亿~2000 亿美元之间。在亚洲、非洲和南美洲的许多发展中国家，假药交易额占药品销售总额的 10%~30%，每年有超过 10 万人死于非法交易的假药。有鉴于此，美国早在 2013 年就推出《药品供应链安全法案》，要求药物供应链上的企业包括生产商、分销商、批发商等，对商品实行序列号管理，记录交易历史，并对可疑商品进行检测。该法案于 2015 年 1 月开始逐步实施，计划至 2023 年实现药品供应链中完整的单元级跟踪和可追溯系统❶。

可是在区块链的时间戳、加密技术下，这些问题将会变得相对容易，不但能使监管透明、提升造假成本，还能扶良抑劣、改善医患关系。

举例说，溯源链作为全球第一家专注打造溯源公链的企业就已经在这方面拥有 8 年经验，核心团队服务过上千家企业客户，拥有 8000 万用户 APP 运营经验。尤其是 2018 年 6 月 30 日主网上线后，每天可承接 4000 万件商品的上链请求，承诺为全国各地的疫苗企业永久免费提供商品信息上链支持，永久免除上链的 GAS 费用和平台服务费（标准版），努力打造全球最大的区块链溯源平台❷，这就把区块链的功能表现得淋漓尽致了❸。7 月 25 日，溯源链发起"疫苗上链公共服务平台"（图 11-1）；27 日又更进一步，联合中关村区块链研究中心等机构对外发布了"区块链疫苗安全公益计划"。而此时此刻，正距吉林长春长生生物狂犬疫苗案件爆发没几天，疫苗行业公信力遭到严重打击，溯源链的推出让人们看到了药品溯源体系的重要性。

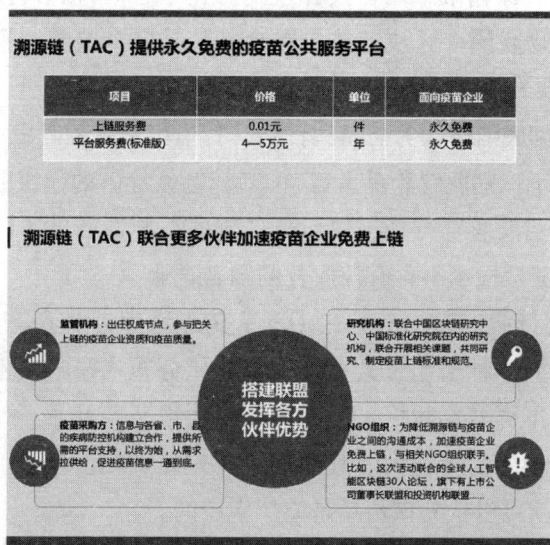

图11-1　TAC溯源链的区块链可信疫苗公益工程
（图片来源：耳朵财经）

❶ 郑志辉：《让区块链搞定药品溯源难题》，载《新快报》，2018 年 7 月 30 日。
❷ 革文娟：《溯源链联合多家机构在京发布"区块链疫苗安全公益计划"》，耳朵财经，2018 年 7 月 27 日。
❸ 周雪松：《区块链可重塑药品企业与消费者间的信任关系》，载《中国经济时报》，2018 年 7 月 30 日。

在药品防伪方面的作用

区块链在药品防伪方面的作用，同样是源于其可追溯性特点，这和身份验证的原理是一致的。

在区块链下，药品从原料到生产、流通全过程的记录，都可以通过唯一的编码进行追溯并无法篡改，这样就必然会从生产、流通环节有效打击假冒伪劣。也就是说，如果区块链上查不到该数据，就表明这是假药；如果能查到该数据，可是发现其中有任何环节不真实（夸大或缩小）或有篡改企图，这是劣质药物的嫌疑就大了。

法国初创公司 Blockpharma 在使用区块链打击药物造假上已经有所作为。该公司通过区块链的记录完整性和可追溯性，提高药物供应链中各方之间的互动便利。例如，他们可以准确地知道药物来自哪个厂家，方便地检索到相关数据和证明文件有没有被篡改以及真伪，一旦发现疑问尤其怀疑其是假药时，便可提醒实验室，不至于酿成严重后果❶。

2017 年 5 月，深圳市中国科技开发院孵化中心举行的科技服务活动主题是"防伪溯源—物联网—区块链技术在食品药品安全追溯监管领域的创新应用"，目标就是要在 2020 年之前提供这方面的可靠服务，通过区块链来排除一切人为干扰，彻底消除伪劣药品和食品，打击山寨货和假货❷。

将区块链用于识别假冒药品，Linux 基金会领导下的超级账本项目走在前列。它们认为，药品假冒行为不仅包括"流氓"制造商，还包括生产的药品有效成分不达标甚至根本不含有效成分的知名企业。

超级账本项目创建于 2015 年 12 月，它跨领域地集中了全球一大批企业巨头，目的是要建立一种透明、共享、去中心化分布式账本技术。其中，首选项目之一是通过不可变更数据来追踪药品，使得药品行业不仅纯洁高效，还能增强对制药公司的问责能力。其原理是，只要查阅区块链上的数据、文件没有被篡改过，就可以认为该药品是原厂生产的。

截至 2016 年年末，超级账本项目成员数已达 95 家，其中中国读者耳熟能详的企业有 IBM、埃森哲、Intel、思科、JP 摩根、富国银行、芝加哥商品交易所、印度国家证券交易所、诺基亚、俄罗斯联邦储蓄银行等，以及中国的

❶ 《澳大利亚创业公司推出基于以太坊区块链的医疗平台》，搜狐网，2016 年 10 月 30 日。
❷ 雷爱侠：《区块链新技术将布局食药安全防伪溯源》，光明网，2017 年 5 月 27 日。

万达金融集团、恒生电子、趣链科技、深圳前海招股金融服务有限公司和深圳新国都技术股份有限公司❶。

总部位于德国的制药巨头默克公司，2016年12月就提交了利用区块链来追踪供应链货物的专利，主要目的也是为了防伪。该专利描述了区块链存储单一产品信息的方法，并可从原点开始向前移动接受更新，采用分布式网络存储、验证物品真实性的信息。公司已制定消除假货的内部流程，并于2018年6月正式对外发布了该项专利❷。

打通数据交流环节

医疗行业中的数据流动性差，这不但在于医疗健康数据的敏感性，还在于它所涉及的范围相当广。例如，一家医院的数据往往会涉及它与其他医院、医药公司、医保单位、保险公司、卫生主管部门之间以及医院内部各科室之间的关系。但区块链技术的应用，会有效改变现有状态。

具体地说，区块链能够打通上述各环节，只要满足数据访问权和使用权，便能在此基础上实现数据交流。

数据的透明和集中

2016年4月，区块链公司Gem推出了Gem Health项目，目的就是要利用区块链来存储医疗记录和数据，并在此基础上促使这些数据在不同机构和部门之间的安全交流和访问，甚至在全球范围内识别病人身份，收集和验证医疗设备数据。为此，该企业与行业内的多家企业签订了合作协议。

提高医疗行业数据的透明度和集中度具有一定程度的迫切性。

据一家行业情报公司2018年7月发布的报告，全球医疗保险区块链市场预计未来5年将会从2018年的0.539亿美元增长到2023年的8.29亿美元，年复合增长率高达70.43%。究其原因在于，医疗保健数据泄露情况越来越严重，

---

❶ 《万达入局"区块链＋药品防伪"：让天下没有假药》，百度网，2018年4月21日。
❷ 《制药巨头默克将利用区块链打击假冒药品》，百度网，2018年6月26日。

假药威胁在不断增加，所以，区块链分布式账本的透明度和无法篡改的特性，将会成为推动区块链应用市场迅猛发展的强劲动力。不过，同时也应当看到，这种趋势必然会受到不愿意披露数据、缺乏中心实体和共同标准等因素的制约和阻挠❶。

据迅雷集团首席执行官陈磊介绍，迅雷链上有开发者正在做一件非常有意义的事，那就是利用区块链把人的基因测序包括与此有关的病例病史上链，这对精准医疗、生物工程、制药行业都具有非常重大的价值，这可以看做是医疗数据透明和集中的又一体现。但显而易见的是，这些数据目前不但稀少而且高度分散，所以开展这项工作的初始成本会很高。怎么来弥补这一点呢？区块链有一种非常好的激励方案，那就是如果你把你的基因测序上了链，将来有哪家研究机构把你的数据用于它的治疗解决方案，就会给你一个通证（相当于积分）。比如说，它将来研究出了一种更有效的治疗糖尿病的药物，那你就可以用你的积分来兑换服务❷。

在这种激励措施下，医疗数据的透明和集中度将会得到加速成长。

医护人员共享平台

相比而言，至少就目前来说，打通数据交流环节在卫生医疗部门内部尤其具有实用性和迫切性，所以区块链应用场景将首先会在这里落地。

澳大利亚初创公司 Brontech 就已经利用区块链搭建了一个名叫 Cyph MD 的医护人员服务平台，用来提高医疗保健系统的可信度和安全性，从而达到提高诊疗准确性和减少临床错误的目的。

Brontech 利用非对称加密技术即私钥和公钥对数据进行加密和解密，从而能够实现跨平台访问的数据共享。这种非对称加密技术与分级证书系统相结合，便能使得每家医院都能为本院医护人员设置身份令牌，方便彼此之间的沟通和交流；然后，通过以太坊的智能合约，便能创建一次性身份检查和在线身份标志系统。

这看起来有点像现在的微信群和 QQ 群了。不同的是，由于区块链的特性，所以这里的"群"不仅是实名制，而且无论"昵称"还是"聊天记录"都不能篡改和删除，这样就能确保彼此身份的真实和可信。

---

❶ 《报告称 2023 年区块链医疗市场总规模将达 8.29 亿美元》，搜狐网，2018 年 7 月 31 日。
❷ 《区块链的价值是互联网的十倍》，中央电视台财经频道"对话"栏目，2018 年 5 月 27 日。

该公司创始人埃玛·波波莎表示，他们的主要业务之一就是身份识别模块的开发："我们正在努力创建一个像有防弹服保护一样的安全数字身份，而且所有人都能使用这个数字身份，甚至是那些在当地不具有合法身份的人。我们正在利用区块链技术开发一个多功能的身份平台，可以应用于不同的领域，其中一个是教育，另一个是医疗保健[1]。"

重塑医患信任关系

目前我国医患关系紧张原因是多方面的，但其中最主要的是两部分：一是工作态度和技术问题，二是医疗处方记录不完整和篡改现象。而在区块链下，这两种情形都有望得到改善。

端正工作态度，监管工作流程

医疗和护理都是技术性工作，很难有统一标准加以衡量，这时候是否具有认真负责的工作态度和一流的医疗技术水平就很重要。

举例说，人们普遍关心的疫苗问题就不但会出现在生产、运输环节，同样可能出现在变质和注射方面。对此，区块链就都有用武之地。

从运输途中看，疫苗可能会因为运输车内温度控制不当而变质，这时候可以在运输疫苗的车辆里设置数据采集器，收集温度数据并上链。扩大到全过程看，看疫苗生产、产地、质检员、批次、装配车辆有无更换，运输车辆经过路线，是哪位医生给哪个孩子注射的疫苗，注射时间是几月几日几点几分，都可以通过区块链进行记录和溯源，便于分清责任。

顺便一提的是，好的技术一定要有好的制度相配套。其实，在采用区块链之前许多制度已经存在，只不过缺少认真的态度以及因为利益纠缠遗漏和篡改记录罢了。所以，区块链解决的主要是不可篡改和完整溯源，如果是记录数据的人别有用心它就无能为力了[2]。

---

[1]《澳大利亚创业公司推出基于以太坊区块链的医疗平台》，搜狐网，2016年10月30日。

[2] 李钢、庄濑：《区块链让广州停车场更智慧：离场先抬杆，车主后付费》，羊城派，2018年7月28日。

保护电子处方不被篡改

医疗处方也是容易引起医患关系紧张的源头之一，区块链同样有作为。

每个人去医院挂号看病，都要用到病历；而且，不同医院的病历还不一样。如果病人就诊没带病历或提供不了病历，院方或医生就无法获知他过去的就医情况，这在一定程度上会阻碍诊疗进程，或者会要病人重复检查，既费钱也费事。可是在区块链下，每个人的医疗数据都会保存在一个只属于自己的电子病历上，无论去哪里就诊都可以"一卡在手，走遍天下"。

2016 年 3 月，爱沙尼亚电子卫生基金会与 2006 年就成立于爱沙尼亚、总部位于新加坡的数据安全初创公司 Guardtime 确立合作伙伴关系，利用区块链为 100 多万名患者的医疗记录提供安全的信息保障服务。爱沙尼亚总统认为，"网络领域最大的威胁就是完整性，特别是患者医疗记录的完整性"，而电子医疗记录是该国政府服务的主要组成部分。

为此，Guardtime 设计的区块链技术专门创建了一种不可更改和隐藏、能够用于法院认证的审查跟踪系统。具体办法是，基金会采用该公司的无钥签名基础设施，把医疗信息整合到基金会的数据引擎中去，这样，患者的医疗记录就被记录到了区块链上。这样做的一大好处是，能够有效防止黑客、恶意软件和系统崩溃时，所面临的数据可能被篡改、删除等风险，用区块链确保数据完整性，并记录一切改动之处 ❶。

2018 年 4 月，腾讯公司对外透露已经与广西柳州合作，通过区块链技术实现电子处方不被篡改。腾讯公司董事局主席马化腾解释说："腾讯与广西柳州尝试在微信挂号、支付等功能的基础上，实现了全国首例'院外处方流转'服务，院内开处方，院外购药，甚至送药上门。因为处方流转涉及卫计委、医院、药企等多个环节，这里我们用了区块链技术实现处方不被篡改，我们也在考虑推动这项技术的落地应用 ❷。"

2018 年 8 月，蚂蚁金服区块链携手航天信息悄然试水区块链医疗电子票据服务。这项试点在浙江杭州、台州、金华三地医院中进行，患者用支付宝缴纳挂号、门诊和住院费后，便会在支付宝"发票管家"里立刻收到相关电

---

❶ Luke Parker 文，Kyle 编译：《区块链公司 Guardtime 获得北约和爱沙尼亚国防部合同，使用区块链开发下一代军事网络防御平台》，巴比特资讯，2017 年 2 月 9 日。

❷ 孙宏超：《马化腾：腾讯将运用区块链技术实现电子处方不被篡改》，腾讯网，2018 年 4 月 13 日。

子票据；而如果是用现金支付、医保卡刷卡支付或医院 APP 挂号，则需要用手机扫描检查单上的二维码，这样也能马上获得电子票据。

这样做有两大好处：一是方便患者看病，二是杜绝重复报销，两者同等重要。从前者看，采用这项技术后患者的平均就诊时间可节省 1.5 小时；从后者看，区块链由于具有无法篡改、可追溯等特点，所以每张电子票据上都会出现生成、传送、储存、使用时的时间戳，一旦已经报销或核销就不可能再有第二次，而这是普通纸质发票、电子票据所做不到的。

仅仅半个月过去后，就有近 60 万张医疗电子票据主动发送给患者或被患者扫描 ❶。

有助于攻克疑难杂症

许多疑难杂症无法得到攻克，固然受限于科学技术和人类的认知水平，但也与研究和记录方法有关，区块链在这方面也能助一臂之力。

DNA钱包

疾病的发生和救治与每个人的基因有关。所谓"DNA 钱包"，就是把这种私密的基因和个人医疗数据安全地存储在区块链上，没有密钥就无法打开。它的作用在于，医生能够通过 DNA 钱包对病人进行快速诊治，医疗企业也能在研发药物时根据授权级别自动调取全网数据，精准而快速地推出有针对性的高效药物。这就意味着，现在的许多疑难杂症将会变得容易攻克，既有经济效益也有社会效益。

从基因存储角度看，当个人基因排序越来越成为主流时，就不得不需要有一种安全的方法来存储基因。人类基因中大约有 30 亿碱基对，而基因存储的目的是要从事染色体研究。存储一个人的基因数据需要耗费 600 亿字节，所以如何安全地存储、访问如此庞大的基因数据十分令人头痛。

为此，创建于 2014 年的高科技企业 DNA.bits 就致力于区块链密码学研

---

❶ 《蚂蚁金服区块链试水医疗电子票据，已开出近 60 万张》，网易网，2018 年 8 月 17 日。

究。该公司认为，随着人类对基因、健康以及疾病相互作用的理解，以及未来在药学、药理学、预防医学方面的突破，每个人的基因组、生活方式、治疗方案都不一样，区块链在妥善存储基因和医疗病史档案、快速检索、保护个人隐私方面有独特作用。正如该公司首席执行官所说，该公司的目标是"保护病人的隐私，让病人可以搜索、控制其个人医疗记录和基因数据，同时让全人类的基因数据实现共享"。

根据这一设想，患者的个人医疗记录和基因数据都会被保存在区块链的侧链上。该公司通过授权各平台掌握数据来获取盈利，也可以向各平台按照智能合约进行利润分成。当需要交易时，把数据移动到比特币区块链上就行，潜在客户有基因公司、制药公司、科研所、政府公共卫生部门等。从全球看，2017年制药行业市值已经达到10万亿美元，美国的生物制药就占20%，并且，遗传医药市场的价值空间还在以每年18%的速度高速增长，所以这项区块链技术的盈利前景十分看好。

从私人密钥角度看，DNA钱包在医疗和基因记录、患者个人身份不被暴露方面更是大有可为，并有望成为行业颠覆者。

耶路撒冷遗传学协会的医生说，以色列每年死于乳腺癌的女性有1000多名，迫切需要有一个保护患者隐私的DNA筛选和分析项目，来降低乳腺癌患者的死亡率，这个项目一旦成功，以色列每年至少有200名乳腺癌患者可免于死亡。

推而广之，全球其他任何一种疾病都与DNA筛选和分析有关，其中面临的最大问题就是隐私保护。因为现实社会中任何机构都无法信任，更不敢放心地把隐私交给它们，如政府机构、医院、制药公司、保险公司、医疗保险公司等。这样看来，似乎只有区块链因为去中心化了才能彻底解决信任难题。除非患者同意提供私人密钥，否则，任何机构和个人都无法获得保存在区块链上的信息数据 ❶。

蛋白质折叠

所谓蛋白质折叠，是指蛋白质在细胞环境下的一种自我组装过程。

蛋白质的基本单位是氨基酸，所以蛋白质的一级结构指的就是其氨基酸

---

❶ 《区块链在医疗领域的应用：DNA钱包》，保险理财网，2018年2月5日。

序列。蛋白质会由其所含氨基酸残基的亲水性、疏水性、带正电、带负电等特性，通过残基之间的相互作用，折叠成一个立体的三级结构。蛋白质一级结构折叠成三级结构所需时间很短，从而导致研究者无法在这么短的时间内就搞清楚它究竟是怎么折叠而成的；而做不到这一点，仅仅知道基因组序列依然无法充分了解蛋白质功能，不知道它究竟是怎么工作的，从而给破译这一被称为"21世纪生物物理学难题"的"折叠密码"（第二遗传密码）造成了很大的困扰。

人们耳闻目睹的许多疑难杂症都是由蛋白质折叠异常引发的，如老年性痴呆症、囊性纤维病变、家族性高胆固醇症、家族性淀粉样蛋白症、地中海镰刀红血球贫血症、疯牛病、白内障、某些肿瘤等。

迄今为止，模拟蛋白质折叠的过程依然没有取得突破性进展。美国斯坦福大学利用价格非常昂贵的超级计算机来模拟这一过程，虽然投入了巨大的成本，但依然存在着单点故障，效果并不理想。

可是在区块链下，这一过程将会变得相对容易。因为区块链分布式网络的特点，能够在每一个节点都来协助折叠蛋白质，从而能够达到"千斤重担众人挑"的效果。就好比说，原来在中心化体系下，这千斤重担是压在一个人（负责人）身上的，这时候哪怕这个人再身强力壮，都会不堪重负，甚至根本直不起腰来；而现在区块链去中心化之后，假如这分布式网络中有1万个节点（1万台电脑），这千斤重担分摊到1万个人头上每人就变成了只承重50克，根本就感觉不到了。

所以说，区块链技术的推广会非常有助于人类以后发现更多疾病的真正成因，以及找到更有针对性的治疗方法，研制出更有效的药物来，这将是区块链对药品与医疗行业的一大杰出贡献。

第12章
区块链@能源与房产

区块链能够较好地解决传统能源管理中的信息交互、智能电网控制和调度、分布式电源协同控制等痛点；促使房地产业原本复杂的流程变得简单和透明，减少欺诈行为，提高交易安全性。

◆ 能源管理精细化
◆ 颁发绿色资产证书
◆ 房地产交易与过户
◆ 房地产档案管理

下编
行业

能源管理精细化

能源管理涉及方方面面。以电网为例，它由包括微电网、光伏系统、智能设备、分布式计算系统、软件管理系统等在内的亿万个交互终端所组成。其中除了太阳能板能够实现能源生产去中心化，其他所有能源配送都离不开中心化，而这就为区块链的应用留下了巨大的发展空间。

为能源建立身份档案

预估、监测能源消耗一直是难事，跑冒滴漏在所难免，现在已见怪不怪。因为在传统条件下，实在没有好的解决办法。可是区块链却能通过为最小单位的能源建立身份证，实现最精细化管理。

2016 年 5 月，有 4 位创始合伙人联合创办的全球第一家能源区块链实验室正式成立。该实验室主要从事能源区块链平台的自主研发，为能源金融产品的开发、审核、登记和交易提供全流程协作工具。

联合创始人之一、信达证券能源互联网首席研究员曹寅认为："未来的储能，更可能是基于分享经济的储能。储能的利用率单体就是单个企业购买的储能的利用率，它其实是非常低的，因为不可能一天 24 小时都把储能利用起来。但在区块链技术之下，储能可以像滴滴和优步的出租车一样，周边的用户都可以通过使用权的分享，调用某用户名下的储存设施，然后基于储能的收益，支付使用费给储能的所有者[1]。"

而能做到这一点，就是基于区块链不可篡改的特性，为每一度电（能源）的来龙去脉建立起完整的档案来，包括这度电什么时候在哪个电站出生（源头）、经过哪条线路输送到哪个地方（端口及运输）、消耗在什么设备上做了何种用途（终端）、什么时候消耗完毕（使用）等。这样一来，就可以从根本上追踪偷电、漏电现象，并得到妥善解决。因为这些异常情况都会被当作"特

[1] 徐明星等：《图说区块链》，北京：中信出版社，2017，P191-196。

例"来对待，很容易暴露并被专门处理。

不但如此，这样做还有一大便利，那就是既然能够如此精准地"计划"用电了，就可以不用通过电网就实现电力的自由买卖。

举例说，如果你家屋顶上装有一个小型家用太阳能发电装置，预计每天可以产出30度电，而你全家每天只需用到10度电，那就可以把多余的这20度电归集到总网络中去，自由地卖给其他一户或多户家庭，这就是区块链分布式能源共享原理。

在美国纽约，拥有美国专利局颁发的去中心化能量传输专利的区块链创业公司LO3，就与科技巨头西门子公司联合开展了一个名叫Trans Active Grid的项目。基于以太坊技术，用户能够把剩余电力卖给其他人。两家公司共同表示，它们将在纽约和全球其他地区测试建立在区块链供电基础上的微型电网，并希望未来能将这一技术扩展到全球各国。

西门子公司能源部首席执行官拉尔夫·克里斯蒂安坚信，它们的微电网控制和自动化解决方案加上合作伙伴LO3公司的区块链技术，一定能够为公用事业领域客户创造更多附加值。

生态和智能化调控

能源管理的精细化，离不开能源生态环境和智能化调控，区块链在这方面同样大有作为。

从能源生态系统看，区块链与物联网、大数据结合，便能打造出一种最优化能源生态系统，最大限度地提高能源使用率，节约能源和费用。

这种能源生态系统包括四部分，分别为：设备供应商、运营维护商、设备使用业主、金融报价部门。在区块链下，这四个部门谁都可以利用该系统查询密码，随时了解各方在接入系统后的所有动作，并且不可篡改，这样，自然而然地就会形成一种相互监督、相互信任的关系。然后在此基础上，通过大数据直接选出各方最优方案。例如，设备供应商采购什么样的设备、运营维护商采用什么样的巡检维修行为、业主如何管理和使用设备、金融部门采取什么样的结算方式、报价部门确定什么样的能源消耗价格对各方和四方是最优的；最终，通过智能合约完美履行合同。

从能源智能化调控看，通过区块链将智能设备和互联网信息相连，当某个摄像头捕捉到某一输电设备突然异常断电后，便能与其他设备信息相映照给出处理方法。比如，当它得知某个区域报警器突然鸣叫或大面积灯光熄灭等，就能将故障信息及时传送到维修总部，总部则会根据智能合约规则的设定，派出相应设备或人员前往维修。

颁发绿色资产证书

区块链的诞生，导致一种新的能源资产投融资方式的出现，那就是"区块链+能源资产投融资"。

究其原因在于，能源行业的投融资虽然回报稳定，可前期投入巨大且资产信息不透明。这时候，区块链便能基于可追溯特点增加资产细节，从而提高投资环节透明度，达到降低投资者风险和政府监管成本的目的。

国内的能源区块链资本

2016年，中国能源区块链实验室（能链科技）就已经推出了绿色ABS（资产证券化）云平台，在区块链上登记电站发电机组、发电瓦数等基本信息。这样一来，电力生产过程清晰可见了，便会大大改善融资环境。与此同时，能链科技还于2016年12月末与深圳排放权交易所合作落地了碳链。说穿了，该项目就是要基于区块链的绿色碳减排资产数字化交易平台来激励企业节能减排、巩固环境保护成果 ❶。

2018年8月，全国第一批绿色能源资产区块链证书正式发布，标志着区块链在绿色能源资产领域落地进程中又向前迈进了一步。

证书发布方浙江阳光智联区块链科技有限公司是一家"绿色资产+金融区块链"初创公司，它通过运用区块链、物联网和大数据技术，针对各企业大量碎片化的绿色资产及设备，提供了"全生命周期"的可信数字化解决方案和专业化资产管理、投融资服务，包括数据可靠采集、可信存储、溯源、登记、确权、交易、审计、认证等。

事实上，随着国家大力支持和鼓励发展绿色产业、可再生能源，能源电

---

❶ 国家工业和信息化部信息中心：《2018年中国区块链产业白皮书》，2018年5月，P79。

力结构正在从过去的集中式向"集中式＋分布式"转变，在光伏电站、储能设备、充电桩等方面都大量采用了分布式能源网络。

可是要知道，这样做的结果必然会自带金融资产属性。以分布式光伏电站为例。电站建成后差不多有二三十年的运营周期，其间必定会多次发生资产流通、周转、融资等交易，而每一次交易都需要证明资产的运营情况，如历史发电量、损耗率等。又由于这些电站投资额动辄在亿元以上，所以交易过程中必然会寻求第三方出具认证报告，而这就必然会涉及会计、法律、技术等方面的认证，其中所投入的人财物力、时间等成本不知其数，严重侵蚀到收益。

而现在，阳光智联公司采用区块链中的联盟链方式，就能将第三方服务机构如认证核证机构、各类交易所等作为可信节点，通过共识算法和智能合约建立跨领域协作的信任机制；同时通过物联网技术，实现从源头数据而来的可信采集、可信存储、确权、交易、审计、认证等，就能使得上述原本非常复杂的过程包括融资、贷款、资产证券化等大大简化，不但能提高效率，而且还能降低成本。

举例说，如果某电站设备原投资只有二三百万元，运营若干年后要发生转让或抵押，这时候就很难请到律师、工程师来实地考察，因为后者这样做会入不敷出。可是通过区块链技术，从该电站安装第一天开始就数据上链，而且是各节点同时记账，这样就可省去这一环节，并且还完全不影响所形成的资产报告可信度，仅此一项便可节省资产管理、运营维护、投融资成本30% 以上，提高审核及尽职调查等流程效率95% 以上。

据麦肯锡预测，未来五年内中国将有 15%~20% 的绿色资产会在这方面使用区块链技术，规模约为 6000 亿~8000 亿元。如果取其中间值 7000 亿元计算，也能降低成本 2000 多亿元 ❶。

国外的能源区块链资本

回过头来看国外。以蒙古为例。众所周知，蒙古的矿产资源十分丰富，以能源与矿业为代表的资源产值约占 GDP 的 34%、出口收入的 82%、财政收入的 33%，并且其部分大矿储量在国际上都处于领先地位。

---

❶ 《全国首张绿色能源资产区块链证书发布》，浙商网，2018 年 8 月 19 日。

有鉴于此，蒙古依托丰富的基础资源优势，大力推广区块链技术。2018年 8 月同时传出两条重大消息：一是萨纳杜矿业公司宣布其所发现的札拉铜矿有可能成为世界级矿床，二是国家区块链数字资产交易所上线。

业内人士表示，这是蒙古在国际大宗商品价格持续 2.5 年以来连续上涨、创下新高的宏观背景下，想用区块链产业来整合基础资源，谋求经济发展，加快经济复苏。蒙古国家区块链数字资产交易所的上线，将成为全球范围内区块链交易所价值回归趋势的标志性里程碑，其发行的 100 亿枚蒙图币因为有国家信用做背书，已经获得多家世界级区块链资本青睐❶。

房地产交易与过户

区块链在房地产领域的作用，首先体现在改变市场运作方式上。它能合并许多复杂的房地产交易流程，提高透明度，并减少欺诈行为。

房地产登记和托管

在房地产领域，全球各国都有一个通病，那就是对区块链在土地登记和房地产业的应用不太感兴趣，因为它能让许多部门丢饭碗。

据 IBREA（国际比特币房地产协会）主席介绍，区块链在房地产行业的应用主要在三个领域：一是房地产买卖，二是房地产托管，三是房地产所有权转让。在区块链下，房地产所有权登记是记录并存放在区块链上的，但买卖双方并不一定知道这一点，这一块的应用比例最高，操作起来也很简单，就像把文件发给共享服务器一样。至于房地产托管，其过程和银行转账很相似，用户只要把需要转账的金额存入账户，然后购买所需比特币数量，再把比特币投入代管就行。

房地产防欺诈行为

区块链的防欺诈行为主要有两种方式：

---

❶ 《蒙古国发现世界级铜矿，上线 MDEX 促区块链与能源产业互哺发展》，北国网，2018 年 8 月 15 日。

一是当你在区块链上记录文件时，必须首先证明你是拥有该文件的第一人。如果有人伪造该文件，区块链就会通过彩色通证（Colored Coin）来证明拥有该文件的第一人实际上是谁，而这种彩色币技术正是全球网购平台巨头Overstock和美国纳斯达克（Nasdaq）股市现在采用的技术。具体地说是，每一处物业都有一个彩色通证，在区块链下从买方"传递"到卖方，这个过程既负责执行物业转让，又代表该处物业的所有权转移。

二是当你在区块链上复制该文件（转让所有权）时，必须首先证明你现在已经拥有该文件，假冒者没有专用密钥所以无法实际转移资产。这样一来，也就形成了一个完整的闭环，能够有效杜绝各种欺诈行为发生。

杜绝欺诈行为在房地产登记和买卖中尤其重要。因为多数情况下，业主会需要部分利用抵押贷款来作为担保，而这就意味着承保人需要对产权进行检查并确保业主明确拥有该房产，并尽可能通过追溯来确认政府对原始土地所有权的出让情况。如果存在任何问题或争议，如离婚或财产纠纷，甚至记录中有拼写错误，没有记录转让等行为，都可能功亏一篑。即使在所有手续清楚、齐全的背景下，这个过程目前也至少需要 6 周时间；并且在此过程中所发生的执行成本差不多为所购物业总价的 20%❶。

图12-1　区块链下的房地产交易
（图片来源：阿里云）

---

❶　雪花又一年：《优秀项目解析：区块链上的房地产交易》，区块链前哨，2018 年 3 月 30 日。

据美国房地产网站 HomeInsight 统计，美国的房地产主人每隔 5~7 年便会易手，美国人平均一生中会搬 11.7 次家，这也就意味着每次交易都要被折腾一番。不但如此，每搬一次家都要给第三方房地产中介支付房产价格 1%~2% 的费用。

从目前看，区块链应用于房地产领域并不存在任何技术障碍，关键是政府的认可和推广。关于这一点，发展前景十分看好。因为区块链只是一种技术，它并不是要取代政府，只是想为人们提供一种更简单、可信、高效的解决方案。当采用这项技术的人越来越多时，政府能做的就只能是从默认到公开承认并加以推广，许多新技术的发展轨迹都是如此❶。

美国区块链初创公司 Ubiquity 是第一家与巴西政府合作开发"基于区块链的土地记录应用程序"的企业，目的就是要为巴西和南美洲带来安全且便宜的房地产存储和跟踪系统。由于巴西是南美洲使用比特币最多的地区，所以区块链在那里家喻户晓。

该公司通过与巴西土地档案局合作，在官方土地记录上进行区块链试点。在它们的平台上，简单、安全地记录着房地产交易的每一个步骤，并把重要文件永久记录在区块链的分布式账本上，既降低了成本，又大大提高了准确性、安全性和透明度，未来有望成为改善巴西政府服务的代理商。

2016 年 7 月，该平台成功通过彩色币协议完成了区块链史上的第一笔产权转让交易，苏富比国际地产公司市场总经理马丽娜·雷兹尼克用彩色币技术把自己的房产购买文件记录存储到了区块链上。

除了巴西，瑞典、格鲁吉亚也是第一批公开使用区块链进行财产和房地产登记的国家，随之仿效的国家名单正在不断增多❷。

---

❶ Lana Smiley 文，Breezeqi 编译：《IBREA：使用区块链进行土地及房地产登记的完整解决方案》，区块链新经济，2015 年 12 月 15 日。

❷ Joseph Young 文，Wendy 编译：《区块链房地产平台 Ubiquity：首笔基于彩色币技术的产权转让交易宣告成功》，巴比特资讯，2016 年 7 月 15 日。

房地产档案管理

区块链的时间戳功能因为具有不可逆性，所以在房地产交易记录、档案管理上大有可为，能够确保无法篡改。即使登记不详或记录丢失，也会方便地找到原因。

现实中的档案乱象

目前一些电子商务平台只要提供户名、银行卡号、银行支行网点等个人信息，就可以根据客户要求量身定制"银行流水单"，从每月进账金额、进账形式、交易区间、最终余额等一应俱全。不用说，上述数据不但可以精确到分，而且完全"按需定制"，仅仅只需收取几百元费用就行。

武汉一位刚刚参加工作的年轻人因为要贷款买房，可是尚未转正，工资收入又低，不符合银行办理按揭贷款的要求，于是根据房屋中介的建议，在支付了800元费用后便从中介那里拿到一张"量身定做"的"根本看不出破绽来"的银行流水单。他的月收入实际上是3000元，可上面显示的却是1万多元，最终顺利办下了90万元住房按揭贷款。

据介绍，银行在对个人放贷时并非完全根据流水来决定贷款与否，所以不会严格审核每一笔流水，因此导致有空可钻；并且，即使查出是造假行为，风险也不大，换家银行申请贷款就是❶。

但显而易见，这种铺天盖地的弄虚造假不但违法（根据《刑法》第280条，伪造公司、企业、事业单位、人民团体的印章的，处3年以下有期徒刑、拘役、管制或者剥夺政治权利），而且败坏了社会风气，损害了社会公平，扭曲了经济信息，给银行造成风险隐患。

---

❶ 顾志娟、杨璐萍：《假银行流水单网上卖，部分银行审查不严》，载《新京报》，2018年8月9日。

区块链能正本清源

英国《经济学人》报道，洪都拉斯警方发现一座房屋的居住人并非 30 年前房屋登记的原业主。有鉴于此，一家名为 Factom 的美国公司开始使用区块链来帮助洪都拉斯财产登记机构实行变革。

类似情形，在其他国家、其他场合可谓司空见惯。举例说，许多朋友和熟人当年在登记身份证号码时就把名字弄错了，出生年月日错的就更多；不是阴历出生日期写成了公历，就是年龄大了几岁或小了几岁。将错就错吧，前后对不拢，遇到同学聚会时都不知道该叫他现在还是过去的姓名，总觉得尴尬；要想改过来吧，又缺乏依据，并且牵一发而动全身，好像也没有这样的成功先例。

原因当然很多，但其中之一就是缺乏充分的证据。而在区块链下这会变得相对容易，每个人一出生就有了属于自己的时间戳记录，怎么改也改不掉，怎么改都是错的，要想正本清源易如反掌。

正因如此，2018 年 4 月蚂蚁雄安数字技术与中国银行雄安分行在雄安新区签署战略合作协议，一致决定采用区块链技术在雄安住房租赁相关领域开展深度合作，提供相关金融服务支持，推动房产租赁业务健康发展。

第13章

区块链@交通与旅游

区块链在交通和旅游领域大有可为。前者集中在车辆的安全性能、便捷体验，尤其是无人驾驶、二手车、共享汽车、新能源汽车、汽车金融和保险上；后者集中在游客管理和票务处理上。

下编
行业

◆ 汽车和停车场
◆ 二手车和出租车
◆ 区块链下的旅游业
◆ 票务和积分处理

汽车和停车场

我国从 2009 年起就成为全球汽车产销第一大国,但这是就数量而言,远远算不上汽车强国。汽车强国主要不是看产销量,而是零部件尤其是关键零部件的质量,无论买车人还是用车人最关心的都是这一点。中国今后要想成为汽车工业强国,唯一的希望寄托在区块链技术的弯道超车上。

区块链下的汽车业

在区块链下,因为能够对每个零部件的生产时间、批次、物流运输等进行有效监控,所以,能够在很大程度上消除现行汽车零部件质量不过关、假冒伪劣盛行的现象,推动汽车工业上新台阶。在这方面,全球知名汽车品牌已走在前列。

早在 2016 年 10 月,丰田汽车就加入了 R3 联盟,把每个零件的生产、加工和使用情况都存储到区块链中。一旦发现汽车零件有问题,就能很快查到该零件的整个生产、流转过程,方便问题的解决。

2017 年 5 月,丰田汽车北美公司下属丰田研究院,与美国麻省理工学院媒体实验室及其他 5 家企业合作开发区块链用于无人驾驶汽车。

2018 年 2 月,保时捷和德国初创企业 XAIN 合作,把区块链运用到了其汽车产品中去,从而成为全球第一家在汽车上成功测试区块链技术的汽车制造商,应用范围包括利用手机实现车辆的上锁 / 解锁、获得临时访问权限、基于区块链的机密数据记录等,从而提升自动驾驶性能。

2018 年 3 月,宝马参与了两项与区块链相关的项目,包括与区块链公司 Ve Chain 合作,利用区块链追踪汽车维修历史、车辆行驶行为以及其他相关数据;与英国初创公司 Circulor 合作,追踪"清洁"钴供应,以确保它们的来源。戴姆勒推出了基于区块链的数字货币 Mobi Coin,以奖励司机的环保驾驶习惯,车辆会将数据存储在移动应用中,杰出参与者还会获得 DTM 赛事、梅赛德斯奔驰决赛、柏林时装周等赛事门票。同月,美国专利和商标局的专利申请报告显示，美国福特汽车公司也正在考虑使用加密货币让道路上的汽车相互通讯，以减少交通拥堵现象。

2018年4月，共享汽车平台Go Fun举行发布会，表示希望能借助于区块链数据不可篡改、加密安全的特性，通过信用传递及开放的多边共享，来实现用户数据、车辆数据、行车数据等多节点信任/信用与安全，真正实现汽车存量的全面分享。

2018年5月，宝马、福特、通用、雷诺这全球四大汽车制造商，与汽车零部件制造商博世、采埃孚，部分初创企业埃森哲、IBM等一起，共同组建了区块链历史上规模最大的、专注于区块链在汽车领域应用的区块链联盟MOBI。这也从一个侧面证明，区块链在汽车制造业中的应用条件已经成熟，否则也不可能得到这些汽车业巨头的认可。

MOBI首任董事长表示："区块链和相关技术可以提升信任度，重新定义汽车行业，以及改变消费者购买汽车、缴纳保险和开车的方式。"具体地说，该项目的应用范围包括支付、数据追踪、供应链管理、消费者融资、定价等多个领域，未来甚至还会应用到自动驾驶、拼车市场中去❶。

区块链下的停车场

区块链不但在汽车生产领域有用，而且能够使得停车场更智慧。

2018年10月，广州陆续推出了具有区块链技术的智慧停车场。这种信用停车体系会对人们的停车行为进行信用量化，拥有互联网停车APP查询、预付、支付三大基本功能。

信用量化主要体现在预订车位后是否准时停车，停车后是否按时离开，这些行为都会记录在区块链上，从而形成信用分。信用分高的车主，在高峰期车位紧张时会优先予以安排，这可是一种实实在在的便利。

这种智慧停车场具有无感支付功能，不但能先抬杆后付费，而且无须在停车场内交费成功便能离开。这样，也就大大提高了进出效率，变相增加了公共资源，有助于缓解停车难❷。

---

❶ Linsey：《"区块链+汽车"渐行渐近　全球四大汽车制造商成立区块链联盟》，共享财经，2018年5月4日。

❷ 李钢、庄灏：《区块链让广州停车场更智慧：离场先抬杆，车主后付费》，羊城派，2018年7月28日。

二手车和出租车

随着汽车成为普通交通工具，二手车和出租车市场规模也越来越大。

数字表明，2017 年全球乘用车和卡车年销量首次突破 9000 万辆；中国作为汽车消费大国，2017 年 1068 家二手车交易市场的交易量合计高达 1240 万辆，交易额为 8092 亿元，分别比上年增长 19% 和 34%。但毋庸讳言，在这其中数据造假、篡改情况十分严重，消费者权益无法得到保障。

这些数据超过 30 种类型，每种数据都会对特定场景、特定对象如汽车金融、保险、销售商、顾客等具有十分重要的价值。现实情况是，这些静态数据相对集中在商业主体，有着各自的权属；而这些动态数据更是极度分散，要想搜集全面非常困难，要想获得真实数据更是难上加难。

在二手车市场相当发达的美国，所有二手车交易都是明码标价，并且在车的前挡风玻璃上用大字写着价格，包括首付和月供；市场管理也相当规范，每辆二手车的车玻璃上都贴着车况和保修情况说明。更重要的是，每辆二手车都有基于 VIN 号（车辆识别码）的"互联网数据库"，在相关汽车信息网站上输入这个号码，这辆旧车的历史和现状就一目了然，如是否出过违章和事故、什么时候出的、出了多少次、都是些什么类型？车主是否有过购车贷款和其他消费贷款、有过多少次、分别是什么类型、还贷信誉怎么样？是否换过车主、换过多少次车主、这些车主都是谁？是否进行过大修、进行过多少次大修、每次大修的时间是何时？等等 ❶。

可是在我国，虽然国际上有 Carfax 这样的车辆历史信息提供商，但相关车辆信息主要还是来自汽车经销商和电子商务平台，它们既是运动员又是裁判员，这就注定了上述弊端不可能得到彻底消除。但区块链有望终结这些乱象。

建立在区块链基础上的停车链（Parkers Chain），依据 VIN 码汽车全生命周期数据库，以去中心化存储方式，为每一辆汽车建立无法篡改的数字档案，

---

❶ 《如何解决二手车交易的信任问题？区块链技术将终结市场乱象》，东方网，2018 年 4 月 10 日。

这就为二手车交易、汽车保险、汽车金融等整个产业链打造出了一个全新的不可替代的数据服务系统。

众所周知，VIN作为汽车生产下线后的第一个信息源，它承载着车辆生产厂家、年代、车型、车身型号及代码、发动机代码及组装地点等信息，并且是唯一的；当一辆汽车从4S店到车主手里，或者需要更换车主时，都需要据此去公安局车辆管理所办理手续。

关于这一点，实际上和区块链记录的要求是一致的。而现在，停车链在此基础上，继续在车辆被销售出去后，在区块链上进一步补充记录使用环节数据，如汽车维修、保养、出险、年检、行驶里程等，就构成了一条完整的不可逆的数据链。如果再能调动各种措施，鼓励车主、4S店、保险公司、维修中心等来共同记录并共享这些车辆信息，便可以使这辆汽车的完整生命周期数据得到很好的记录和保留，从而彻底杜绝二手车交易中的信息不对称现象，杜绝擅自篡改行驶里程数、掩盖事故碰撞后的大修理数据等。而停车链也正是这样做的。它们计划在17个月内，通过和业内1000多家汽车交易平台、二手车经销商达成数据采购协议，最终成为国内最权威的汽车行业全产业链综合数据提供商和服务商。

由于采用区块链技术，停车链有望比传统方式记录车辆档案的Carfax更可靠；并且，还有望结合海量且真实的各种数据，在神经网络算法下拟合出不同汽车的实时、动态价格信息，形成一套公开透明的汽车价格评估体系，从而让二手车市场也变得标准化起来，彻底终结泡水车、事故车、调表车等见不得人的勾当❶，见图13-1。

如果更进一步，采用这种区块链技术后，如果还能在车里配上和这个区块链系统相同的数字芯片，那么只有拥有该区块链私钥的车主才能发动这辆汽车，这样也就杜绝了车辆被盗的可能。

这时候的这辆汽车会具有以下特点：一是公钥加密，并保证数据不会被篡改；二是私钥解密，只有符合区块链中ID权限设定的人，才有权查询该车相关数据；三是智能合约交割，无须人工干预；四是任何人都能公开查询；五是数据透明，所有交易记录都是全网公开的。

这样一来的最大好处是，不但有助于二手车市场交易总量超过新车规模，

---

❶ 《停车链以区块链技术推动二手车万亿市场裂变发展》，新浪网，2018年7月9日。

还会使得汽车短期租赁手续变得非常简单，并促进短期租赁市场繁荣。例如，在租客支付了租金后，智能合约便会自动给他一把密钥，租客借此便可以自由地使用这辆租车；而一旦租期届满，这个密钥就会失去作用，除非他继续续约，重新启动另一份智能合约，这样的租车就安全了。

"泡水车、事故车、调表车"不复存在

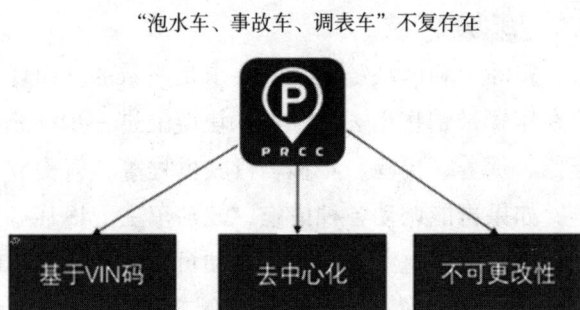

图13-1　区块链终结篡改二手车历史数据乱象
（图片来源：新浪网）

并且，在将来进入无人驾驶时代后，如果在区块链上设定不同时间车辆的所在位置，汽车还会根据智能合约自动载你去指定的地方；如果是租车，则会自动去规定的地方取车，以及把车辆归还到指定的地方去❶。

区块链下的旅游业

从目前看，区块链在旅游业的应用主要有以下十个方面❷：

一是杜绝超售。无论火车还是飞机，都存在着超额售票情形；这本来是为确保上座率、增加盈利和优化资源预留的空间，可是当这些旅客全都要上车或上机时，就会出现超员而被强行赶下的情况。在区块链下，这种情形将不会存在。反过来说，如果政府默认超额预售行为合法，那么这些部门也不会有采用区块链的动力。

---

❶ 井底望天、武源文等：《区块链世界》，北京：中信出版社，2016，P130、P131。
❷ 《区块链技术 + 旅游业，我们发现了 10 个结合点》，搜狐网，2017 年 6 月 7 日。

二是防止欺诈。旅游业界通常把出售旅行配套看作是一项高风险业务，因为它经常会发生退款事件。可是在区块链下，一旦付款完成就无法逆转，所以这种欺诈事件很容易被发现，从而抑止退款事件发生。不仅如此，由于信用卡数据存储在区块链上而不是某公司，所以能有效缓解 PCI DSS 合规性（信用卡安全标准），这对旅游部门是利好消息。

三是身份认证。目前全球还有 10 多亿人没有银行卡，他们被排斥在全球经济之外；即使是有身份证的人，由于各种身份系统并不完全交互，也存在种种问题。可是在区块链下，他们都能获得最基本的金融服务。换句话说就是，他们没有手机、没有银行卡甚至没有身份证，但却能在区块链网络中得到认证，并且这种认证是不可伪造或篡改的。

四是个人隐私。旅客和旅游各环节发生关联，多数情况下与旅行社、航空公司、旅游供应商只发生一次性关系，这时候的个人隐私和安全就变得十分重要，这也是一直被诟病的话题。可是在区块链下，这些问题都可以因为资料共享和私钥得到妥善处理；与此同时，由于各方可以共享资料，所以不但能节省时间和精力，而且还能减少登记差错。

五是实时结算。区块链上的去中心化点对点功能，天然具有移动支付的独特优势，进行实时转账和结算操作。

六是顾客忠诚度。现行条件下顾客忠诚度仅限于公司内部，不同企业之间的积分无法通用。可是区块链却能打通这一环节，这无论对游客还是旅游企业来说都是一件好事。

七是法律法规。区块链下，原有的旅游管理部门被去中心化了，代之以智能合约来管理各旅游企业，就不会存在枉法护短、推诿行为，并且一切都实时同步，游客请求会被链内所有节点看到并立刻响应。

八是护理义务。各节点可以在区块链上实时知道每一位游客的所在位置，一旦发生意外，智能合约便能调取存储在区块链网络中的个人保健记录，及时指派相关人员进行处理。

九是智能合约。区块链的智能合约既是它本身具有的功能，又能代替中介机构存在，节省时间和费用。例如，目前旅行社向酒店预订远期房间时需要定期沟通，确定是否有变动；可是在区块链下，智能合约的存在便能自动处理这些事情，并且还能防止数据输入和通话记录差错。

十是公私兼顾。区块链下的网络是公开的，但同时又可以根据监管和维护需要，设置相对封闭的私链和联盟链，以更好地扬长避短。

票务和积分处理

旅游部门涉及许多票务处理和积分制度，工作量大还容易出错，这些便可以交给区块链来进行自动处理。

旅游票务处理

目前购买各种票据如飞机票、火车票、汽车票、公园门票等，都可以在网上或手机 APP 上直接操作。按照要求，选定相应的时间、票价、地点并确认身份后，便可以付款操作，同时一般需要支付一定的手续费。

在区块链下，这种购票操作过程大同小异。但由于区块链去中心化的缘故，所以这一切都是按照智能合约来进行的，主要区别突出体现为以下两点：一是没有任何手续费；二是整个操作过程透明化，你随时随地可以看到已经进展到了哪一步，如有没有出票、出票结果，如果是退票，那有没有退成功、退款有没有到你账户，等等。

在我国，最早是在 2017 年中国旅游发展论坛上提出了中国旅游链的概念。与传统旅游平台相比，它的最大特点是消费者对自己的数据包括旅游数据、消费数据等进行确权，平台如果要使用的话需要经过本人同意，否则对方是拿不到这些数据的，其中就包括各种各样的旅游票据。也就是说，区块链在这里能够充分发挥多方参与、公开透明、共识信任、存证溯源、无法篡改、隐私保护等优势，构建区块链上的旅游生态。

仍然以智能合约为例，通过规范交易双方的信息和交易条件，将消费资金锁定在合约中，直到双方确认服务结束，资金才会被释放并转入对方钱包中，这样就能确保双方利益，使得多少年来旅行社的信用问题得到更完善的解决。

例如，星牛旅游 APP 就是区块链下的一个去中心化旅行服务体系。由于没有中间代理商，所以大约能为游客降低 15%~20% 的旅游费用。不但如此，还能通过所有信息、数据可追溯和不可篡改，保证所有人的身份证信息真实无误，充分建立彼此各方的信任关系；而区块链的去中心化服务，则能大幅度缩短机票确认、订房确认、签证核发时间。

但业内人士也指出，由于区块链存在安全性和法律监管问题，所以要真正颠覆在线旅游平台和旅行社等中间商还需要时间 ❶。

旅客积分管理

旅游部门为提高旅客忠诚度，通常会采用积分管理办法，为经常使用它们产品的常旅客推出累计积分管理。但在传统条件下，这些积分都只能在本企业使用，可是区块链却能因为时间戳、不可篡改等特性，打通企业之间界限，盘活积分，这对旅客和旅行社双方都是有好处的。

2018 年 7 月，国内知名在线旅游平台 iGola 骑鹅旅行宣布与飞行米旅行激励计划进行合作，同时发行通证飞行米。

与传统旅游平台所发布的积分系统不同，飞行米因为是在区块链上开发出来的，所以其使用场景更为丰富。例如，用户既可以通过预订机票、酒店获得奖励，也可以通过游戏、邀请好友参与等获取，还可以在 iGola 商城里兑换 iGola 机票酒店等多种产品 ❷。

2018 年 7 月，全球第一个集旅游与区块链概念于一身的区块链旅游小镇在国家 4A 级河南省南阳市五朵山景区落地，其中也涉及积分管理。该项目通过区块链搭建全新的旅游服务平台，把旅游交通、旅游保险、餐饮消费、通信服务等进行有效链接，以生态推进、全球统筹、旅产结合、技术创新为总体发展思路，建立起了全球第一个旅游会员系统 ❸。

针对目前游客在旅途过程中手机流量费用高的痛点，2017 年 4 月蔡春和她的团队创建了秀豹科技，通过区块链技术主推秀豹旅行手机，以向中高端出境游用户提供 WiFi 服务为入口，提供个性化服务。在这里，它们的通证豹米花实际上就充当着旅游积分的作用。

这些游客可以在酒店免费使用秀豹区块链手机，并且这些手机全都支持全球网络制式，开启热点时可支持 8 台设备同时上网，持续续航 36 小时以上。

---

❶ 刘育英：《话题："旅游＋区块链"将改变旅游业》，中国新闻网，2018 年 7 月 27 日。

❷ 《iGola 骑鹅旅行发行飞行米，区块链 token 或颠覆在线旅游传统积分系统》，北国网，2018 年 7 月 30 日。

❸ 《区块链引领旅游——五朵山区块链旅游小镇盛大发布》，网易网，2018 年 7 月 27 日。

与此同时，它本身还是个充电宝，可以为其他游客应急充电。至于费用，可通过豹米花形式进行结算，也可以通过分享、转发等行为来获取豹米花，还能在不同平台上消费使用。

2018 年 8 月 31 日，秀豹科技推出线下旅行手机，仅仅一个多月后规模就扩大到 6000 台，日使用率 50%，合作商家数十家，包括旅行社、美食平台、特产电商等❶，可见这种方式还是很受欢迎的。

---

❶ 刘晶荣：《"区块链旅行手机"获 2000 万融资，出境游 WiFi 免费用》，铅笔道，2018 年 10 月 10 日。

第14章
区块链@政府与国防

区块链最直接的应用领域便是政府管理和国防军事。前者主要有依法行政、纳税、土地和身份登记、发放护照等方面，目的是要提高政府效率、减少腐败行为、确保记录正确和完整。

下编
行业

◆ 信息公开和依法行政
◆ 信息保护和身份管理
◆ 区块链电子居民计划
◆ 在军事变革中抢占先机

信息公开和依法行政

信息公开和依法行政历来是各级政府的追求，区块链能助一臂之力。

推动依法行政

在区块链下，把法律条文作为智能合约提交到网络中去，能够确保政府各职能部门按照合约条件开展工作，这种合约具有强制性。也就是说，在遇到与其他部门法律规章相冲突尤其是违背上位法时，将会自动纠偏和纠错。就好比行车不能闯红灯，无人驾驶汽车在区块链智能合约规则下遇到红灯时会自动刹车，也就根本不存在"闯红灯"一说了。

目前在区块链下，最有代表性的支持智能合约的平台是以太坊和RSK，前者是独立的区块链平台，后者是基于比特币区块链侧链的平台。它们的共同特点是，开发人员可以通过编程来允许交易双方自行设定规则和条件，从而把传统合约转化为区块链上的智能合约。这样做的好处是，传统条件下那些最容易产生合同纠纷的地方，就可以通过这种"先小人、后君子"式的网上设置，来一并得到自动处理和纠正。

项目公开招标

现在的项目招标，多是形式主义，其实质是"亲近者得"，甚至干脆就是另一个自己在操纵。原因不用说，这中间的利益太大了，操纵又容易。

例如，如果他们想要你中标，你在三家中报价最低，他们会说取报价最低者，"节省费用"；你的报价居中，他们会说"中庸之道合理""性价比最高"；你报价最高，他们又会说"一分价钱一分货"，要打造"精品工程"就必须有这样的投入。总之，他们横竖是理由。这样的所谓"公开招标"比暗箱操作更可怕，因为它蒙蔽了公众，又让竞争者无话可说。

可是在区块链下，有望彻底终结这种营私舞弊行为，这时候的项目公开招投标有望做到彻底公开和公平。这里的公开，是指整个过程全部是透明的，只要拥有系统权限的人都可以调看相关记录，自己中标了能知道为什么中标，没中标也能知道为什么会落选，让人心服口服。这里的公平，是指中标结果完全根据预先设定的智能合约来选出，没有人为因素在其中起作用，这当然要比最后某个人开口一锤定音公平多了。

这样的公开招标在倡导"一带一路"过程中非常有用，否则许多建设项目不是无法进行下去，就是弊端丛生。因为有这么多国家共同从事一项建设工程，必然会存在着来自不同地域、货币、制度、信任、意识形态等方面的挑战，贸易风险和流程管控问题在所难免。可是在区块链下，却能相对容易地让这些不同国家和地区找到"共同语言"，并且觉得可信和看得懂，容易让原先无法达成的交易变得顺畅起来。

防止数据造假

为什么会有假数据？说到底，就是因为这数据造假太容易了。可是在区块链下，数据造假行为就会变得非常困难，因而能够增强数据公信力。

例如，各级政府的统计数据往往都对不拢。这看起来不可思议，但事实上很好理解。大凡数据不同，无非就是两大原因：一是技术因素，即计算、汇总过程中发生错误。现在的数据计算全都通过电脑自动进行，这方面的错误基本上不会发生。二是人为因素，即人为造假，这就防不胜防了，因为"你永远叫不醒一个装睡的人"。

区块链因为能够全过程记录，并且不能篡改，所以某个部门或某几个部门联合起来对数据进行涂脂抹粉，就变得几乎不可能。造假行为本身并不光彩，只能自己或小范围知道，现在如果要联合所有统计人员一起造假，那就会变得非常困难；更何况，全网记录在那里明摆着，如果真要这样做，这政府就毫无公信力可言，被推翻是迟早的事。

与此类似的是，各部门和企业中大量存在着偷税逃税现象，这在全球各国都是公开的秘密，以至于出现了劣币驱逐良币现象。究其原因在于，传统方式下能够比较方便地利用伪造账目来达到偷税、逃税、避税的目的。因为你这个企业的账本和其他企业的账本之间并不存在勾稽关系，你有没有偷税或者偷税多少与其他企业无关，其他企业有没有偷税或者偷税多少你也根本不知情，彼此之间的信息是完全割裂的。

可是在区块链下，所有企业的账目从一开始就是全网分布式记账，每个企业从创建之初至今的所有资金流动都在那里明摆着，系统内的所有节点也都可以进行公开查询；更重要的是，如果你想通过篡改账目达到偷税逃税的目的，势必无法获得其他节点的认可；更不用说，你的这一篡改行为虽然没有得逞，却被永远记录在了区块链上，并且不能抹去，这就无疑会"偷鸡不成蚀把米"，这样的名誉损失可是谁都担当不起。

有鉴于此，2018年7月，印度特伦甘纳邦州政府与各区块链初创公司便签署了一份谅解备忘录，将区块链等新兴技术应用于行政服务之中，以有效减少政府官员欺诈行为等❶。全球最大的区块链企业Guardtime首席执行官Mike Gault早就透露，该公司正在研究怎样利用区块链来保存身份和记录。他说，区块链可能会"为数字世界带来某种程度的民主和客观真理，甚至现实世界都无法匹配。区块链所承诺的未来是一个没有人拥有绝对权力的世界，没有人可以对自己的过去或者现在撒谎❷。"

提高政府公信力

现实社会中无论是专制政府还是民主国家，完全的政府信息公开是做不到的。公众看到的只是执行的结果而不是其过程和初衷，所以每当有政绩便会自吹自擂，出现了决策失误则文过饰非，甚至利用所掌控的媒体禁止报道。实在掩盖不了，就推出几只"替罪羊"以谢舆论。因此，全球各国的民众对政府普遍持不信任态度，只是程度不同而已。

可是在区块链下，有望彻底实现政务信息公开。政府官员每一次会议和决策甚至私人谈话都可以完整地记录在区块链上，并无法篡改。这样做的好处是：因为有严格的事后验证、奖惩制度，决策过程会更透明，决策结果会更谨慎，好的决策也会层出不穷。因为谁的能力强、决策英明，区块链账本上都给你好好记着呢！

区块链在政府管理中的积极作用，已经引起我国各地高度重视。

贵阳市副市长徐昊以贵阳为例介绍说，过去部门之间如何实现数据共享，共享过程如何被记录下来，是一件很头疼的事，而他们在推动数据共享过程中建立的全国唯一的法人基础库、电子证照基础库等，其中就增加了身份链，

---

❶ 《印度州政府为减轻政府欺诈行为采用区块链技术》，搜狐网，2018年7月30日。

❷ Luke Parker文，Kyle编译：《区块链公司Guardtime获得北约和爱沙尼亚国防部合同，使用区块链开发下一代军事网络防御平台》，巴比特资讯，2017年2月9日。

而这个身份链其实就是区块链。他们在把政府部门的所有数据活化目录梳理之后，就是用区块链来建立身份链库的。这样做最大的好处是，这条数据是谁的、被谁用过、用过多少次、是哪个部门开放的、开放以后哪些使用者在使用这个数据，全都一目了然。这样也就很好地解决了让数据多跑腿、群众少跑路的便民服务问题，这也是他们在政务领域应用区块链的一条经验 ❶。这些工作做好了，政府的公信力自然也就上去了。

信息保护和身份管理

区块链既然具有信息不能被篡改的特点，那么在一切需要忠实记录的领域就都有用武之地，如法律公证、文书记录、身份管理和身份公证等。

基础信息保护

传统的政府信息管理系统是从下而上、自上而下的中央集中式。从中央到地方一级级布置统计任务，然后由下级一级级向上汇总，最后总纂而成。在这样的模式下，如果有人攻击系统中心路由器，就会使该路由器之下所储存的所有信息全都瘫痪，包括被盗、损坏、泄漏、丢失或恶意篡改。

可是在区块链下，这样的情形将不会发生。究其原因在于，区块链的分布式记账将会把所有信息储存在每一个节点上，每个部门都有一套经过哈希加密过的总账本。在这种情况下，某个节点被攻陷，既不会影响整个信息系统的正常运转，又不可能得到全网认可，所以它注定是徒劳的。既然如此，就不会再有黑客去做这样的傻事。

早在2014年，全球四大会计师事务所之一的德勤就成立了区块链研发团队，推出区块链平台RUBIS用于审计服务。区块链的时间戳功能具有不可逆性，所以把被审核对象的所有交易全都记录在区块链上，就会使得整个审核过程变得相当容易，既提高透明度，又降低成本，还缩短时间。

---

❶ 《区块链的价值是互联网的十倍》，中央电视台财经频道"对话"栏目，2018年5月27日。

身份管理

身份证在日常生活中非常有用，无论是买票、住宿、办证办卡还是其他地方，没带身份证或身份证被盗往往会造成很大的麻烦，甚至一筹莫展。可是在区块链下，这些烦恼会一扫而光。

区块链上的身份证，准确地说叫"分布式智能身份认证系统"。在区块链上出现的身份证，不仅会显示姓名、在线头像、护照照片等，还有签名栏、专属二维码、交易编号以及哈希算法证明等。更神奇的是，它拥有不可更改的密钥创建日期和密钥标识。

那么，怎样在区块链上创建身份证呢？这主要有三大步骤：一是设定昵称或账号，最好要能独特、别致些，这样会便于别人快速找到你的区块链 ID，只要你妥善保管好密码，就不会被盗；二是创建并确认个人档案，把你的区块链身份证和社会网络档案链接在一起，以便证明这张身份证是你的，并有确切的个人信息相印证；三是区块链身份证的使用，把你区块链上的身份证像微信、支付宝二维码一样，印在你的名片、共享网页、社交网络档案上，别人就很容易联系上你。

区块链身份证的最大优势在于，它永远不会被盗（丢失）、被假冒（篡改）。因为它是记录在区块链上的，并且由时间戳在连续、永久性地记录你一生中的每一笔交易，既完整，又独特。

从未来发展趋势看，区块链身份证或许会首先被用来取代纸质身份证、出国护照和存储在手机中的电子身份证，以及需要用到指纹、虹膜识别等需要识别身份的时候。在此基础上，才会慢慢扩大到其他社交领域。

虽然指纹、虹膜识别等技术目前已十分先进，但如果与区块链身份证相比依然是小巫见大巫。别的不说，就说区块链身份证无法被盗和假冒就能以一当十了。从理论上说，如果有人要假冒你的区块链身份证，必须首先在千万台电脑上登录资料链，这就几乎不可能了；而要在此基础上修改你的身份信息，这就无异于当着亿万人的面在光天化日之下作案了。

在美国国土安全局下属研究中心的资助下，加拿大身份认证和鉴定服务公司 Secure Key 与加拿大数字身份验证委员会已经共同开发了区块链数字身份网络。该网络采用一种被称为"三盲"的保密程序。这里的"三盲"，是指相关三方完全不知道彼此，以此来增强安全和保密性。举例说，安装该程序后，如果某个人要登录银行系统，开户银行并看不到他输入的是什么账号和密码，此为"一盲"；"二盲"是指对方接收银行并不知道这些数据来自哪个银行及哪个账户；"三盲"是指 Secure Key 同样没有后台，对整个过程和双方交易银行是"失明"的。

该公司首席身份官安德烈·博伊森认为：一方面，全球技术发展速度如此之快，人们越来越需要一种值得信任的技术用于个人身份验证，防止身份盗窃行为发生；另一方面，每个公司都自行其是，数字身份系统的搭建和运行已不可能单靠一家公司就实现。正因如此，Secure Key 和加拿大数字身份认证委员会才愿意在这方面做出自己的努力 ❶。

身份认证

公民身份认证是政府管理工作的重要组成部分，不但需要耗费巨大的人工成本，而且有些认证是根本做不到的。在这其中，最典型的就有诸如怎样证明"我就是我""我妈是我妈"等。类似情形虽然有搞笑成分，但现实生活中却经常会遇到，也正因如此，才会不时就成为新闻头条。

可是在区块链下，这种身份认证将会易如反掌。当然，是不是有必要进行这种认证是另一回事。举例说，区块链能够把人从出生开始的所有资料都储存在上面，做到随用随取。你是什么时候出生的、谁是你生物意义上的父母、有没有结婚（是不是单身）、结（离）过几次婚、你过去做过哪些事情……全都记录在这上面，一清二楚，而且无须证明。

因为区块链信息本身是不可篡改的，所以不用担心这些信息会造假，也不用担心这上面的信息得不到别人认可。区块链既然是全网认同，那么在这上面的信息便一定会得到全民公认，而且可以确保最大限度地降低各部门、各领域办证的人工成本，是真正的"一卡（链）在手，通行全球！"

---

❶　徐明星等：《图说区块链》，北京：中信出版社，2017，P183–190。

区块链电子居民计划

所谓居民，是指在一个地方（通常是指主权国家）长期（通常在 1 年以上）从事生产和消费，并受该国法律保护和管辖的自然人或法人。所以，居民也分为自然人居民和法人居民两大类。

显而易见的是，居民并不一定非得是本国公民，如果外国人（官方外交使节、驻外军事人员等除外）和外国法人（国际性机构如联合国、世界银行等除外）在本国长期从事生产和消费，也可以成为本国居民。

之所以要有居民和非居民的概念划分清楚，主要是考虑到要采用这一口径来统计各国国际收支状况。具体地说就是，只有"居民"与"非居民"之间的经济贸易才能称之为国际贸易。正因如此，中国留学生如果在境外时间不超过 1 年，这时候他依然属于中国居民，政府与他们之间的资金（外汇）往来就只能构成国内收支，所以政府对此管制相对比较宽松；而当中国留学生在境外时间超过 1 年后，这时候他与中国国内的资金往来就构成了国际外汇收支，这时候在外汇管制方面就会比较严格。

世界上绝大多数人一生下来就"绑定"在了某个国家，自动成为该国居民。如果你要成为其他国家的居民，享受该国优厚的福利待遇，不但需要具备相应条件，而且很可能要经过漫长的手续和等待，成本极高。可是在区块链下，这一界限将会被"电子居民"的概念打通和变通。

这方面最典型的是爱沙尼亚。

爱沙尼亚 1991 年从苏联独立出来时，虽然连根电话线都没有，却开展了历时几年的全民电脑网络普及活动；可是直到这时候，政府依然没钱搞全国性的网络建设。穷则思变，Cybernetica 公司 2000 年在政府委托下搞了一个去中心化 X-Road 系统，不但能让所有国家机构和公共事业上线，而且成本极低。接下来，政府推出了数字签名认证身份证，全面实行无纸化办公，所有国民都可以通过这张卡片访问全国公共服务。

很不幸的是，2007年4月爱沙尼亚和俄罗斯爆发了人类历史上第一次"国家层面的网络战"，所有网络几乎全都瘫痪，这让爱沙尼亚人刻骨铭心地体会到了网络安全的重要性，于是提出了安全、签名、加密、防篡改等种种要求。在此背景下，另一家Guardtime公司搞出了区块链技术。乘胜追击，2008年政府发布了《网络安全战略》，并设想在更大范围内推广网络安全技术。

2014年俄罗斯吞并克里米亚，敏感的爱沙尼亚人觉得，已经实现无纸化办公了的爱沙尼亚政府当务之急就是要保证公共服务连续性，在任何情况下都要确保网络安全。

于是，2014年10月，爱沙尼亚向全球所有人开放了电子居民（e-resident）计划申请，从而成为全球第一个尝试电子居民项目的国家。这一举措的实质，就是爱沙尼亚政府把原来只针对本国国民服务的公共数字资源向全球开放。2015年5月开始，申请人无须去爱沙尼亚大使馆，便可在网上全程办理所有手续，只需填写简单信息，并用信用卡缴纳50欧元（目前是100欧元）的申请费用。以中国人为例，卡办好后只要用中国身份证原件去该国大使馆或领事馆（北京或上海）就能领到该卡及专用读卡器。

国外人士在获得这种数字身份认证之后，无论你在哪个国家，都可以通过网络，方便地在爱沙尼亚开放的数字化公共资源上享受工商服务，如注册爱沙尼亚公司（营业税为0）、开设银行账户（可炒美股）、管理远程员工（爱沙尼亚是申根协议成员国，签证可以在德国，法国，西班牙，葡萄牙等26国通用）、快速完成报税流程、完成各项电子合同签字、通过网上银行向全球各国转账汇款等。但需指出的是，这些人不能在爱沙尼亚境内实际居住，所以称为"电子居民"计划。

截至2017年8月23日，有来自全球138个国家2.2万名优秀创业者已经成为爱沙尼亚电子居民，在使用爱沙尼亚政府的数字公共资源进行创业。就连联合国，也已经在用爱沙尼亚电子居民项目框架推出e-Trade项目了；Holvi更可以让全球创业者快速、远程地拥有一个完备的商业账户。

要知道，这可是一个非常伟大的尝试。因为任何一个国家的资源都可以分为两大块：一是可以数字化的资源，二是不可数字化资源。爱沙尼亚通过电子居民计划，把可以数字化的那块资源向全球开放，就必定会迅速吸引到一批精英创业人才，并很可能会从中冒出一批具有划时代意义的伟大公司；

从而以这些公司为背景，勾勒出一个以爱沙尼亚政府背书的"虚拟国家"，另辟蹊径实现国家崛起。而且，借助于数字化浪潮，这种崛起速度可能会非常惊人 ❶。

顺便一提的是，具体到中国投资者来说，在考虑各种投资机会时，很有必要也关注一下这一机会以及以后出现的类似机会——你不用出国，并且该干嘛还是干嘛，可是却拥有了多一种选择：用极低的成本去使用一个国家的公共数字资源来为自己服务，而这只有在区块链上才能实现。

在军事变革中抢占先机

区块链在国防和军事领域的应用与发展前景十分令人看好。例如，北约在通讯与信息处举办的区块链创新竞赛中，就特别关注军事级区块链相关项目，目的是要用于提高军事后勤、采购和财务效率。北约和爱沙尼亚正在积极尝试利用区块链开发下一代系统，以实现北约防御平台现代化。

军事革新

这主要体现在以下五方面：

一是利用区块链的去中心化特点，有效降低数据存储和管理风险，创建黑客无法入侵的安全信息服务系统。无论是美国还是北约，目前都加大了这方面的研究和投入力度。例如在美国 2018 年的《国防授权法案》中，就已经正式对国防部提出全面研究区块链如何应用于军事领域的要求。美国国防部高级研究计划局与美国两家计算机安全公司签订 180 万美元的合同，集中研究区块链在保护军用卫星和武器等高度机密数据免遭黑客攻击潜力方面的技术应用。

二是利用区块链的共识机制，确保其中某个节点遭到黑客攻击也不会影响系统整体运行。随着战略武器系统对数字化系统的依赖性越来越强，网络

---

❶ 郝杰：《国家引擎化的惊人尝试,世界上第一个有电子居民项目的国家》,搜狐网,2017 年 8 月 31 日。

攻击手段也在不断翻新，攻击频度不断增加，现在的集中式系统危险性陡增，急需区块链助一臂之力。

三是利用区块链的可追溯性，一方面及时从蛛丝马迹中发现可能存在的隐患，另一方面一旦遭到黑客攻击也能迅速加以回击。

四是可用于武器装备的全寿命管理。现行的武器装备记录方式通常是纸质或电子媒介，存在着安全难以保障、转移交接困难、缺乏有效监管等缺点。而在区块链下，无论是上级主管部门、装备管理部门和使用方还是生产厂家，都可以在区块链上进行实时更新和维护，从而形成了一个分布式的、受监督的档案登记网络，大大提高了安全性、便利性和可信度，武器装备始终能处于有效管辖范围内。

五是在军队后勤保障系统方面，区块链能够把物资生产、采购、运输、配给等系统中的人员和物资自主组网，构成去中心化网络，从而在组网通讯、数据保存、系统维护方面有效解决智能化难题，大幅度提高安全系数。

从上容易看出，区块链在军事领域的应用虽然还处于萌芽状态，但却能对未来军事科技的发展产生重要影响，甚至决定战争胜负。以美国和北约等为代表的全球主要军事强国，之所以如此重视区块链在军事领域的应用，就是希望能在新一轮军事变革中抢占有利地位 [1]。

国防建设

仍然以北约和爱沙尼亚为例，区块链在国防防御平台的现代化建设方面已受到重视，目前美国和北约的几个国家与国际组织都在积极尝试。

2016 年 7 月在波兰首都华沙举行的北约首脑峰会上，北约决定加强在爱沙尼亚、拉脱维亚、立陶宛和波兰的军事存在。其中特别提到，爱沙尼亚在网络上已经拥有国际公认的优势，位于爱沙尼亚、从 2013 年年度演习起启用的北约网络防御中心 Cyber Range 也是如此，在这里可以安全地远程访问全球各地，即使网络和测试系统受到攻击也无须更改实时系统。

2016 年 11 月，爱沙尼亚总统在访问该防御中心时表示，现在的网络战已经像陆战、空战、海战一样成为国家安全中心，所以必须致力于网络安全领域的跨学科应用研究、培训和演习。

---

[1]　司嘉：《区块链技术在军事领域的应用值得关注》，载《中国青年报》，2018 年 7 月 26 日。

正是在此背景下，爱沙尼亚与该国区块链初创公司 Guardtime 在军事防御、医疗、网络安全和实体供应链等领域全面开展合作。该国国防部更是把这家公司称为"爱沙尼亚最具创新力和最成功的国际网络防御和技术公司之一"。具体到国防方面，双方从 2015 年 11 月起就开始合作，并且为学习网络防御的硕士研究生提供 4 项奖学金。据透露，爱沙尼亚国防部与北约和该公司的合作将会为"面临复杂网络威胁形势时如何做好准备带来真正的变化❶"。

---

❶ Luke Parker 文，Kyle 编译：《区块链公司 Guardtime 获得北约和爱沙尼亚国防部合同，使用区块链开发下一代军事网络防御平台》，巴比特资讯，2017 年 2 月 9 日。

第15章
区块链@农工商业

农工商业与我们的生产和生活关系最为密切。在区块链下，你不用再像过去那样吃怕吃到有毒有害食品、买怕买到山寨伪劣产品、做买卖怕遇到各种骗局陷阱，上述情形将会大大减少。

下编
行业

◆ 食品溯源和农业附加值

◆ 打击假冒伪劣推动创新

◆ 传统商业会消亡吗

◆ 对供应链金融的冲击

食品溯源和农业附加值

农业生产自古以来就是靠天吃饭，直到现在依然没有根本改观。这其中大量存在着资源和能源浪费，法律约束和监管力度不够，生态环境破坏严重，直接影响人体健康和生态安全，而区块链有望改善这种局面。

区块链下的农业场景

区块链下的农业场景主要有以下五种类型❶：

一是物联网＋区块链。目前的农业物联网因为实行的是中心化管理，所以应用成本和维护成本高、性能差，无法大面积推广和持续推广。而在区块链下，去中心化的农业物联网能够实现自我管理和维护，这就能很好地解决上述痛点，有助于提高现代农业规模化和智能化水平。

二是质量安全追溯＋区块链。区块链数据记录不可篡改的特点，必将提高经营者和消费者对农业生产和农产品的信任度。

三是农业金融＋区块链。区块链打通了银行、保险、征信机构等所记录的信息数据库，必将推动社会资金流入农业，对促进农业发展是一大利好。澳大利亚创建于 2014 年的农业供应链追踪企业 Block Grain，利用区块链为农民提供实时交易和结算服务，已累计融资 450 万美元。

四是农业保险＋区块链。目前的农业保险品种少、覆盖范围窄，甚至还经常出现骗保事件。区块链不但能改变这种局面，还能通过智能合约简化流程，一旦发生农业灾害甚至能做到即时赔付。

五是供应链＋区块链。农产品从播种、生产、销售到消费的所有环节都在区块链下有目共睹，所有信息包括生产者、生产地址、负责人、价格、日期、质量、状态等都会被永久记录在案并不可篡改，就能最大限度地确保货真价实、健康安全，减少时间延误和人工差错。

---

❶ 《"区块链＋农业"六大场景和八大案例》，搜狐网，2018 年 8 月 5 日。

智能农场和食品溯源

区块链在农业上的应用，突出表现在智能农场和食品溯源上。

所谓智能农场，是一种可持续发展的农业模式，旨在提高农业环境质量，整合具有天然生物周期控制的技术，最终实现农场经营的经济合理性。

创建智慧农场的区块链创业公司 Filament 使用区块链技术后，就将现有网络和物理对象联系起来，形成了更为广泛的网络应用，然后把这种智能农场技术用于可靠的其他基础设施。例如，通过摒弃人工干预，防止天气数据、短信提醒、机械协议、GPS 定位等数据被篡改，能够准确监控食品来源、生产日期等。这样做，一方面能满足消费者日益苛求的"干净"食品需求，另一方面又能解决传统方式下无法简单解决的识别食品尤其是有机食品来源，了解是否被污染等，还能有助于正确、合理定价。除此以外，区块链还能在食物链中用于实时供应链管理、快速众筹访问等 ❶。

至于区块链在食品溯源方面的应用，这里试举一例。

2016 年 11 月成立的众安科技是众安保险旗下的全资子公司，2017 年 6 月它正式启动了"步步鸡"项目。按照 166 天的饲养周期，每只步步鸡都佩戴一个物联设备（鸡牌），用于记录每只鸡在饲养、屠宰、运输等环节的详细数据，包括活动状态和位置轨迹等。同时，这些数据会被实时上传到安链云打造的生态联盟链上进行分布式存储。消费者购买该鸡时，用手机 APP 进行溯源防伪信息查询，便能了解它过去 100 多天里的各项数据如品种、位置、成长轨迹、屠宰等信息。鸡牌一旦损毁，区块链上的数据也就自动销毁。根据规划，他们将在 2020 年前新建近 10 万亩生态养殖基地，每年为农户增收 27 亿元，间接帮助 15 万名农村贫困人口就业脱贫 ❷。

关键在于提高附加值

无论什么样的技术，对农民来说，只有当能提高农产品附加值时才算是实惠的。区块链在这方面的作用主要体现在以下两点：一是与农业生产相结合，提高农业商品化程度；二是与农业保险相结合，提高农业智能化程度。就前者而言，每件农产品的信息全都记录在区块链中，便能实现生产、消费

---

❶ 枯叶子：《"公共记账簿"？哼，区块链远比你想象的强大得多》，阿里云，2016 年 9 月 13 日。

❷ 元杰：《步步鸡：众安科技的区块链农业尝试》，亿欧网，2017 年 12 月 27 日。

流程全透明，既能督促农民生产优质、健康产品，又能让消费者吃得放心，在这其中，必然会提高农民和经销商收入。

在离贵阳 2 小时车程的贵阳市卫城镇凤山村，你随便问哪个农民区块链是什么，他们都会说出一大堆来，竖着大拇指真心说它好。那里的农民在实实在在种猕猴桃，区块链能够为他们证明一切。

凤山村的猕猴桃销售价是每 500 克 5 元，一到贵阳就能卖到 15 元，到了深圳后则能卖到 6 元 1 个 ❶。不用担心里面有假冒伪劣和以次充好，因为区块链上证明这些猕猴桃全都来自凤山村农民的诚信种植，而不是传统商业环境下王婆卖瓜式的自吹自擂，这就是区块链给他们的收益回报。

个体农民是这样，大企业也是如此。2016 年 10 月，在中国政府支持下，中国第一家安全食品区块链溯源联盟由沃尔玛与 IBM 公司、清华大学共同创建。该联盟首先针对的是猪肉产业供应链，目的是要确保庞大的猪肉供应链数据更加精确和安全，为消费者和零售商提供全供应链实时溯源服务，同时也推动问责制，使得供应商、监管机构和消费者能够更加深入和清晰地了解食品是如何从农场到餐桌的整个流通过程。

IBM 全球供应链解决方案主管认为，该项目一旦实施，对中国来说很重要，因为中国政府寄希望于通过改善产品可追溯性来提高食品安全度，而猪肉是中国消耗最多的肉制品，预计 2016 年的消费量在 5460 万吨。另一方面，对沃尔玛来说也非常重要，因为这可以让它在中国丰厚的猪肉市场利润中分得一杯羹。据透露，沃尔玛 2002 年就在深圳设立了全球采购办公室，它所出售的每一种食品都会经过验证，所以这个区块链系统上线后有望为该公司节省"数十亿美元"（而据估计，沃尔玛全球供应链如果全部转移到区块链上将能节省 1 万亿美元费用）。

后来，IBM 公司把在这项工作中从沃尔玛项目中学到的经验，用在了其他行业，跟踪运输芒果便是其中之一。具体是，它启动了一项跨国计划来跟踪从南美洲运往美国的芒果 ❷。测试表明，过去追溯一袋芒果从农场到门店的过程需要几天甚至几个星期，而在区块链下只要短短的 2 秒钟。

---

❶ 《区块链的价值是互联网的十倍》，中央电视台财经频道"对话"栏目，2018 年 5 月 27 日。

❷ 《沃尔玛联合 IBM 和清华大学打造区块链试行项目》，搜狐网，2016 年 10 月 20 日。

打击假冒伪劣推动创新

区块链技术的突破，为工业创新提供了巨大的契机。甚至可以说，区块链技术的推广本身就是无烟工业，或者说不是工业胜似工业。

以贵州为例，自从2013年启动大数据发展战略以来，大数据产业就成为该省工业中仅次于白酒、电力的第三大经济增长点。截至2017年年末，贵州大数据电子信息制造业规模以上工业增加值增长85.9%，软件和信息服务业收入增长36.2%，电信业务总量和收入增长速度均位居全国第一。

当然，区块链在工业领域中最主要的作用是以下两点：

有效打击假冒伪劣

假冒伪劣产品横行，令消费者和商家深恶痛绝，可是又无能为力。而在区块链下，这个问题轻而易举地就被解决了。

上海的区块链创业公司V-CHAIN（V链）开发出了一种芯片，在商品生产过程中可将芯片缝制在商品里。它的功能很简单，就是商品每经过一道关口都会发出一条信息登记在区块链上，形成这件商品所特有的历史档案，是真是假一目了然，并且全网可查，不可篡改。如果有谁要想破坏该芯片，就必须破坏该商品，用这种"玉石俱焚"办法来确保源头可查。

在区块链下，原本难以管理的质量问题也会得到很好的监控。在过去，参与质量管理和监督的部门太多，大的方面至少可分为企业、监管、中介机构、消费者四大块，这种乱糟糟的复杂局面最适合区块链来收拾。

浪潮集团副总裁肖雪举例说，该公司就和中国检验检测创新联合体与国家开发投资集团共同创建了一个质量链体系，说穿了就是利用区块链建立一个以企业信用为核心的长效机制，来实现整个质量在供应链上的闭环。

举例说，如果你要购买阿胶产品，现在市场上有许多假货。消费者如果通过它们的系统来扫描二维码，呈现出来的就不是简简单单的价格高低，而是涉及从原材料到流通环节再到最后质量优劣保证的全过程，既有政府监管数据、权威部门检测数据，又有企业质量数据，还有流通保障数据。这些数据随着在不同质量主体之间转换，就会涵盖整个质量范围❶。

推动工业创新

区块链在推动工业创新中具有独特作用。

2014年，IBM公司在连接经济（Connected Economy）项目中率先采用区块链技术，目标是要把所有设备、地点和人相互连接起来，快速分享各种数据和信息，以至于若干年后在全球的某一特定地区，移动设备、智能应用、汽车甚至房屋等构成的物联网将成为一切事物的网络。

在该公司开发的项目ADEPT中，区块链在创建可行性分布式网络中起到至关重要的作用。举例说，如果一家企业要在使用的水龙头上装上传感器，以此来追踪洗手频率，为将来改进设计收集依据，这时候要想维护这样的架构成本就很高，或者根本不切实际。于是IBM公司就从这一点出发，寻找其他成本更低、效率更高也更安全的解决方案。而要想收集到这样的技术数据和商业数据以及其他与金融有关的敏感数据，就必须确保物联网安全，区块链在这方面大有作为。

要知道，创建一个分布式网络从而使得网络中的设备能够彼此通讯，是过去几十年来人类的追求目标。而这一目标在区块链通过创建只需信任大部分节点而不是全部节点的环境中，就能得到实现。

正因如此，IBM公司副总裁、北美移动和物联网负责人Paul Brody认为，IBM公司当时和三星电子共同开发的区块链项目虽然还处于保密阶段，但他已经深入理解了这一技术怎样应用到现实生活中来。在他看来，区块链所具有的创建大型、低成本网络的能力，将会使得它作为基础性技术而受到广泛应用。不但如此，区块链几乎能节省中心化社会网络的所有成本，他的原话是"你能够减少99%的管理成本"。

从智能合约方面看，一块智能手表就可以凭借智能合约触发器，侦测到放在门口的信标，从而打开门锁；同样的原理，它也会打开房门或电灯。进一步地，家里所有连接在区块链上的设备都能识别出主人来；不必担心的是，这种合约交易只能在区块链中广播，所以并不可怕。要说有什么问题，主要

---

❶ 《区块链的价值是互联网的十倍》，中央电视台财经频道"对话"栏目，2018年5月27日。

是其响应速度能不能跟得上。因为没有人会有耐心愿意等上 5 分钟才能打开一扇门，或点亮一盏灯。

从可编程交易看，主要是对家中准备连接在区块链中的设备进行编程，让它记住每一个智能合约的源头。借此，就能创建一个自动化系统，在智能设备网络中以串联方式进行运作，并且能做到在运行中合理分享能源和带宽，最大限度地提高运行效率。举例说，接在这个网络中的洗衣机，就能根据从外界获得的数据来调整自己的电力消费或其他数据 ❶。

短短 3 个月过后的 2015 年 1 月，IBM 公司宣布与三星电子合作打造 ADEPT（去中心化的 P2P 自动遥测系统），利用区块链来创建去中心化物联网，目的就是要为交易提供最优安全保障。

根据设想，这一系统将会大大降低设备之间的沟通成本，哪怕其中拥有几十亿台设备自动交互信息都是如此。究其原因在于，当一个产品组装完成后，生产商就能把它注册进一个全局的区块链中，由此来给它颁发"出生证"；而当该产品销售出去后，消费者可以继续把它注册进一个局部性（如本市或本社区）的区块链中。该产品在家中使用时如果出现故障，会自动发出信号，甚至这台设备自己直接就与周边设备"沟通"了。请记住，所有这一切都是自动自发进行的，没有也不需要中心化控制与协调。

以三星公司的洗衣机为例。W9000 型号洗衣机就被纳入 ADEPT 体系，它能通过智能合约自动向洗衣液零售商发送订单并支付账单 ❷。

传统商业会消亡吗

商业的出现和存在是社会进步的标志，以商业为代表的第三产业所占比重高低正是衡量社会文明程度的一大指标；可是它在遭遇以消灭中介为己任的区块链之后，两者必然会有一场恶战，并且还将是一场持久战。

---

❶ Stan Higgins 文，少平译：《IBM 高管强调区块链在物联网中的用途》，巴比特资讯，2014 年 10 月 8 日。

❷ 骁骑译：《IBM 联合三星：利用以太坊协议打造去中心化的物联网 ADEPT》，巴比特资讯，2015 年 1 月 23 日。

降低商业成本

区块链对商业及贸易的影响，首先体现在降低成本上。

无论哪种商业行为，其典型模式都是通过双方或多方协商达成交易或合作意向，签订并执行合约，然后才能完成整个交易。在这其中，最费神费时费力的便是洽谈过程；尤其是在缺乏信用的社会里，商业谈判之繁琐和复杂不亚于猜谜语、做奥数和马拉松，甚至需要尔虞我诈。

举例说，实际售价在 500 元的商品，卖方很可能会标 1000 元、2000 元甚至 5000 元；尤其是在中国，这已成为惯例，几乎没有哪家会实打实地就标 500 元，然后附加一句"恕不还价"。即使你这样做了，买方也不会相信你这真的就是实价（底价）。既然如此，卖方还不如不说实话，干脆虚标一个价格戏弄买方，让对方坠入云里雾里，多掏了钱还以为占到了大便宜。而买方呢，不管你标什么价他都不信，非要讨价还价，而且还不止一个轮回，直到双方筋疲力尽才罢休：要么成交，要么拉倒！而最终，多半会以买方屈就而告终，因为买方根本不知道这商品的底价在哪儿。这就是俗话所说的"卖的比买的精""千做万做，蚀本生意不做"。哪怕买方觉得这个价格再合算，卖方也都不可能亏本，最多只是少赚些而已。

为什么会这么累？关键是彼此不信任，甚至有时候也不相信自己。有什么办法来消除这个痼疾？如果依靠人际关系几乎不可能，因为本质上说人都是贪婪的，不可能"毫不利己，专门利人"；但如果去中心化撇开人的因素，事情就会出现转机，这其中就能看到区块链的作用了。

这突出体现在以下三点。一是可信性。区块链能够提供天然可信的分布式账本平台，而这种分布式网络极其鲁棒❶，能够容忍部分节点的异常状态，而无须第三方参与。这种自动纠错功能，能够极大地提高交易速度，提高可信度。二是成本低。区块链因为一致提交后的数据具有不可修改和销毁的特点，所以能够大大降低各种用于"修改（篡改）"和"讨价还价"的成本和时间，维护成本也低，尤其是在国际贸易和国际物流供应链中作用更大。三是安全感。区块链所采用的密码学能够确保数据隐私，有效降低犯罪风险，同时也便于账目审计和清算。

---

❶ 鲁棒是 Robust 的音译，意为"健壮和强壮"。通俗地说，就是指计算机及其软件在发生输入错误、磁盘故障、网络过载、故意攻击等情况下，依然不会死机和崩溃。

对传统商业的冲击

2016 年埃森哲技术展望表明，82% 的企业高层管理人员认为，行业间的界限正在变得日渐模糊。未来在区块链冲击下，这一进程将会加快。因为区块链能够通过智能合约，运用预先定义的触发事件或条件，来自动、自发地实现商业合同程序化。既然如此，原本从事这一工作的中介也就没有了继续存在的必要，原有的行业和部门因而被打通。

举例说，今天已经安装了智能电表、智能水表的用户，就再也看不到抄表这道工序了。今后运用区块链后，这项工作还会进一步变成不但能够智能抄表，还会帮你选择用户——用户可以设定在不同的供电、供水部门中自动选择付费标准最低或性价比最高的服务商，帮助家庭太阳能发电出售给电网中付费标准最高的用户；供应商也可以设定优先满足出价最高的用户消费……关键是你要事先设定一下。

关于这一点，目前已经部分地出现和实现了。例如，在一些理财平台上，当你设定"始终优先转入利率最高的基金，始终优先转出利率最低的基金"选项后，每当有新的资金存入，便会自动进入利率最高的基金，以使你的收益最大化；反之亦然。一切都是自动进行的，这实际上和区块链中的智能合约已经没什么两样了。

以埃森哲为例。它的一款智能插头就能选择不同供电商，并能定期调整耗电量。在美国纽约，一家区块链电力公司已经在利用区块链支持和验证交易，帮助用户直接向邻居购买富余的可再生能源。不难想见，这样的方法今后将会被广泛应用到计算机处理、网络带宽及其他公共服务上去。

埃森哲的研究还认为，84% 的企业高层管理人员认为，如果区块链技术最终侵蚀到了自己的利益，其必定会在穷则思变背景下开辟其他新的服务方式。道理很简单，区块链既然是一种技术，那么自己既可能会被技术所伤，也可以拿这种技术来为我所用。

举例说，每个企业都要开发票，而开发票的流程就非常复杂且容易出错，不是开多了就是开少了，不是抬头不符合要求就是缺少某个项目，来回奔波、电话沟通或邮寄都需要耗费大量的时间和精力。

有鉴于此，巴克莱银行科技创业加速器所扶持的一家企业，就以此为突破口，着手构建基于区块链的开发票网络，其突出优势有两点：一是可以做到近乎实时开票，自动对账和结算，这样就不会忘记开票或多开少开了；二是为交易双方保存不可更改的发票记录，这样也就不会再有发票丢失、被盗、篡改或假发票等情形。

另外就是，如果将企业的知识产权等加密数据记录在区块链上，只有数据拥有者才能访问，就能很好地保护商业机密和知识产权，而这正是 Factom 公司正在开展的业务。该公司通过签署协议，帮助中国一家公证服务机构利用该平台增强信息管理的完整性。与此同时，区块链在增强问责机制，减少营私舞弊、诈骗、伪造行为方面也都大有用处 ❶。

对电商平台的冲击

电商平台目前在我国多如牛毛，网上购物已司空见惯。无论男女老幼，都已经习惯了这种购物方式，有的甚至几乎从来不去实体商店了。

可是在这里，电子商务平台实际上是一种中介机构，就像实体店中的各类"市场"一样，建有各种管理措施，并且必须对交易过程进行监控，以便事后发生纠纷有据可查。不用说，有了这样一套管理模式，就必定会存在着管理成本高、交易周期长、纠纷解决难等缺点。

现在好了，在区块链下，这些问题便能迎刃而解。Open Bazaar 提供的分布式电子商务平台，就能通过多方签名和信誉评分机制，让众多参与者合作进行评估，从而实现无中介的安全电商交易，零成本解决各种纠纷。

电商平台作为中心化组织，与区块链的去中心化相比也是小巫见大巫。例如在电商平台上购买服装，虽然有详细介绍，可是可信度究竟怎么样还是要打个问号，远不如区块链下的证据让人放心。

在英国伦敦，年轻的捷克女设计师 Martina Sperlova 是第一个把区块链应用于时装领域的。她与同在伦敦的一家区块链公司进行合作，在所售服装中置入一块储存着大量信息的防水洗芯片。消费者只要用手机扫描该芯片，就能获得一个链接；点击该链接，便可读取关于这件衣服的来源、制作、故事等信息，同时也能与别人在线共享该链接。不但如此，还可以通过该区块链与品牌、设计师联系，咨询并进行售后维修。

该设计师认为，如果消费者面对的不是一件冷冰冰的衣服，而是能够通

---

❶ 埃森哲中国 :《区块链 +》, 上海 : 上海交通大学出版社, 2016, P31–33。

过区块链知道衣服上的拉链等配件来自哪个国家、哪个公司，能够看到制作现场图片，了解服装背后的故事，便能产生一种情感上的连接；如果消费者愿意，还可以把与这件衣服的故事继续录入区块链中，这样，下一位购买或穿这件衣服的人便又能接龙看到更多故事，从而一下子就使得这件衣服活起来了。尤其是对于复古时装来说，区块链能够用于鉴别产品真伪，从而提升产品价值。

顺便一提的是，这项工作需要得到其他供应商和制造商的配合，在设计师创建的区块链上上传信息。但这一点都不难，因为它们知道，这样做对保护它们的知识产权和品牌维护是有利的，所以它们很乐意配合。

仅仅通过这一招，就使得她的服装在同类规模品牌中脱颖而出。虽然第一批采用区块链的时装 2018 年 10 月才面世，但无论在伦敦还是纽约的精品百货店都已经引起不少关注。对于店家来说，售货员不再需要记住庞杂的商品信息，只要让顾客轻轻地扫描一下就能获知关于这件衣服的一切；而对于顾客来说，区块链是个新事物、高科技，尝鲜心理使得他们很愿意先下手为强。这时候他们购买服装，就不再仅仅只是为了穿着了[1]。

不过在这之前，区块链在时装界的应用早就开始了，不但就在我们身边，而且非常具有新技术的立体氛围。

2016 年 10 月，在上海举行的 Babyghost 品牌 2017 春夏新品发布会及前期预热中，就采用了中国区块链企业唯链公司的技术，将品牌故事和设计灵感和盘托出。采用这一技术后，Babyghost 的每一件商品都有一个独立且唯一的ID，为时尚和艺术领域打开了巨大的想象空间。

作为活动预热，Babyghost 在活动开始之前就在天猫旗舰店上公开出售 50件限量版单品，其中都因为植入了区块链芯片而拥有独立编号。消费者只要用手机扫描芯片，就能获得该服装编号，并收到来自该公司创始人、设计师黄悄然的神秘视频，邀请你去上海一起参加该发布会。

在当天的品牌发布会现场，20 位模特展示了该公司推出的 20 套服装新款，每一种新款中都有一件单品在出厂之初便被植入唯链芯片。而其实，一个月之前在美国纽约举行的品牌活动上，这 20 件单品就已经出现在了纽约下东区活动模特的身上，这次在上海展出时，这些区块链芯片上就已经存储了

---

[1] 《这位捷克设计师第一个用区块链解决时装问题,但应用还很浅》,界面新闻,2018 年 7 月 30 日。

上次活动中每个模特的影像。

这就是区块链的好处，只要扫描芯片，就能看到每件样衣的"前世今生"，看到它在此之前已经有哪些人穿过，例如它与某位模特的互动记忆等。换句话说，如果这件衣服或其他商品你用过一段时间后，想要作为二手货转让出去，那么之后的顾客便也会从芯片上得知过去发生的故事❶。

对联盟营销的冲击

所谓联盟营销，通常是指网络联盟营销，这是一种按营销效果付费的网络营销方式。按理说，这种方式优点很多，商家通过联盟营销渠道产生一定的收益后，才需要向联盟营销机构及联盟会员支付佣金，没有收益就无须支出，有点像"按劳分配，多劳多得"。但即使如此，这种在全球各国被公认为最有效的低成本、零风险营销模式，依然是所有广告商的心痛之处。因为它们实在搞不清商家究竟取得了多少实际收益，对集成、设置、统计、欺诈等一道道关口往往显得无能为力，只能要求商家摸着良心说话。可是在区块链下，这一难题将会迎刃而解。

马来西亚区块链自助联盟营销平台 One Klix，就是看中这一痛点应运而生的。该平台通过"即插即用"，可用于分析广告效果和管理各种广告活动，所以能为广告商、网络和发布商管理其联盟营销以及其他数字活动提供一站式解决方案。不但如此，该公司的欺诈检测技术还能帮助企业保护品牌和声誉。目前，该公司的业务重点已经面向东南亚及全球。

该公司创始人 Gaydar 自豪地说："OneKlix 为用户提供了一个完整的解决方案……该方案提高了回复积极性并为客户提供解决方法，因此它从其他各种解决方案中脱颖而出。我们收集了来自联盟营销和广告科技公司的 100 多名专业人士的反馈，并从中了解了他们的需求，最后通过 OneKlix 解决了他们的痛点。"2018 年 7 月，该公司已分别获得来自挪威、马来西亚的 25 万美元种子基金❷。

❶ 《Babyghost 2017 春夏系列发布会 | 上海时装周》，搜狐网，2016 年 10 月 13 日。

❷ Henry：《马来西亚区块链营销平台 OneKlix 获 25 万美元融资，拓展全球业务》，猎云网，2018 年 7 月 30 日。

对跨国贸易的冲击

在国际贸易中，两个不同政治经济体之间的情形大不相同，互不信任感更为强烈。所以，传统国际贸易中商业信用是由银行信用取而代之的，最常见的是由银行作为买卖双方保证人付款、交单，以消除这种不信任感。

可是在区块链下，这种不信任感便可以大大降低。区块链通过信用交易参与方提供共同账本，允许各方包括买卖双方和银行等都参与进来，共同确认交易记录并据此履约，这样就把各方放在了同一个空间里，而不是像原来那样先银行后企业，这是两者最大的不同。

2016 年 9 月，英国巴克莱银行就通过区块链完成了一笔国际贸易结算，交易金额为 10 万美元。出口商爱尔兰农场，将其生产的芝士和黄油卖给离岸群岛塞舌尔的一家贸易商。这笔结算如果采用传统的信用证结算方式一般需要 7~10 天，而现在采用区块链技术只用了不到 4 小时。

为什么会这么快？主要原因就在于区块链提供了记账和交易处理系统，从而不再需要像传统信用证结算方式那样把许多时间和人力用在制单、审单、电报、邮寄等流程上，显示出区块链在这方面的优越性。

未来可能的商业模式

区块链技术的使用有望开辟新的商业模式，下面我们用一个通俗的例子来加以说明。

假如一家传统菜市场上的某种蔬菜都是从同一个地方批来的，每 500 克的进价是 3 元。批来后胆大的、会吆喝的、会营销和包装甚至还会用化学试剂处理的能卖到 7 元，不善于此道的只能卖到 5 元。戏剧性的是，往往是卖 7 元的人销量更大，这些人赚得更多；后来，又因为他们赚得多了资金实力强，又懂营销，"头脑灵活"，干脆把整个菜市场都承包了下来，从菜贩子变成了资本家，原先都是一帮穷兄弟的阶级分化就这样产生了。

可是在区块链分布式账本上，这些人的进货环节和价格一清二楚，每一位消费者都能看得到。如果大家认可这种蔬菜的进价 3 元、售价 5 元，那你就只能卖到 5 元，而且是一口价，不存在讨价还价环节。

这时候，如果还有人嘴上在喊我的货"最好""最新鲜""最便宜"都没用，要想坑蒙拐骗更是门都没有。要想赚得比别人多，唯有扩大销售。这样，就从传统的尔虞我诈升级成了服务竞争。

例如，同样是这个价格，你必须提供更多、更好的服务，如摘菜、削皮、送货上门、提供菜谱等配套服务才能赢得更多顾客；而这时候的买卖关系也就慢慢升级成了服务关系，比拼的是深度服务能力。容易看出，这时候已经不存在销售暴利行为，而是进入了一个真正成熟的消费社会❶。

推而广之，传统商业是一环吃一环的"赚差价"模式，而区块链下则是点到点的"价值型"模式。你只有让产品和服务在经过你这里时放大它的价值，才能赚到更多的钱。这有点像高速公路上的"收费站"，你要做的是吸引更多车辆从你这里经过，而不是提高收费标准或吹嘘其他什么。

对供应链金融的冲击

所谓供应链金融，国外一般是指供应链上的参与方与为其提供金融支持的供应链外部的金融服务机构建立的协作；国内一般是指针对中小企业将资金流有效整合到供应链管理中去的新型融资模式。

供应链金融既为供应链各环节的企业提供贸易资金服务，又为供应链弱势企业提供新型贷款融资服务，所以其过程相当复杂。以 P2P 为主的互联网金融为例，目前就正处于大浪淘沙之际，卷款潜逃、诈骗、自融、庞氏骗局等一次次抬高了行业风险，是不少投资者的难言之痛。作为非标资产的供应链金融，更是存在着虚假标、虚假贸易等非真实性困扰。

与之相应的是，传统供应链金融风险流程涉及多个方面，除了确认贸易真实性难，还有成本高、效率低、模式优化不够等特点。这在当前环境下很难找到出路，可是区块链却能解决这一难题（图 15-1）。

以黄金珠宝业为例。它的业态、流程十分复杂，线下业务又繁琐，从矿场、原料、加工、批发到零售交易流程非常长，没有供应链的应用保证就无法确保项目的真实性和交易安全。

尤其是在 2013 年起中国珠宝产业告别高速增长以来，这个重资产行业的

---

❶ 水木然：《区块链时代，"互联网思维"被彻底颠覆》，搜狐网，2018 年 3 月 17 日。

资金问题越来越突出。再加上保值溯源、权属认证难度大，缺乏权威的珠宝定价标准，所以导致传统金融机构为避风险均不愿意涉足珠宝行业，国外有珠宝银行，而国内没有；即使你想为黄金珠宝上保险，也无能为力，这就严重影响到行业的健康发展。而在传统 P2P 背景下，担保风险大面积爆发，使得珠宝行业成为最后一个触网行业。即使是互联网三巨头也不敢盲目进入这个行业，因为找不到资源切入点。

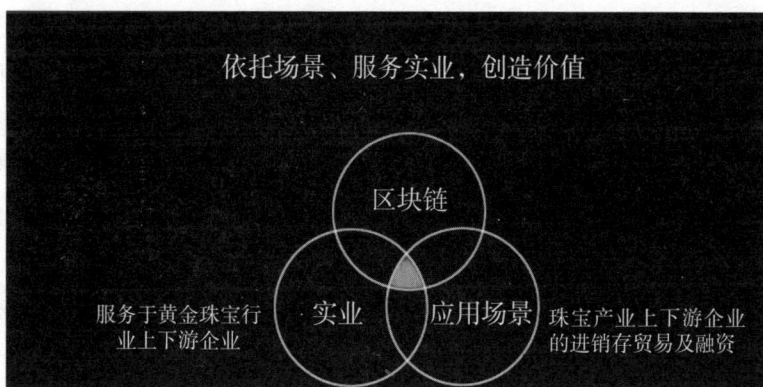

图15-1　供应链金融模式及其业务需求
（图片来源：搜狐网）

2016 年 5 月，国内领先的区块链服务商布比公司与知名互联网金融平台钱香签订协议，就双方采用布比区块链共同打造黄金珠宝终端供应链金融平台达成战略合作，从而成为国内第一个"区块链 +P2P"应用案例。

布比区块链以去中心化为核心，致力于让一切数字资产自由流动，并且已在多个领域取得实质性创新，其自有区块链服务平台已广泛应用于股权、供应链、供应链金融、信用、积分、证券、银行等领域。而钱香是一家立足于行业协会和产业链上下游、重度垂直于黄金珠宝终端的互联网理财平台，主要从事珠宝黄金类借贷服务，覆盖珠宝行业自然人和中小品牌。

目前我国供应链金融市场规模已达 10 万亿元，预计 2020 年可达 20 万亿元。在这种背景下，如何利用区块链来实现这巨大的市场空间、安全稳健的基础资产、较低的风险及其成本控制，就逼着许多平台争相转型。

双方的这次合作，主要是利用布比区块链的技术优势，依托区块链所具有的共识、安全、不可篡改特点，为钱香打造全新的供应链金融服务体系。

具体地是指，钱香之所以要引进区块链技术，就是因为区块链能在透明和信息披露方面解决许多平台存在的违规问题，如虚构资产、隐秘交易等；与此同时，也是为了对加盟商的资金用途、进货渠道、还款能力等实现全方位管控，连接上游供应商及下游终端门店，实现金融与供应商物流、信息流的精准融合，为各终端门店提供单笔小额授信，从而实现资金快速、灵活、低成本运转，打造普惠金融和供应链金融的新模式、新标杆。

归纳起来就是，要解决上述问题主要做两件事：一是黄金珠宝资产化，二是交易证券化，而这恰好都是区块链能提供支持的。黄金珠宝价值密度大，并且是区分不同财富阶层的标志性资产，只是因为长期以来缺乏透明的价值体系，影响到消费者信心和传统金融的支持。但显而易见，如果能把标准问题解决了，尤其是这黄金珠宝是谁的、价值多少、如何流通、如何变现，就像钻石一样拥有比较标准的价值体系和报价体系，有 4C 分级体系，就能推动黄金珠宝在全球范围内成为更大的投资热点。

区块链从注册仓单入手，利用分布式记账、时间戳、共识机制，在这方面的作用主要有四点：一是电子产权和登记凭证，并且不可篡改；二是保真溯源；三是仓单融资；四是现实环境下权威机构的参与。

布比区块链和钱香的合作有两大好处：一是便于平台自身监管，二是有助于投资者直接核实标的物的真实性。平台通过打通供应链企业进销存各环节，以真实贸易为基础，把控好供应链物流、资金流和信息流，便能解决个人投资收益低和中小企业融资难问题。

也因如此，在当前互联网金融平台相继爆雷、投资者对各平台信用半信半疑之际，这是各平台从 2016 年开始纷纷刮区块链风的原因之一 ❶。

2018 年 5 月，全球最大的钻石珠宝零售商 Signet Jewelers 也正式加入全球最大的钻石生产商 De Beers（戴比尔斯）集团领导的钻石行第一个端到端区块链平台 Tracr 的试点，并且成为第一个加入该项目的零售商。

据悉，该平台是从 2018 年 1 月开始试运行的，当年年内推出完整平台。届时，该平台已经能够追踪登记在册的钻石"从出土到消费者购买的每一次易手活动"，所有追踪记录都无法篡改，从而确保消费者购买的钻石都是天然钻石，并且产地不在"冲突地区"，出售钻石的资金也不会用于资助暴力行

为。截至 2018 年 5 月，该平台已经成功追踪了 100 颗高价值钻石的流转全过程，这也是全球行业内钻石流向第一次被全程数字化追踪。

De Beers 首席执行官表示："（区块链）是一本记录了任何产品从产生到灭亡的公共记录簿，且所有记录都不可逆。此外，这项技术比任何单一服务商的系统都安全。"

而在此之前不久，IBM 公司已宣布将联手 4 家黄金钻石行业企业和一家独立实验室开发一个区块链项目，从矿场到商店追踪珠宝成品。

容易看出，区块链在钻石行业的应用主要是想通过提高透明度，来消除消费者有关"血钻"以及与开采有关的环境质疑。尤其是现在的消费者对企业道德要求越来越高，人造钻石混迹其间销量也越来越大，唯有区块链才能消除对钻石天然性、真实性以及道德采购方面的质疑 ❶。

总部位于英国伦敦的区块链创业公司 Everledger，在珠宝防伪方面采用的又是另一种办法。该公司创建于 2015 年，它主要是将区块链与机器视觉、物联网、人工智能等相结合，为珠宝提供一站式追踪及鉴定平台。俗话说，没有两颗钻石是完全一样的。所以该公司用软件通过测量成品钻石上 40 个点的数据，生成这颗钻石的"数字指纹"，然后把它记录在区块链上，每一颗钻石都有真实的来源和流通记录。截至 2018 年年初，该平台上已有 200 多万颗钻石通过了该项认证；不但如此，它们还把业务扩展到彩色宝石等其他珠宝，以及酒类和艺术领域的认证追踪。容易看出，这些领域都是传统方法难以鉴定真伪和质量优劣的，区块链在这方面正好大有作为。

2018 年 3 月，Everledger 获得加拿大两家公司领投的 1040 万元 A 轮融资。该项资金计划用于继续研发珠宝追踪平台，在现有为 5 个国家提供服务的基础上进一步扩大业务范围，如与运输追踪云平台 Shping 合作，拓展区块链在供应链方面的具体运用等 ❷。

---

❶ 《De Beers 领导的钻石区块链平台获得全球最大钻石珠宝零售商 Signet 支持》，搜狐网，2018 年 5 月 26 日。

❷ 《区块链 +AI，珠宝鉴定平台 Everledger 获 1040 万 A 轮融资》，36 氪网，2018 年 3 月 23 日。

第16章

区块链@文化娱乐

区块链分布式记账、匿名、可追溯、无法篡改等特性，非常有助于记录并保护版权，并因此催生一大批知识富翁。与此同时还会创新娱乐方式，甚至把你的山盟海誓真的留到天荒地老！

**下编
行业**

◆ 确权知识产权
◆ 制造知识富翁
◆ 创新游戏娱乐方式
◆ 创建新型社交平台

确权知识产权

目前著作权纠纷、版权保护不力、盗版行为四起的原因之一就在于知识产权确权难。可是在区块链下，版权保护问题将会得到很好的解决。

口说无凭，记录为证

在过去，知识创作都是写在纸上的，有纸稿为证；现在已进入电子化写作和创作时代，作家在电脑或手机上写作，手稿已荡然无存，一旦发生版权纠纷，这时候如何确定是谁抄谁呢？区块链技术就派上用场了。

区块链的原理是，物品所有权都写在数字链上，谁出现得早、谁出现得晚、出现在哪里，都无法修改。不但如此，一旦出现智能合约中约定的情形，就能确保合同得到迅速而准确的执行，这样，不但能减少现实生活中的所有权属纠纷，还能降低仲裁环节中的人工干预成本和执行成本。

区块链确认版权分两大步骤。一是宣示所有权，加盖时间戳。创作者把自己的原创作品和相关协议上传到区块链，随后生成一个与文件相对应的哈希值，将文件的加密哈希值插入其中，被区块链矿工打包到一个区块后，该区块的时间戳就成了该文件的时间戳。"哈希值 + 时间戳"的这张数字证书，便能证明该作品的创作时间和权属关系。二是所有权跟踪，全过程追溯。接下来，在所有涉及该版权的使用和交易环节，区块链都会进行完整的记录，并且不可逆和无法篡改[1]。

依托分布式记账的完整记录，区块链能够有效保护知识产权。就好比说，你在区块链上上传一篇文章，系统会自动记录你上传这篇文章的地点和时间，那么以后如果有谁抄袭了你的这篇文章，说这篇文章是他写（上传）的，你就可以拿出证据来证明这是你的原创，是你最早上传的；甚至也不用你出面，该区块链中的所有人都知道其实你在他之前就已经发表过这篇文章，事实胜

---

[1] 徐明星等：《图说区块链》，北京：中信出版社，2017，P215、P216。

于雄辩。道理很简单，这时间戳是谁也改不了的。

区块链版权保护的应用

2017 年 5 月，美国一家名为 Blockai 的技术公司更名为 Binded，主要业务转移到具有法律效力的记录上来，即推出一种旨在帮助艺术家采用区块链技术来保护自己创意作品的版权服务。

该公司认为，在互联网为创意作品带来大量机会的同时，内容保护已成为巨大挑战，尤其是独立生产者的数字艺术、文学以及计算机软件作品。所以该公司发誓要实现版权大众化，通过人工智能来为有版权的作品创建独特的指纹，以此来保护版权并确保艺术家获得应有报酬。

该公司首席执行官表示，他们已经两次累计融资 150 万美元。尤其是在第二次融资 95 万美元中，新加入的投资人包括日本报社、游戏公司、风险投资等。特别是日本投资者的加入，非常有助于建立全球化版权标准，这一点至关重要。否则如果在美国，要想提起版权诉讼请求首先必须在美国版权局注册一个新的版权。

不但如此，这个平台的优势还在于始终完全免费。即使作为中介媒介，与直接在政府版权局登记相比，它也具有两大无法比拟的优势：一是服务时间更短，服务费用更少（仅象征性地收取一些必要的版权登记费）；二是能够创建一种独立的、具有法律效力的记录，并且在全球通用 ❶。

而据迅雷集团首席执行官陈磊介绍，香港知识产权交易所也已经采用区块链来进行知识产权确权了。

例如，3DX 光机是一项非常先进的技术，如果你要使用该技术，就可能需要购买 1 年或 2 年使用权，这个代价是很高的。那你能不能购买 1000 次使用权呢？目前来看并不可行，因为无法保证你购买了 1000 次使用权就只用 1000 次，超出了也不知道。这样的例子在日常生活中很常见，成龙的"龙"字卖给一家企业使用 10 万次，结果却发现已经使用了几千万次，这个很难进行追溯。可是在区块链下，这样的难题便不复存在 ❷。

顺便一提的是，虽然区块链在版权保护领域已有实际应用，但要大面积

---

❶　Lester Coleman 文，Wendy 编译：《区块链公司 Blockai 再融资 95 万美元，更名 Binded 誓要实现版权大众化》，巴比特资讯，2017 年 5 月 29 日。

❷　《区块链的价值是互联网的十倍》，中央电视台财经频道"对话"栏目，2018 年 5 月 27 日。

推广还面临以下两大挑战：一是相关法律的推出可能会很难，无法可依会是一个相当长的过程；二是哈希值生成费用大，一旦生成便无法改变，而每一因素的细微变化都会要求哈希值随之发生改变，这中间的成本相当巨大，至今还不敢想象有谁愿意进行这种看不到回报的初始投资。

制造知识富翁

知识产权确权带来的结果，必然是催生一大批知识富翁，通过真实而没被侵蚀的版税收入先富起来，并推动全社会创新意识的复苏。

作家如何靠原创致富

作家创作的范围很广，大到电影、小说，小到微信、短信，但只要是原创，在区块链下都可能靠版税收入致富。这种致富渠道主要有两条。

一是直接渠道。区块链改变了不能对文学、艺术品尤其是数字化作品身份进行认定的环境，买方在作品估值和交易时不再需要战战兢兢，就会大胆地根据作品价值进行定价，无须担心真伪和版权。例如，对于摄影作品来说，有价值的只能是原版（拥有版权的那一幅），电子版要想复印、转发多少份都可以，也就谈不上市场，两极分化十分明显。

这种优势对文学艺术家尤其是新兴艺术家、行为艺术家、观念艺术家、新媒体艺术家等将是极大的福音。例如，现在大家每天都会在朋友圈中分享文章和图片，还有快手和抖音等短视频。由于传播速度快，已经类似病毒营销了。在这其中，如果要想确定其知识产权或最早是谁首发的，绝非一件容易的事。这些文章、图片和视频的价值并不高，其版权价格通常在几元到几百元不等。可是，版权保护的成本就高了，仅仅是公证或司法鉴定费用就在千元左右，不但贵而且费时还长；如果是维权，成本会更高，甚至根本无法进行下去。

可是在区块链下，上述问题将会自动消失。上市公司安妮股份就是抓住这一痛点，开始尝试区块链技术运用的。2017年8月，它与版权家、艾瑞咨询、小米科技等12家知名企业及资深专家，共同发起成立了国内第一个版权区块链联盟，从而成为区块链驱动版权保护的重要里程碑。

举例说，如果有人要用一张图片，那么在付费后就会在区块链上拿到版权，然后系统会自动生成电子合同，证明这版权归你所有。相反，如果使用者没有得到授权就用了这张图片，运营公司就会通过区块链监测到你的这一侵权行为，同时请求法律维权服务。从目前行情看，一张图片的赔偿价格通常在 2000~5000 元不等，高清广告图片会更贵。另外就是，区块链的版权保护范围覆盖全球，与国际版权保护和服务是接轨的。

除了区块链平台版权家，截至 2018 年 3 月我国已有 450 多家相关服务类平台，其中有 10 多家建立了运用区块链技术保护数字著作权项目[1]。2018 年 7 月，360 搜索又推出了拥有区块链版权认证、品牌流量收益、全网版权保护三大功能的原创图片认证平台"图刻"，帮助作者进行图片版权的确认、侵权监控并获取价值收益[2]。

二是间接渠道。区块链下的文化、艺术市场权属清晰，就会有助于吸引行业资金流入，从而"大河有水小河满"，间接带动作家致富。

区块链下的文学、艺术作品数字化后，会形成唯一的、不可篡改的标志，并由此伴随着它在流通领域全过程形成链式物流信息。这样，就必然会在客观上因为对艺术品保真、艺术家著作权的保护、艺术品市场信心的建立，带动整个行业吸引到巨额投资，从而促进文化、艺术市场大繁荣。而不再像现在这样，由于艺术品存在着鉴定难度大、定价复杂等问题，基金和券商只敢以证券交易、资产管理为主。

音乐家如何靠原创致富

区块链下音乐作品的版权权属清晰，当然会促使音乐家靠原创致富。许多明星已经奋不顾身地加入其中，并已尝到甜头。只不过，与国外明星的高调相比，国内明星还在低调摸索中。

这方面的全球第一人是英国女歌手伊莫金·希普，她 2015 年 10 月就把她的新歌 Tiny Human 单曲发了在区块链上，用户只要在其账户中存入以太币就能获得 MP3 文件使用权。在我国，最早涉足区块链的明星是 SNH48 流行乐女

---

[1]　苏杰德：《区块链技术破解版权保护难题，广泛应用仍待商业化探索》，载《每日经济新闻》，2018 年 7 月 30 日。

[2]　《360 搜索上线原创图片认证区块链平台"图刻"》，中国网，2018 年 7 月 30 日。

子团体，时间是 2017 年；后来者有汪峰等 ❶。

这种音乐上链的做法有以下四点好处：一是实时监控流量数据，每一个流量都是实实在在的数据，如果用户不掏钱就休想得到其授权，并且不存在欠费问题；二是帮助作者通过精确而详细的数据争取公平的收入报酬，财产流向更加清晰、透明；三是区块链能够提供稳定的支付系统，"没有中间商赚差价"；四是在影视、艺术行业的推陈出新会变得更加公平和容易，不用"潜规则"就可以凭真本事吃饭，看市场而不用看导演。

2016 年 9 月，在新加坡举行的 Music Matters 音乐产业大会上，各版权管理平台就音乐产业透明度与区块链结合展开了热烈的讨论，一致认为区块链与音乐产业的结合将会引发一场新的革命 ❷。

差不多同时，创建于 2014 年的区块链初创公司 Synereo 觉得，网络控制权全都集中在脸书和推特这样的巨头手里固然不行，但如果单靠以太坊等区块链也有缺陷，主要是所有运营历史都必须复制到维护作用的设备上去太麻烦，所以必须想方设法重建社交媒体。也是在这样的理念支持下，以色列的Synereo 公司研制出了全球第一个可并行的去中心化区块链，即 R 链。这里的"并行"意味着可以在不同进程下同时运行，却又不会互相干扰；这里的"去中心化"，是指区块链被细分成组合件，互相构成统一的整体，却又不需要像比特币区块链那样重新计算，这样就大大提高了计算速率。很快地，它就通过出售股权和自带加密通证筹集到 470 多万美元，一举打破以太坊的垄断地位，成为全球最主要的分布式应用程序平台 ❸。

其他主要的平台还有：Mediachain 通过区块链协议，将内容创造者与作品一一对应；Mycelia 通过区块链产权保护项目，为音乐人实现音乐自由交易；Monegraph 通过区块链来保障图片版权的透明交易；等等。

带动全社会共同致富

以作家、音乐家作品为代表的版权保护，背后反映的是全社会对知识及知识产权的重视，这是一国推动经济发展、实现共同富裕的重要举措。

---

❶ 吴捷：《这些娱乐明星竟然都和区块链"有染"》，巨推链，2018 年 4 月 30 日。

❷ 《有了区块链，音乐人再也不用担心"潜规则"了》，搜狐网，2016 年 11 月 9 日。

❸ 王二译：《R-chain：第一个可扩展的、速度极快且图灵完备的区块链》，巴比特资讯，2016 年 9 月 3 日。

举例说，经常有人拿中国和美国两国的物价水平作比较，尤其是在生活必需品方面，甚至换算成同一种货币，美国的物价都要低于中国；而如果单纯从各项消费占收入比例看，更是要远远低于中国。接下来的问题是：美国人的平均收入要数倍于中国人，消费又那么低，他们的这些钱都用到哪里去了呢？实际上，大部分钱都流向于知识产权和人工。

知识产权保护得好，这种尊重知识、尊重人才的氛围就会使得整个民族具有无比巨大的创造力。这不但体现在物质生产的高效率，同样也体现在精神文化、娱乐消遣等方面，并且会间接拉动内需。明白了这一点就知道，如果你一口咬定美国的发达是掠夺而来，那就不但没有抓住问题的实质，还会注定你继续穷下去。在美国，普通人的生活压力很小，哪怕你完全没有收入，也可以依靠政府给予的低收入保障过日子。根据 1939 年罗斯福政府创立的"补充营养协助计划"，人均收入低于贫困线 ❶130%（2018 年人均月收入在8450 元人民币以下）的美国家庭包括绿卡居民，都可以向政府申请食品券福利（钱打在银行卡里，定点购物），仅此一项便足以满足日常生活开支，其总人数约占全国人口 20%。这些穷人与富豪的区别主要在于，没有那么多钱买各种保险（美国的保险价格高，性价比也高，所以保险费支出比例大）❷。至于高收入的美国物价居然比中国还低，主要归功于市场化资源配置效率高。完全自由的市场能够实行最优化资源配置，这样也就大大减少了浪费，这便是制度优越性的一种体现——有本事的人靠创造（创新）吃饭，没本事的人靠制造（体力）吃饭，两者皆无的靠保障（政府救济）吃饭，各得其所，这社会就和谐了。

言归正传。如何才能使自己的国家充满创造力、摆脱贫困、走向这种良性循环呢？关键是两点：一是真正地尊重知识、尊重人才；二是保护知识产权，让有创造力的人富起来，摒弃和根除一切盗版、山寨的做法。举例说，如果农民辛辛苦苦种了一熟地，可是就在庄稼成熟可以收割时突然一夜之间被人偷光，叫天天不应、叫地地不灵，政府还漠视不管，那还有谁会有积极性去

---

❶ 在美国，贫困线是动态调整的（2018 年的数据是年收入 12140 美元，约合每月 6500 元人民币）。动态调整的目的，是要确保贫困率保持在 15% 左右（50 多年来一直如此），近年来这一绝对人数在 4500 万人左右。以典型的美国家庭为例，一对父母加两个子女组成的四人家庭，贫困线为年收入25100 美元（约合 16 万元人民币）。

❷ 《美国人钱都花在哪了》，搜狐网，2018 年 7 月 19 日。

种地吗？如果大家都不种地，吃穿又从哪里来？

创新游戏娱乐方式

目前全球游戏产业步履维艰，但区块链的出现给它打了一针强心针。或者说，区块链的出现为游戏娱乐方式的创新提供了巨大契机。这不但存在于理论探讨上，而且已经有了许多落地应用。

游戏爱上区块链的两大成因

区块链被游戏看好的原因主要有两点：一是两者堪称是天然契合的"欢喜冤家"；二是游戏发展本身已经遇到瓶颈，正在寻求突破。

从天然契合角度看，区块链的分布式记账、智能合约、共识机制在游戏中有着极强的应用前景，其最关键的核心是"确权"两字。

要知道，目前的主流游戏存在两大问题。一方面是，玩家虽然有虚拟资产，但这些虚拟资产包括账号和装备只存在于游戏场景中，运营商如果要搞小动作，立马可以给你修改数据或删号，容不得你有半点抗议，甚至你根本就不知道。也就是说，这些虚拟资产虽然是你的，但你只有使用权而没有"产权"。可是在区块链下，由于这些虚拟资产是上链的，所有人都知道这是属于你的，所以你不但拥有使用权，更拥有所有权，谁都无法侵蚀或"没收"。另一方面，你的积分和业绩同样有可能被人修改；可是在区块链下，因为游戏规则被写入智能合约，程序是自动运行的，所以这种担忧就可以完全不必，包括游戏开发者也不能随心所欲。

从游戏发展瓶颈看，游戏行业在过去 20 年里经历了爆发式增长与迭代，从 2001~2006 年的"端游"（客户端游戏），到 2007~2012 年的"页游"（网页游戏），再到 2013 年至今的"手游"（手机游戏），几乎每 6 年一次交互（图 16-1）；盈利模式也相应呈现出"光盘收费""时长收费""道具收费"的变化，而目前正好处于变革期。红利衰退，寡头垄断，已经成为游戏行业的痛点，所以彼此都在千方百计寻找突破口，而区块链游戏或许正是这样的风口。

	2001-2006端游	2007-2012页游	2013-至今手游
活跃CP数量	50个以内	600-800家，运营平台30-50家	高峰期5000多家，现在1500家左右
开发周期	1-3年	3-12个月	3-12个月
投入成本	大型游戏数千万	大型游戏研发成本数百万元 推广费千万级	大型游戏研发、推广成本上亿
每年新游戏数量	30-50款	300-500款	400-1000款
获客渠道	杂志、网吧、线下商店	网络广告	应用商店、头部App、社区
获客成本	早期3元-2007年100元	早期0.5元-2012年后25元	早期1元-2017年50元
用户留存率	高于60%	低于10%	低于5%
游戏生命周期	较长，头部游戏超过10年	3-6个月，头部游戏1-2年	3-6个月，头部游戏1-2年
上市时期	2004-2007年端游公司上市	2011-2012年页游公司上市	2012-2015年手游企业上市

图16–1　游戏行业的三个发展阶段

（图片来源：链门户）

《2018区块链游戏产业白皮书》表明，2017年11月横空出世的Crypto Kitties（迷恋猫）是以太坊上第一个现象级区块链游戏，从那时候开始到2018年4月处于区块链游戏的1.0时代，其主要特点是野蛮生长，圈钱为主；之后便进入区块链游戏的2.0时代，其主要特点是画面精良，不是养宠物就是博彩、虚拟资产交易，快速开发、快速盈利。

但与此同时又不得不承认，由于目前传统游戏市场的主要份额被几家巨头垄断着，所以区块链游戏无法得到产业主流资源支持，所以总体来看，区块链游戏还在缓慢的蜕变之中，传统游戏巨头对此尚未表现出过高的兴趣来[1]。

区块链游戏的落地应用

2016年7月，一款名叫Takara（日语“宝藏”的意思）的游戏风靡全球。这是一款基于位置的游戏，玩家可以在游戏设定的地图上寻找比特币和其他有价值的东西，如优惠券、入场券、忠诚度积分、公司股票等，通过GPS定位亲自到达上述指定地点就能获得这些“宝藏”，然后把上述奖励全都记录在区块链上，便可以在现实生活中进行交易。

与此相似的还有另一款区块链游戏，这就是区块链公司Loyyal发布的Dubai Points。玩家在游戏中同样可以把一次普通的旅行变成寻宝游戏，可以

---

❶《从ChinaJoy看区块链游戏：东风已吹起，前途仍难测》，网易网，2018年8月9日。

通过到达游戏指定地点来赚取积分，攒够了积分后，就可以在迪拜市内特定的地点投入使用。而这样一来，也就大大增强了游戏趣味性，加深了玩家对区块链的认识[1]。

2017 年 3 月，区块链公司 Indiesquare 则在全球最大的综合性数字游戏网络发行平台 Steam 上，推出了一款名叫"比特币虚拟现实"（Bitcoin VR）的区块链游戏。在该平台上，玩家可以购买、下载、讨论、上传、分享游戏及软件，采用的是合约方通证钱包和有关数字加密货币的协同制接力游戏。与过去别的游戏所不同的是，该游戏能够让玩家真切感受到区块链，甚至还能在里面走来走去。

具体地说，它在 Windows10 的操作系统上，采用类矢量制图法，玩家可以在虚拟现实图上散步，现场观看交易在区块链上实时处理的视觉效果和合约方通证交易。其中的单人游戏只需用到一个虚拟现实耳机，就可以配合模拟器玩。在游戏中，你可以用弓箭来修改区块链，可以实时看到比特币交易的宝石从天而降。这种交易正是通过块状物体和宝石来显示的，交易规模越大所创造的宝石也越大。你甚至可以拿宝石来观看交易细节，或者用你的弓箭把这些宝石从天上射下来[2]。

2017 年 3 月，马来西亚电子游戏工作室 Xhai Studios 宣布将区块链正式引进其电子游戏平台，一些游戏项目将与 NEM 区块链通证相整合。在该平台上，游戏开发者可以在游戏架构中直接调用支付功能，这样也就不存在对第三方支付的依赖了；而对于游戏玩家来说，则可以将区块链通证与游戏中的货币、点数自由进行双向兑换，方便得很。

为了表彰区块链游戏的巨大创新和变革，中国国际数码互动娱乐展览会和国际智能娱乐硬件展览会官方 2018 年 8 月 4 日在上海举行的第三届黑金娱乐硬件奖颁奖晚会上，还特地在八大奖项中新设立了区块链硬件奖。活动主办方表示，他们相信区块链技术将会给游戏娱乐产业带来巨大的发展机遇，所以特别增加这一新的分类，请大家关注新兴的区块链硬件[3]。

---

[1] 《2016 年最具前景的五大区块链用例》，巴比特资讯，2016 年 8 月 20 日。
[2] Margaret：《区块链开拓又一新领域——开发虚拟现实游戏》，比特币资讯网，2017 年 3 月 31 日。
[3] 吴晓宇：《30 款产品加冕，第三届黑金娱乐硬件奖揭晓》，中关村在线，2018 年 8 月 4 日。

创建新型社交平台

区块链企业贝克链认为，未来的区块链将会是集价值传输、功能开发和社交应用于一体，就像互联网领域中的微信和脸书一样。该公司技术总监大胆预测："目前大家手机里安装的社交应用如微信实际上是点对点的通信，未来都将绕不开一个向去中心化升级的过程。所以我们认为区块链的未来一定会是一个社交的平台，如果能把社交做好，那么区块链的未来将出现一个非常巨大的增长❶。"

在 2018 年 7 月美国《财富》杂志公布的世界 500 强企业中的 120 家中国企业中，有 46 家涉足区块链，占比超过 1/3。这从一个侧面表明区块链正在从概念层面落地，未来存在着巨大的发展空间。

内容经济越来越一体化

区块链下的内容经济越来越一体化，下面通过一个实例来加以说明。

美国 POPC 公司是全球广告界第一个区块链共享广告平台，先后在加拿大、新加坡、中国、日本等成立分公司，通过将底层区块链技术封装，提供给各广告、传媒平台，以及提供智能合约设定、智能合约触发、自动分账、数据上链、数据查询等服务，全面打造智能、透明、开放、诚信的广告生态。

更令人感兴趣的是，POPC 利用区块链在广告平台上实现精准营销的同时，能够让内容生产商、内容投资者、内容消费者都能得到合理的激励与回报。这上面的每个环节，只要参与内容生态都会得到相应奖励，从而实现自己的价值。以内容生产商为例，创造并发布有价值的数据内容后，就能从两个渠道获得回报：一是通过内容和流量评价体系获取回报，二是借助于投资模式获得一次性收入及后续分成。而对于读者来说，则会在浏览、分享新闻和广告内容时，根据自己所创造的流量价值获取相应回报。

---

❶ 《区块链 3.0 呼之欲出，它究竟将以何种方式打开》，中华网，2018 年 7 月 30 日。

举例说，POPC 作为全球第一家区块链资讯类新闻 APP，打造出了全球最流行的收入方式，那就是看广告赚钱，并且是真正地把这种方式落到了实处。读者在这上面浏览新闻和广告，就能每篇赚到 1~10 个广告力不等；如果邀请好友，还能获得系统赠送的广告力，并且没有上限。

这样做的好处是打通了线上、线下的互动和引流，从而使得该平台成为操作性、趣味性、娱乐性、互动性俱有的体验场，不但能吸引用户看广告，而且还能提高广告转化率。并且在区块链下，这种价值量化和流通能够做到非常精准，还非常真实（不可篡改）❶。因为广告投放过程高效并可追溯，所以能根据用户平时看广告的习惯，自动推送分类广告，而不是随意轰炸式地砸广告。

读者通过阅读、分享广告以及每天签到获得通证奖励后，便能把这些通证用于储蓄增值、购买商品、兑换服务、投资理财等需求。现实生活中虽然已有按点击付费的广告阅读方式，但由于做不到去中心化，所以难保其中没有弄虚作假。尤其是在互联网广告中，因为广告客户和用户之间的接触越来越少，所以作弊比例也越来越高。只有在区块链下，因为去中心化特性，用户数据在区块链中的每个节点都有备份，才会把这种舞弊造假行为降到最小限度。

想想看，原来读者看广告都有一种厌恶和抵触心理，而现在因为能为自己创造收益，态度便来了一个 180 度的大转弯，变得乐于接受了，这又会对商家锁定用户、扩大投放效果产生什么样的颠覆作用？

顺便一提的是，由于区块链能够做到多私钥的复杂权限保管，所以能够切实保护用户隐私和数据安全，杜绝用户信息在互联网上被随意调取和使用等乱象❷。

粉丝经济越来越值钱

长期以来，内容创作者都在利用粉丝从事营利活动，或订阅付费，或现金赞赏，或推销商品。但这里存在两个问题：一是这些方式并非每个人、每种内容都适用；二是即使适用，也可能会遭到社交媒体的广告屏蔽、强行免费服务等影响收入实现。可是在区块链下，这些担心就不必了。

查尔斯在 Reddit 担任数字货币工程师时，就已经发现这些问题，并决心

---

❶ 《全球正在流行看广告赚钱，POPC 打造看广告秒赚平台》，每日经济网，2018 年 7 月 27 日。

❷ 《基于区块链的共享广告收益平台 popc 席卷全球》，华财网，2018 年 7 月 30 日。

采用一种人人都可以通过点对点网络互相连接的应用软件；如果你想查看这个网络上的内容，就必须支付少量比特币给网络上的同伴，而这实际上就是赞赏给原作者的奖金了。但是，他的这一设想并没有得到平台管理层赞同，并且他的另一种用数字货币来奖励发帖人的替代方案也遭到否决。

在这种情况下，2017 年 6 月他作为联合创始人正式推出了一个基于数字货币的社交媒体网络 Yours，目标是要解决社交媒体内容生产商利用区块链来收取少量的费用。他把 Yours 称为"媒体收费墙"，并且认为"区块链是微支付的完美解决方案"。鉴于之前区块大小受限以及高额交易费的原因，他决定放弃采用比特币支付而改为莱特币。

而其实，在这之前一年的 2016 年推出的社交媒体平台 Steem 就已经这样做了。Steem 同样采取区块链来奖励人们发布并分享内容，作者每一次发布或转发有价值的内容时，都可以获得与美元挂钩的 Steem 通证；当读者对内容进行投票时，也会得到类似奖励。那么，Steem 在这其中究竟起什么作用呢？这主要是让读者在内容投票上有更多话语权。

其他基于区块链的类似平台还有 Taringa！、Akasha、Synereo，等等。

在这其中，Taringa！的运作相对成熟。这是拉丁美洲最大的一家社交网站，它通过比特币的形式把项目中的广告收入分配给内容创造者，把区块链支付和广告收入紧密结合在一起。

另外就是 Synereo，它是一家用权益证明方式来运营去中心化的社交媒体网络，2016 年 9 月通过发售通证成功获得 200 万美元的众筹资金。与众不同的是，它是采用逐步把一个中心化的、基于服务器的模型转换成一个去中心化模型的 ❶。

实事求是地说，这些基于区块链的社交网络所面临的最大挑战，就是用户惯性。就好比说，脸书平台上的用户数量已经超过 20 亿，而目前这些平台上的用户数如果能达到四位数，就已经欣喜若狂了。出路只能是两点：一是想方设法把原来在其他平台上的粉丝吸引到新平台上来，二是在新平台上另起炉灶、慢慢培养粉丝。这两点如果成功了，或者能实现优势互补，那就很可能是一笔十分合算的买卖。

明星的粉丝最多，所以明星与粉丝的互动就完全可以借助于区块链。

---

❶ 高远：《区块链是否能够拯救社交媒体影响者》，金色财经，2017 年 7 月 18 日。

2018 年 1 月，全球第一个汇聚多国精英的粉丝经济区块链 FansTime 正式上线。该区块链由泰国公主娅雅殿下担任名誉主席，由位于新加坡的基金会负责项目运行，管理执行团队来自加拿大、日本、澳大利亚、比利时等多个国家，具备丰富的娱乐市场核心资源和跨国媒体运营经验。该平台上线后，与全球顶级明星、经纪公司、粉丝经济相关企业达成深度战略合作，旨在搭建一个去中心化新型社区，在"人人皆明星、人人皆粉丝"的新型氛围下，充分挖掘培育个体 IP 价值，重构明星粉丝价值。

数字表明，2017 年全球泛娱乐产业总产值超过 3000 亿美元，其中电影票房市场超过 400 亿美元，演出市场前 100 强超过 100 亿美元，电视剧市场规模超过 300 亿美元，这还不包括市场规模 25 万亿美元的全球电商市场中由网红带动起来的经济效益 150 多亿美元。而所有这些，都离不开核心 IP 价值的塑造和粉丝消费者的带动。例如，在中国，三位美少年组成的演唱组合 TFBoys，其队长王俊凯 18 岁生日之际，粉丝就筹款为他购买了 18 颗天际恒星、18 架无人机表演、18 种濒危动物等，各种海陆空豪华礼物总价值超过 1 亿美元，参与人数高达 5.5 万人次，令人不容小看。

如何确保粉丝经济健康有序发展，并且具有安全便捷的交互通道，区块链在这方面大有作为。例如，Fans Time 平台建立后，就努力实现"每个人"都能受到珍视的目的，而不被技术、资本、权力等人为中介所压迫。通过去中心化、智能合约、身份鉴别、支付结算等基础设施，打通各生态合作方，解决明星的信息登记、版权登记等基础溯源和征信问题。由于去除了传统粉丝经济中的中介化现象，所以能够实现明星和粉丝实时互动，既能让明星变现，又能让粉丝追梦，还能有助于根除虚假交易，减少资本控制下的文化偏见和各种潜规则 ❶。

2018 年 7 月 30 日，中国家喻户晓的流行歌曲组合、粉丝数量千万级别的凤凰传奇也正式登陆该区块链平台。至此，该平台活跃用户已经多达 12 万人，双周交易额高达 23.46 亿元 ❷。

山盟海誓终于可以到天荒地老

区块链的分布式记账功能，同样可以运用在恋爱、婚姻上。

❶ 《首个全球化粉丝经济区块链项目 FansTime 正式上线》，凤凰网，2018 年 2 月 3 日。

❷ 《凤凰传奇于今日正式上线 FansTime DAPP》，小岛财经，2018 年 7 月 30 日。

举例说，过去虽然有山盟海誓一说，但显而易见，任何肉体都会在百年之内消失。可是，如果你把恋人或情人的表白包括文字、录音、视频等作为信息记录在区块链上，构成共享数据载体，就可以让全网共享，让地球人都知道；甚至哪怕你不在地球上，而是在外太空，同样可以分享。同时，因为区块链数据无法篡改、不能删除，所以你的这条信息就真的可以到天荒地老，到地球（不，应该是宇宙）末日。即使你还没有这样做，仅仅是畅想一下，都会觉得无比浪漫！

2018年8月，传统的七夕节前夕百度APP就推出了"一诺一生，用区块链永久记录我们的爱"的活动。用户把要告白的内容填好，便可生成自己的专属告白；发给对方或发在朋友圈里，别人点开链接便能看到里面的告白卡上写着的名字，但表白内容会被打上马赛克，只有输入手机号码才能看到具体内容，被见证次数前100名用户还有机会获得奖品。

无独有偶，京东金融也借助区块链推出了"帽子证明"的小程序。依次点击"开始领证""创建爱情代码""约TA领证"，对方接受邀请后支付9元服务费，就能拥有一张在区块链上永久记录的"爱情占有证"❶。

这些山盟海誓除了直接发布在区块链上，还可以通过区块链电子邮件来达到同样的目的。

与传统的在网上发送电子邮件相比，在区块链上发送电子邮件具有以下特点：一是区块链的去中心化特点，决定了在区块链上发送电子邮件会点到点直达，这样也就极大地增强了电子邮件的安全性和保密性；二是区块链的可追溯特性，使得每封邮件都能查到其最初发出的地址，这样就为追踪和打击违法、垃圾邮件提供了极大的便利；三是区块链的透明性特点，使得如果想一次性发送几十上百万封垃圾邮件的话，那么这些邮件都会需要经过验证、编码、执行，一笔笔记录和存储在不属于任何人的分布式网络中，从而成为一笔很不划算的买卖；四是区块链的低成本特点，使得发送电子邮件的成本极低，或许这又会引发人们为了拥有更高安全性、保密性和实效性而愿意支付相关费用，从中获取更高的收益。

---

❶ 张超：《区块链"恋"上七夕节，你的个人信息会"出轨"吗》，载《成都商报》，2018年8月18日。